"이런 악한 일을 내게 하지 말라"
― 구약성서와 성폭력 그리고 권력

이 도서의 국립중앙도서관 출판예정도서목록(CIP)은 서지정보유통지원시스템 홈페이지(http://seoji.nl.go.kr)와 국가자료종합목록 구축시스템(http://kolis-net.nl.go.kr)에서 이용하실 수 있습니다. (CIP제어번호 : CIP2020030345)

한국구약학회 **구약신학선집 1호**

"이런 악한 일을 내게 하지 말라"

구약성서와 성폭력 그리고 권력

박유미 박혜경 유연희 이영미 이은애 이일례 임효명 채은하 지음

동연

추천의 글

한국 구약학회 구약신학선집 1『"이런 악한 일을 내게 하지 말라": 구약성서와 성폭력 그리고 권력』의 출간을 진심으로 축하한다. 지금까지 한국구약학회에서는 「구약논단」이라는 연구논문집을 발간하여 왔는데, 이는 구약신학을 전공으로 하는 연구자들을 위한 논문 위주의 연구 학술지였다. 이제 구약학회가 「구약논단」과 나란히 우리 사회에서 문제가 되는 중요한 사회적 이슈를 구약신학의 시각에서 풀어내고자 "구약신학선집"을 발간하게 되었다. 여기서는 사회적 관심사를 테마별로 모아 다루니, 사회적 이슈들에 대해 좀 더 집중적으로 다룰 계기가 마련될 것이다. 이를 매우 기뻐하면서 구약신학선집이 우리 사회 전반에 걸쳐 다양한 이슈들을 조명하여, 하나님의 피조 세계에 실질적으로 공헌하는 연구지로 발전하기를 희망한다.

어떤 인간이나 권력도 자신을 변화시키고 소통하지 않으면 도태되기 마련이다. 벽을 쌓고 요새를 쌓고 그 안에 안주하기를 원한다면, 결국 그 개체는 숨이 막혀 질식하거나 고립되고 소멸되어 가고 말 것이다. 그러나 힘들지만 늘 상황을 주시하고 유연하게 자신을 열고 소통하고 서로 양보한다면, 그는 새로운 존재로 성숙하게 거듭날 수 있을 것이다. 이런 의미에서 구약학회가 "구약신학선집"을 출간하고 변화를 시도한 것은 정말 큰 사건이며 또 바람직한 일이라고 박수를 쳐주고 싶다. 구약학회 배정훈 회장님과 임원진의 결정에 크게 감사하며 구약학회가 앞으로 계속 이런 열린 마음으로 한국 교회와 사회에 변화와 발전에 공헌하기를 기원한다.

또 하나 필자가 이번 "구약신학선집 1"의 출간을 크게 기뻐하는 이유는 이렇게 발간되는 선집의 첫 번째 주제가 여성과 관련된 성폭력과 권력 문제라는 점이다.

사실 구약신학에서 여성과 관련된 문제를 다룬다는 것은 매우 어려운 일이다. 구약성서 안에는 여성 비하 본문이 많아서, 구약성서는 기독교 교회 전반에 여성 억압의 현실을 부추기거나 정당화해준다는 지적이 있었고, 여성 문제 해결을 위해서는 걸림돌이 될 뿐이라는 비난도 있는 것이 사실이다. 그러나 구약성서는 현대를 살아가고 있는 남녀 모두를 위한 하나님의 말씀 즉 우리 기독교인들의 경전이다. 우리는 구약성서의 여성 비하 본문들을 읽고 또 읽고, 이를 여성 해방적 차원에서 연구하고 분석하여, 인류 전체를 사랑하시는 하나님의 부름에 응답해야 한다. 그리고 이런 여성 억압과 폭력의 본문들은 기존 현상이나 권력을 정당화하고 부추기기 위해서가 아니라, 이들 문제의 해결을 요청하는 거울과도 같은 소중한 본문들이라는 점을 인식할 필요가 있다.

성서의 말씀은 오늘날 이 시대를 사는 우리에게 새롭게 해석되기를 요구하는 살아 있는 하나님의 말씀이고, 2천 년 혹은 3천 년 전의 상황을 오늘날에 그대로 답습하라는 고답적 명령이 아니기 때문이다. 구약성서 학자들은 성서의 말씀을 새롭게 해석해서 모든 피조물이 하나님 앞에서 평등한 존재임을 구현하는 일에 앞장서야 할 것이다.

다음으로 여성 억압과 착취의 현장을 찾아내고, 고발하고, 하나님의 평등과 해방을 위한 메시지를 찾아내는 힘들고 어려운 작업을 맡아준 이영미 교수를 비롯한 훌륭한 여성 구약신학자들의 노력을 크게 위로하고 싶다. 이들의 노고와 협력이 한국 구약학회를 빛내고 또 앞으로 한국 사회와 교회에 여성 문제 해결에 긍정적 메시지를 확산시키는 커다란 결실을 거두기를 희망한다. 다시 한번 한국구약학회와 "구약신학선집"의 지속적인 발전을 진심으로 기원한다.

이경숙
(이화여자대학교 명예교수/ 한국여성신학회 회장 역임)

추천의 글

밥을 하려면 먼저 쌀을 씻어야 하듯이
― '이런 악한 일을 내게 하지 말라'에 담긴 해석학적 함의

성서 해석은 텍스트와 콘텍스트라는 두 개의 축을 중심으로 이루어진다. 텍스트를 통해서 콘텍스트를 판단할 수도 있고, 콘텍스트를 통해서 텍스트를 조망할 수도 있다. 텍스트가 콘텍스트를 조명하는 가르침을 텍스트의 의도로 감지할 수도 있고, 콘텍스트가 텍스트를 향해 던지는 질문에서 텍스트의 뜻을 재구성할 수도 있다.

텍스트를 통해서 콘텍스트에 들어설 때 느끼는 감동이 말씀의 맛이라면, 콘텍스트를 통해서 재구성되는 텍스트에서 느끼는 감격은 말씀의 멋이다. 이번에 여덟 명의 여성 구약학자들이 "구약신학선집"이라는 마당에서 서로 만나 어울린『이런 악한 일을 내게 하지 말라』는 단연 말씀의 멋을 찾아가는 노력이다. 아니 말씀의 멋을 찾고자 말씀의 겉모습과 그 속내를 해석학적으로 씻겨내는 노력이다.

말씀의 맛과 멋을 느끼기 위해서는 텍스트와 콘텍스트를 새김질해야 한다. 새김질은 해설이 아니다. 해석이다. 새김질은 주석이나 주해로 그치지 않는다. 텍스트와 콘텍스트가 어우러진 말씀

의 맛·멋은 텍스트·콘텍스트를 묻고·불리고·풀어야 한다. 그래서 쉽지 않다. 그래도 새겨야 한다. 성서해석학은 이런 새김질에 도움을 주는 도구이다.

새김질하기는 텍스트에서 콘텍스트로 가는 여정이나 콘텍스트에서 텍스트로 거슬러 올라가는 방식이나 마찬가지이다. 그러나 그 안목에서 차이가 난다. 전자가 이른바 비평적이라면, 다시 말해 본문을 꼼꼼히 들여다보아야 한다면, 후자는 말하자면 해체적이다. 즉, 본문의 소리를 독자의 지평에서 재평가·재구상·재구성하게 만든다. 그 재구성·재구상이 때로는 본문을 낯설게 하지만, 그만큼 말씀의 맛과 멋의 결을 새롭게 되짚어 보게 한다. 이런 점에서 "구약학회선집" 첫 마당으로 펼친 여덟 명의 여성 구약학자들의 글은 우리 시대를 향한 해석학적 자명종이다.

이번에 발간된 『이런 악한 일을 내게 하지 말라』는 여성의 시각에서, 한국 여성의 시각에서, 여성 구약학자의 시각에서 구약성서 안에 수록된 성폭력의 현장으로 들어서게 하는 마중물이다. 가해자가 아닌 피해자의 시각에서, 남성의 몸·힘에 짓눌리고·짓밟히고 버려지고 잊힌 여성의 몸을 진솔하게 보듬게 한다. 그만큼 남자·남성·가부장문화에 익숙했던 독자들로 하여금 유린당한 여성의 몸과 그 몸 너머 여성의 인격에 마주서게 한다. 디나, 미갈, 다말 등을 다시 만나게 하고, 유딧이 헤쳐가야 했던 삶의 현장을 다시 확인하게 하며, 이스라엘 신앙의 잣대에서 거부당했던 이세벨과 아달랴의 리더십마저도 다시 들여다보게 한다.

『이런 악한 일을 내게 하지 말라』는 제목으로 엮인 여덟 편의 글은 저마다 말씀의 맛·멋을 찾아가는 노력에 신실하다. 그러기 위해서 가부장 문화 안에 갇혀 있던 텍스트의 불순물(?)을 먼저 씻겨내려고 한다. 쌀을 먼저 씻어야 맛있는 밥을 지을 수 있지 않은가!『이런 악한 일을 내게 하지 말라』를 독자 여러분에게 권하는 이유가 여기에 있다.

왕대일
(하늘빛교회 담임목사, 현 한국기독교학회 회장,
제 16·17대 한국구약학회 회장)

책을 펴내며

온 세계가 모든 분야에서 코로나 19로 인한 새로운 위기를 맞이하고 있습니다. 세상은 이제 코로나 19 이전으로 돌아갈 수 없으며, 코로나 19 이후 시대는 그동안 안전하다고 여겼던 낡은 틀을 버리고 새 시대에 맞는 틀을 요구하고 있습니다. 세상은 기독교가 세상이 알지 못하는 자신들의 세계 속에 갇혀 있다고 소리를 높이고 있습니다. 바야흐로 기독교가 세상과 소통하면서 세상의 위기를 진단하고 세상이 공감하는 길을 제시해야 하는 사명이 그 어느 때보다 필요한 시기입니다.

저희 한국구약학회는 위기의 시대에 기독교가 세상과 소통하는 길을 찾았습니다. 한국구약학회는 계시의 원천인 구약성경을 학문적으로 깊이 연구하면서 동시에 세상과 소통하는 시도를 위하여 "구약신학선집"을 발간하기로 하였습니다. 저희 학자들이 오랫동안 연구한 연구물들을 상아탑에 쌓아두는 것이 아니라, 세상의 가치와 소통하면서 길을 찾으려는 것입니다. 사대에 부응하는 주제들을 선정하여 구약학자들이 학문적인 교제와 토론을 통하여 세상에 더 다가갈 수 있는 글들로 다듬어 책을 발간하는 것입니다.

그 첫 번째 산물로서 "구약신학선집" 1호가 발간되었기에 너무나 반갑습니다. 이 책이 다루는 주제는 "성폭력과 권력"입니다.

짧은 시간에 민주화를 경험하고 사회적인 발전과 더불어 여성들의 지위와 지적 수준이 향상되었음에도 불구하고 한국 사회와 교회가 여전히 가부장적인 남성 위주 의식에 머물러 이런 주제가 활발하게 다루어지지 않는 실정입니다. 그동안 당연시 여겼던 낡은 틀이 깨지면서 미투 운동을 비롯한 갈등이 표출되는 시대에 특별히 구약학자들 중에서 여성신학자들이 학문적인 연구를 기초로 이 주제에 관한 논의를 시작함으로 더 성숙한 사회와 교회를 만드는 디딤돌이 되기를 기대합니다.

바쁜 연구와 교수 사역 가운데 귀한 시간을 내셔서 귀한 글들을 만드신 저자들과 이 총서를 위하여 수고하신 구약학회 임원들께 깊은 감사를 드립니다. 앞으로도 구약학회 모든 회원이 글로 세상을 깨우며 성숙된 하나님 나라를 향한 여정에 함께 하시기를 바랍니다. 감사합니다.

배정훈
(한국구약학회 회장, 장로교신학대학교 교수)

머리말

한국의 여성구약학자로 근래 한국 사회에서 벌어지는 성폭력 사건들에 대한 성서신학적 성찰의 책임감을 느껴오던 중 구약성서 속의 성폭력에 관한 책의 출판을 구약학회에 제안했다. 이에 배정훈 회장님과 임원진은 높은 관심과 적극적인 지지를 보여주었다. 그 첫 열매로 구약신학선집 1 『"이런 악한 일을 내게 하지 말라": 구약성서와 성폭력 그리고 권력』을 출간하게 되어 기쁘다.

2018년부터 확산된 한국의 미투 운동(The #MeToo Campaign)은 한국 사회와 교회에 성폭력에 대한 경각심을 일깨웠고 성폭력에 대한 인식을 바꾸는 데 기여하였다. 그러나 여전히 대부분의 성폭력 사건이 피해자의 관점이 아니라 가해자 혹은 남성중심적 시각에서 다루어지고 있다. 이 책은 합리적 여성의 경험을 바탕으로 구약성서 속에 나타난 여성에 대한 성폭력 사례와 권력에 대한 저항을 살펴본다. 이 책이 제시하는 읽기가 그리스도인들의 성인지 감수성을 높이고, 성폭력 문제를 피해자의 관점에서 바라보는 데 기여할 수 있기를 기대한다.

책의 제목은 자신을 성폭행하려는 이복오빠 암논에게 저항하는 다말의 말에서 따왔다(삼하 13:12). 개역개정이 '어리석은 일'로 번역한 '네발라'(נבלה)를 '악한 일'로 번역한 것은 성폭행이라는 행위를 가볍게 여길 가능성을 방지하기 위해서이다(타낙, NRSV, NLT

참조).

이 책은 여덟 명의 여성 구약학자들이 공동으로 작업한 결실이다. 경험과 소통을 중시하고, 협업의 가치를 존중하는 여성신학의 정신을 따라 필자들은 여러 차례 모여서 서로의 글을 논찬하고 수정하였다. 편집후기 역시 목차를 따라 필자들이 자신의 글을 소개하면서 협업으로 갈무리한다.

박유미의 "성폭행, 개인의 문제인가, 사회적 문제인가?"는 구약에 나오는 세 건의 성폭행 사건(디나, 레위의 아내, 다말)을 다룬다. 세 사건은 개인에게 일어난 성폭행 사건이 모두 공동체의 전쟁으로 번진 사건으로 이 글에서는 사건들의 공통점을 통해 그 이유를 찾아보았다. 이렇게 성폭행 사건이 전쟁으로 연결되는 패턴을 갖게 된 것은 가부장제가 갖는 여성 차별적이고 남성 중심적인 구조 속에서 권력과 힘의 논리에 따라 피해자를 외면하고 가해자 중심적인 비합리적이고 비윤리적인 결정들이 이루어지는 정의롭지 못한 사회적 문화 때문이라는 것을 드러내었다.

이영미의 "피해자의 관점에서 읽는 디나의 성폭력 이야기(창 34장)"는 지금까지 주로 가해자의 입장에서 해석된 창세기 34장의 성폭력 사건을 피해자의 관점에서 재해석한다. 성폭력 재판에서 전형적으로 드러나는 주요 쟁점은 성적 자기결정권과 강제성에 관한 해석, 피해자의 실책과 책임, 진실공방과 합리적 의심 등 세 가지로 요약된다. 이 글은 이 쟁점들이 디나의 성폭력 본문에서 그리고 해석에서 어떻게 다뤄지는가를 피해자의 관점에서 비평하였다. 또한 가해자 세겜을 비롯하여 야곱과 그의 아들들이 사건처리 과정에서 보여준 태도는 남성들만이 주도권을 가지고 피해자인 디나를 대상화시키는 2차 가해의 전형적인 사례임을 드러내었다.

유연희의 "'선녀와 나무꾼', 사사기 21장, 버닝썬클럽과 해체적 읽기"는 여성에 대한 임의적인 성 착취와 여성의 몸을 통한 경제적인 이익에 대해 비판적으로 성찰한다. 한국의 설화 '선녀와 나무꾼', 구약성서의 사사기 21장 그리고 최근 한국에서 일어난 버닝썬클럽 사건이 어떻게 여성의 몸과 섹슈얼리티 취하기, 강제, 통제, 착취, 경제적 이익이라는 면에서 서로 조명하는지를 다룬다. 이 글은 해체 시각에서 읽을 때 흥미롭게도 이 이야기들이 불안과 심판을 안고 있어서 스스로를 고발하고 훼손한다는 점을 보여준다.

이일례의 "미갈의 삶을 통해 본 권력과 저항"에서는 사무엘상 18장과 19장 그리고 사무엘하 3장과 6장에 나오는 미갈의 삶을 정치적 목적으로 이용한 사울과 다윗의 권력형 성폭력을 폭로하고 있다. 특별히 권력의 중심에서 벌어지는 이들의 거짓과 위선 그리고 성폭력에 직면한 미갈의 저항은 여성의 삶과 정체성을 유린하는 남성 중심의 사울 왕조와 다윗 왕조의 부정과 불법을 고발한다. 동시에 이 글은 그동안 가부장적 편견의 편향적 시각에서 단지 정치권력의 수단으로 이용되는 수동적 미갈을 해방하여 능동적이고 주체적인 한 여성으로 재해석하고 있다.

이은애의 "다말과 권력형 성폭력(삼하 13장)"에서는 사무엘하 13장에 나타나는 다말에 대한 성폭력 사건이 강력한 다윗 왕정 아래에서 부권과 왕권을 바탕으로 한 권력형 성폭력이었음을 드러내고자 하였다. 성폭력 피해생존자인 다말의 증언은 왕궁 안에서 왕권의 비호 아래 발생한 권력형 성폭력인 동시에 친밀한 가족관계 안에서 일어난 전형적인 친족 내 성폭력 사건을 고발한다. 남성 중심의 폭력적 권력은 한 여성의 몸과 정신 그리고 그 인생 전체를 파괴하였으며 그것은 결국 인간 권력에 대한 심판을 가져올 것임을 성서는 증언하고 있는 것이다.

박혜경의 '신명기 역사가의 여성 혐오주의'는 열왕기하 9-12장에 내재된 여성 혐오와 남성 지도자들의 폭력성을 다루고 있다. 신명기 역사가의 여성혐오주의와 더불어 한국 사회의 보편적 여성 혐오주의를 마사 너스바움과 한나 아렌트의 사상으로 되짚어 보고 해석하고자 한다. 특별히 신명기 역사가들의 여성 혐오주의는 이세벨과 아달랴와 같은 여성 지도자들에게 편중되어 있다. 전 세계 여성 혐오로 인해 희생된 여성들을 기리며, 여성 혐오 없는 세상에서 여성들이 정당한 평가를 받고 생명권이 보장되길 염원하며 이 글을 쓴다.

임효명의 "에스겔 16장의 폭력 남편 야웨"는 여성에 대한 (성)폭력을 정당화하는 상징의 문제점을 지적한다. 에스겔이 사용한 남편과 아내라는 상징은 그 관계의 배타성 때문에 야웨와 이스라엘의 관계를 표현하는 데 종종 사용된다. 그러나 가부장제 내에서 남편이 아내에게 갖는 권력은 여성을 무자비한 폭력에 노출시킬 위험이 크다. 음행한 아내를 징계하는 남편으로 묘사된 야웨는 여성에 대한 성폭력, 청부 폭력, 가정 폭력 등 폭력을 전시한다. 이 글은 이러한 야웨의 상에 의문을 제기하고, 기독교 상징과 관련한 성인지 감수성을 촉구한다.

채은하의 "성폭력의 피해자 유딧"은 구약 외경 가운데 하나인 유딧기의 주인공 유딧이 성폭력의 피해자라는 관점에서 쓴 내용이다. 유딧은 스스로 마련한 성폭력의 자리와 수치와 모욕을 겪은 성폭력의 피해자로서 가부장적인 사회에서 여성의 몸이 무기화되는 것을 합리화하고 또 다른 여성에게 본받아야 할 가치로 재생산되고 있음을 본문 연구와 상상력을 통하여 다룬다. 이 글은 이 땅에서 성폭력 피해를 입은 많은 여성들의 아픔과 슬픔에 공감하고 위로의 마음을 전하려는 데 있다.

오늘날 한국 여성들은 날로 더 잔인해져 가는 성폭력에 노출되어 있다. 21세기 한국 여성들의 현실이 구약시대 여성들의 현실보다 더 나아지지 않았다는 사실이 안타깝다. 성폭력에 대한 남성중심적 사건 처리가 구약시대나 지금이나 크게 달라지지 않았다는 것이 놀라울 뿐이다. 한국 사회와 교회에 이런 "악한 일"이 더 이상 일어나지 않기를 바란다.

끝으로 이 책을 한국구약학회총서 첫 호로 선정하여 출판을 적극 지원해주시고 발간사를 써주신 배정훈 한국구약학회 회장님께 감사드린다. 또한 추천의 글로 격려와 연대의 뜻을 보여주신 이경숙 한국여성신학회 전회장님과 왕대일 한국기독교학회 회장님께 깊은 감사의 마음을 전한다. 아울러 출판과 편집을 맡아준 동연출판사 김영호 사장님과 편집부 직원분들께 감사드린다.

2020년 7월
필자가 함께

차례

추천의 글 _ 이경숙 왕대일 / 4
책을 펴내며 _ 배정훈 / 10
머리말 / 12

성폭행, 개인의 문제인가, 사회적 문제인가? | 박유미   21
  1. 들어가는 말   23
  2. 성폭행-전쟁의 패턴 보기   25
     1) 세겜 성폭행 사건(창 34장)   25
     2) 기브아 성폭행 사건(삿 19-21장)   26
     3) 암논의 성폭행 사건(삼하 13장)   27
  3. 성폭행-전쟁 패턴의 공통점   28
     1) 피해 여성에 대한 무관심   28
     2) 가해 남성의 우월한 힘과 무책임한 태도   32
     3) 무관심하고 무책임한 아버지   35
     4) 자신의 이익을 위해 움직인 남성 보호자들   38
     5) 어머니 혹은 여성 보호자의 부재   45
  4. 나가는 말   46

피해자의 관점에서 읽는 디나의 성폭력 이야기(창 34장) | 이영미   51
  1. 들어가는 말   53
  2. 디나에 대한 세겜의 성폭행 사건(창 34장)   56
     1) 사건의 전말   57
     2) 피해자의 관점에서 읽는 디나의 성폭력 사건(창 34:1-3)   59
  3. 성폭력 사건 처리 과정(창 34:4-31)과 2차 가해   65
     1) 성폭행 가해자, 세겜   65
     2) 피해자, 디나의 아버지 야곱   67
     3) 야곱의 아들들, 디나의 오빠들   69
     4) 디나의 친오빠들, 시므온과 레위   71
  4. 나가는 말   73

'선녀와 나무꾼', 사사기 21장, 버닝썬클럽과 해체적 읽기 | 유연희   77
1. 들어가는 말   79
2. '선녀와 나무꾼' 속 여성 취하기와 착취   81
3. 사사기 21장의 여성 집단 납치   86
4. 버닝썬클럽과 여성의 몸에서 짜낸 자본   90
5. 스스로를 해체하는 이야기   93
6. 나가는 말   97

미갈의 삶을 통해 보는 권력과 저항 | 이일례   99
1. 들어가는 말   101
2. 미갈의 삶을 통해 본 권력과 저항   103
   1) 미갈의 사랑과 사울과 다윗의 어긋남(삼상 18:21-30)   104
   2) 미갈의 용기와 사울의 뒤틀림(삼상 19:11-17)   107
   3) 미갈과 리스바에게 가해진 추행(삼하 3:12-16)   110
   4) 다윗과 미갈의 논쟁(삼하 6:12-13)   113
3. 나가는 말   117

다말과 권력형 성폭력(삼하 13장) | 이은애   121
1. 들어가는 말   123
2. 다말 이야기(삼하 13:1-22)의 문학적 맥락   125
3. 다말: 왕궁 내 가족 성폭력의 생존자   128
   1) 성적 욕망의 대상이 된 딸과 그의 남성 가족들   128
   2) 다말의 지혜로운 말과 암논의 악한 행동   130
   3) 다말('종려나무'): 성적, 제도적 폭력 속에 살아남다   140
4. 나가는 말   141

신명기 역사가의 여성 혐오주의 | 박혜경   145
1. 들어가는 말   147
2. 한국 사회의 여성 혐오주의의 보편성   149
3. 신명기 역사가의 불공정한 평가: 여성 혐오주의   152
   1) 예후 혁명과 이세벨에 대한 혐오주의(왕하 9장)   153
   2) 예후의 대량 학살: 신명기 역사가의 이데올로기의 폭력성
      (왕하 10장)   156

3) 아달랴와 여호야다: 평가 절하된 여성 지도력(왕하 11장)　159
　　　4) 요아스의 등장과 통치: 남성만의 리그(왕하 12장)　161
　4. 나가는 말: 드러난 숨김　164

에스겔 16장의 폭력 남편 야웨 | 임효명　167
　1. 들어가는 말　169
　2. 야웨와 예루살렘의 서사　170
　　　1) 구속사: 만남과 결혼　172
　　　2) 예루살렘의 배교: 예루살렘의 부정에 의한 갈등과 위기　176
　　　3) 심판: 징계에 의한 갈등의 해소(겔 16:35-43)　178
　　　4) 회복: 재결합(겔 16:60-63)　182
　3. 상징적 이야기의 기능과 문제점　182
　　　1) 예루살렘의 죄악의 효과적 고발　182
　　　2) 하나님의 심판의 정당화　184
　　　3) 가부장제 내의 '결혼'이라는 상징의 문제점　185
　4. 나가는 말　186

성폭력의 피해자, 유딧 | 채은하　189
　1. 들어가는 말　191
　2. 유딧기의 배경, 구조와 내용　192
　3. 유딧(의 저자)은 (反?) 페미니스트인가?　193
　4. 유딧의 등장과 성폭력　198
　　　1) 유딧이 등장하다　198
　　　2) 유딧이 성폭력을 계획하다　200
　　　3) 유딧이 퇴장되다　206
　5. 유딧은 성폭력의 그 자리를 잊지 못한다!　207
　6. 나가는 말　209

주註　211

지은이 알림　235

The Korean Journal of Old Testament Studies Supplement Series 1

Don't Do This Wicked Thing:
Sexual Violence, Power, and the Old Testament

You Mee Park, "Sexual Violence, a Private Problem or a Public Issue?"

Yeong Mee Lee, "A Reading of Sexual Violence against Dinah from the Victim's Perspective(Genesis 34)"

Yani Yoo, "A Deconstructive Reading of the Fairy and the Woodcutter, Judges 21, and the Burning Sun Club"

Il Rye Lee, "Michal, A Woman of Resistance"

Eun Ae Lee, "Tamar and Power-Based Sexual Violence (2 Samuel 13)"

Hye Kyung Park, "Exploring Misogyny in the Deuteronomistic History"

Hyo Myong Lim, "Hey Ezekiel, Is Yahweh an Abusive Husband?"

Unha Chai, "Judith, A Victim of Sexual Violence"

성폭행, 개인의 문제인가, 사회적 문제인가?

박유미

13세기, 마체요프스키 성경(Maciejowski Bible)

"다말의 비극은 결국 전쟁으로 이어졌다."

1. 들어가는 말

2018년 한 여검사의 용기 있는 고백을 통해 여성들은, 성범죄가 한국 사회 곳곳에 자리 잡고 있는 현실을 인식하고, 더 이상 이 문제에 대해 침묵해서는 안 된다고 생각하면서 "나도 피해자"라는 의미의 "#MeToo"운동을 일으키고 있다. 그동안 성범죄 피해 여성들에 대한 언론과 사회의 시각은 가해자 중심이었고, 오히려 피해 여성들의 외모, 옷차림, 행동을 언급하며 피해여성들이 당할만한 행동을 했기 때문에 당했다고 말하였다. 하지만 강남역 여대생 살인사건을 계기로 여성에 대한 폭력이 개인의 일탈이나 개인적인 윤리의 문제가 아니라 사회가 가진 여성에 대한 인식과 윤리의 문제라는 것이 인식되고 논의되기 시작하였다. 이런 상황 속에서 교회도 신학적으로 이 문제를 연구하고 대안을 제시함으로 사회에 대한 교회의 책임 있는 행동을 보여야 한다고 생각한다.

이 글에서는 이런 사회적 변화에 대해 교회가 성폭행 문제를 어떻게 보고 대응해야 하는지 보여 주고자 한다. 이를 위해 이 글에서는 구약에 나타난 성폭행 사건이 나오는 본문을 다루려고 한다. 구약에서는 여성에 대한 성폭행 사건이 다섯 번 등장을 하는데, 창세기 34장의 세겜의 성폭행 사건과 사사기 19장의 기브아 거민의 성폭행 사건과 사사기 21장에 나오는 집단 납치 사건과 사무엘하 13장의 암논의 성폭행과 사무엘하 16장의 압살롬의 성폭행 사건이다.1 여기서 사사기 21장과 사무엘하 16장의 성폭행 사건은 이전의 사건인 사사기 19장과 사무엘하 13장과 서로 연결되어 있기 때문에 따로 다루지는 않고 세겜의 성폭행 사건, 기브아 거민의 성폭행 사건, 암논의 성폭행 사건 이렇게 세 사건만 다룰 것이다. 이 세 개의 성폭행 사건을 개인의 문제가 아니라 공동체의 문제로 다루는 근거는 두 가지이다. 첫째는 세 개의 본문 모두 성폭행을 '네발라'(נבלה)2로 말하고 있다. 엘리스 키이페(Alice A. Keefe)는 단순 성폭행 사건과 달리 '네발라'로 표현된 성폭행은 그 자체가 내재적으로 공동체를 향한 무질서, 혼돈 그리고 평화를 붕괴시키는 죄악이라고 설명한다.3 이에 근거하면 구약 본문은 성폭행 사건을 공동체의 관점에서 말하고 있다고 할 수 있다. 둘째는 성폭행 사건이 단독 사건으로 끝나지 않고 항상 더 큰 폭력과 전쟁으로 확산되는 특징을 가지고 있다. 디나의 성폭행 사건은 세겜에 대한 집단적 학살로 이어지고, 기브아 성폭행 사건은 이스라엘의 내전으로 확산된다. 그리고 암논의 성폭행 사건도 압살롬의 반란으로 이어지며 왕권을 차지하기 위한 전쟁으로 번진다. 이렇게 구약에서는 성폭행 사건이 단순한 개인의 사건으로 끝나지 않고 공동체의 문제로 확산되는 패턴을 보여주고 있다.

그러므로 이 글에서는 먼저 성폭행 사건의 특징과 전쟁으로 번지는 패턴을 설명할 것이다. 그런 다음 패턴이 생기게 된 이유를 시대적, 영적, 사회적 배경 등을 통해 설명하려고 한다.

2. 성폭행-전쟁의 패턴 보기

1) 세겜 성폭행 사건(창 34장)

성폭행 사건의 발단은 디나가 가나안 땅의 여성들을 보러 나간 것이다. 이렇게 집을 나선 디나를 세겜 성읍의 우두머리인 세겜이 보고 강제로 잡아다 성폭행하고 자신의 집에 잡아두었다. 하지만 그 후 세겜은 디나에게 사랑을 느끼고(3절) 결혼하기를 원했고 야곱과 그의 아들들에게 디나와 결혼하게 해달라고 청혼한다. 하지만 야곱의 아들들은 이런 세겜을 좋게 보지 않았지만 할례를 조건으로 일단 결혼 승낙을 한다. 그리고 세겜과 하몰은 세겜 사람들을 설득하여 모두 할례를 받게 만들었다. 이렇게 사건은 야곱의 아들들과 세겜의 협상과 약속 이행으로 디나와 세겜의 결혼으로 끝나는 것처럼 보였다. 그런데 상황은 갑자기 결혼 잔치가 아닌 살육의 잔치로 변하게 된다. 야곱의 아들들이 세겜 사람들을 속인 것이다. 야곱의 아들 중 레위와 시므온은 세겜의 남자들이 모두 할례를 받고 무방비 상태가 되자 칼을 들고 성읍에 들어가 모든 남자들을 죽였고 다른 아들들은 노략질을 한다. 즉, 성읍의 모든 재물을 빼앗고 여성과 아이들까지 전부 사로잡아 노예로 만들어버린 것이다. 그동안 침묵하던 야곱은 이런 아들들의 만행을 책망했지만 이들은 디나에 대한 핑계를 대며 자신들의 행동을 정당화한다. 이렇게 디나의 성폭행 사건은 단지 디나를 성폭행한 세겜을 벌하거나 죽이는 데서 끝나지 않고 성읍 전체를 몰살시키면서 사건이 끝난다.

2) 기브아 성폭행 사건(삿 19-21장)

기브아 성폭행 사건의 발단은 레위인이 밤을 지내기 위해 기브아 성읍으로 들어가면서 시작된다. 레위인 일행은 기브아의 노인의 초청으로 그의 집에서 하룻밤 쉴 수 있게 되었는데 갑자기 기브아의 불량배들이 노인의 집을 에워싸고 레위인을 내놓으라고 소리쳤고 이에 레위인은 자신 대신에 자신의 첩을 집 밖으로 끌어내어 불량배들의 손에 넘긴다.4 그 결과 레위인 첩은 집단 성폭행을 당하다 죽음에 이른다. 그런데 사건은 여기서 끝나지 않고 레위인이 첩을 성폭행하고 죽인 기브아 사람들에 대해 복수를 하기 위해 첩의 시신을 열두 토막을 내어 열두 지파에 보낸다. 그리고 이 시신을 본 온 이스라엘은 너무 놀라 모두 모였고 레위인은 이들에게 기브아에서 당한 일들을 자신의 입장에서 이야기하며 전쟁하기를 선동한다. 그리고 이에 선동당한 이스라엘은 기브아를 감싸는 베냐민 지파와 전쟁을 치르게 되었고 이 와중에 양쪽에 많은 사상자를 냈다. 그리고 전쟁의 결과 베냐민 지파는 장정 600명만 남고 모두 몰살당하게 되는데 이스라엘 백성들이 베냐민 지파를 향해 진멸 전쟁을 하였기 때문이다. 그런데 사건은 여기서 마무리되는 것이 아니라 남성 600명만 남은 베냐민 지파를 살려야 한다는 명목으로 성읍 하나를 진멸하여 400명의 처녀를 노획하고 여호와의 축제에 나온 200명의 처녀를 납치하는 집단 성폭행 사건으로 마무리된다. 한 여성에 대한 집단 성폭행 사건이 집단 간의 전쟁으로 발전하고 그 결과 많은 여성에 대한 집단 성폭행으로 끝나게 되었다.

3) 암논의 성폭행 사건(삼하 13장)

암논의 성폭행 사건은 암논이 아름다운 이복누이 다말에 대해 잘못된 욕망을 품은 데서 시작한다. 그리고 이런 암논의 욕망은 간교한 요나답의 조언과 아버지 다윗의 도움으로 실현될 수 있었다. 암논은 이런 짓을 하면 안 된다고 말리는 다말의 말을 무시하고 성폭행을 했고 성폭행 후에는 갑자기 다말이 싫다고 집에서 내쫓아버린다. 암논은 다말의 말과 입장에 대한 고려 없이 철저히 자신의 욕망과 기분에 따라 행동하였다. 하지만 다말은 이런 암논의 행동에 침묵하지 않고 온 성읍 사람이 들을 수 있도록 외치며 자신의 억울함을 풀어줄 것을 요청하였다. 하지만 이 일을 풀어주어야 할 아버지 다윗은 침묵하였고 자신의 대변인 역할을 해주어야 할 압살롬은 다말에게 침묵하라고 명령한다. 이렇게 다말의 외침은 철저히 묵살당하면서 다말의 이야기는 끝난다. 하지만 이후 압살롬은 이 일을 빌미로 자신의 정적인 암논을 죽이고 아버지 다윗의 왕위를 빼앗기 위해 전쟁을 일으킨다. 압살롬은 왕권을 잡기 위해 다말의 성폭행 사건을 이용한 것이다. 결국 이스라엘은 압살롬 편과 다윗 편으로 나뉘어 내전이 일어났고 결국 다윗의 승리로 전쟁은 끝나고 압살롬은 죽게 된다.

이렇게 세 본문에서 한 개인에게 일어난 성폭행 사건은 개인의 문제에서 끝나지 않고 공동체의 전쟁으로 번지는 패턴을 보여준다. 다음 장에서는 왜 이런 패턴이 나타나는지 그 이유를 찾아보려고 한다.

3. 성폭행-전쟁 패턴의 공통점

 개인적인 성폭행 사건이 전쟁으로 발전한 성서의 사건들을 보면 피해 여성에 대한 무관심, 가해 남성의 우월한 힘과 무책임한 태도, 무관심하고 무책임한 아버지, 자신의 이익을 위해 움직인 남성 보호자들, 어머니 혹은 여성 보호자의 부재 이렇게 다섯 가지의 공통점을 발견할 수 있다. 이제 이런 공통점이 각 사건에서 어떻게 나타나고 있는지 설명하도록 하겠다.

1) 피해 여성에 대한 무관심

 창세기 34장과 사사기 19장의 사건을 보면 피해자인 디나와 레위인 첩의 목소리는 전혀 들리지 않는데 먼저 디나의 경우는 창세기 34장 1절에서 "디나가 그 지방 여자들을 보러 나갔다"라는 문장에서만 디나가 주어로 등장하고 그 이후에는 디나의 말과 행동이 전혀 나오지 않는다. 다만 다른 사람들의 입을 통해 디나의 이름만 언급되고 있을 뿐이다. 그렇기 때문에 본문을 통해서는 디나의 생각을 전혀 알 수 없다. 세겜의 성폭행이 얼마나 끔찍하고 공포스러웠는지, 세겜의 구애에 대해 좋게 생각했는지 끔찍하게 생각했는지, 또한 오빠들이 세겜과 세겜 사람들을 죽였을 때 원수를 갚게 되었다고 기뻐했는지 아니면 세겜과 결혼하여 불명예를 씻을 기회를 잃어버리게 되었다고 분노하고 슬퍼했는지 전혀 알 수가 없다. 이것은 그녀를 둘러싼 남성들 그 누구도 피해 당사자인 디나에게 관심을 가지지 않았기 때문이다.

사사기 19장에서도 레위인 첩의 목소리는 들리지 않는다. 심지어 화자는 희생당한 그녀의 이름도 언급하지 않는다. 19장 전체에 나오는 사람들은 모두 익명인데 이런 익명성은 이 사건이 개인의 일탈이 아니라 그 당시 이스라엘의 사회적 상황을 반영하는 것으로 당시 여성은 언제든지 레위인 첩처럼 희생당할 수 있는 처지에 있다는 것을 암시한다. 그리고 이런 우려는 사사기 21장에서 집단적인 납치 성폭행을 통해 현실로 나타난다. 레위인 첩은 아버지와 남편 사이에서 언제 여행을 떠날지 결정할 수 없었고 어느 성읍에 들어갈 것인지에 대해서도 의견을 내지 못했다. 그리고 그녀가 남편의 손에 끌려나갈 때 "살려 달라"고 외치며 얼마나 발버둥 쳤는지 남편에게 얼마나 배신감을 느꼈는지에 대한 언급도 없다. 또한 그녀가 성폭행당하고 돌아와서 문 앞에 엎드려졌을 때도 "문 열어 달라", 혹은 "도와 달라"는 말을 했을 것이 분명한데도 그녀의 목소리는 완전히 삭제되어 있다. 이를 통해 화자는 기브아 노인 집에 있던 그 누구도 레위인 첩에게 관심을 갖지 않고 그녀의 꺼져가는 미세한 음성에 귀 기울이지 않았다는 것을 표현하고 있다.

다말은 세 명의 피해자 중 유일하게 자기 목소리를 가지고 있다. 하지만 그녀의 사정도 목소리를 가지지 못한 디나나 레위인첩과 크게 다르지 않았다. 그녀는 사무엘하 13장에 등장하는 어느 남성보다 지혜롭고 정의로웠다. 그녀는 암논이 성폭행을 하려고 하였을 때 "악한 일"(네발라)이며 이 일을 당하면 자신은 공동체에서 살아갈 수 없게 된다며 암논과 자신을 위해 필사적으로 막으려고 하였다. 그리고 대신 자신과 결혼을 시켜달라고 아버지에게 요청하라고 제안한다. 다말이 이런 제안을 한 것은 좋아서라기보다는 폭력적 상황에서 법의 테두리 안에서 자신의 존엄성을 유지할 수 있는 최소한의 것이기 때문이다.5 만약 이런 보호도 받지 못하면 다말은 평생 불명예를 뒤집어쓰고 고립된 삶을 살아야 하기 때문이다. 하지만 이런 다말의 말은 암논에게 묵살된다. 암논은 다말을 단순히 성적 욕망의 대상으로만 보았기 때문에 다말의 말을 듣는 대신 힘으로 성폭행을 한다. 그러나 다말은 성폭행 후에도 말을 멈추지 않았다. 그는 자신을 물건 취급하며 내쫓으려는 암논에게 이것은 이전보다 악하다며 질책하였다. 김이곤은 다말의 말 속에서 다윗에 대한 나단 선지자의 질책 속에 담긴 예언적 지혜를 발견할 수 있다고 평가한다.6 하지만 다말의 이런 말도 무시되고 결국 다말은 암논의 집에서 쫓겨났다. 하지만 다말은 침묵하지 않고 계속해서 자신에게 닥친 재앙을 알리고 정의를 세워달라고 부르짖었다. 먼저 그녀는 공주의 채색옷을 찢고 머리에 재를 덮어쓰고 자신에게 끔찍한 재앙이 닥쳤다는 것을 시각적으로 표현한다. 그리고 자신의 처소까지 가는 동안 계속해서 자신에게 일어난 폭력과 암논의 죄를 알리며 이 상황을 도와달라고 호소하였다. 우리말에서 "목을 놓아 울면서"로 번역된 단어인 '자아크'(זעק)는 부당한 고통을 겪은 자의 도움을 요청하는 법률상의 용어이다. 신명기 22장 23-27절에 의하면 강간을 당한 처녀가 부르짖으면 여자에게는 허물이 없고 남자에게만 허물이 돌아가고 부르짖지 않으면 처녀도 처벌을 받게 된다는 규정이 있기 때문에 부르짖음은 그가 속한 공동체에 도움을 청하는 합법적인 행위이다.7 이렇게 다말은 자신이 할 수 있는 방법을 다해 저항하고 성폭행을 당한 후에도 부르짖으며 자신의 보호자들에게 도움을 요청하였다. 하지만 아무도 다말의 모든 목소리에 제대로 응답하지 않았고 오히려 다말은 '잠잠하라'며 침묵을 강요받고 압살롬의 집에서 쓸쓸하게 고립된 채 남은 생을 살아야 하는 처지가 되었다. 캐롤라인 블리스(Caroline Blyth)는 이렇게 가정과 공동체가 성폭행 피해자의 목소리에 귀를 막았기 때문에 디나는 계속해서 고립되고 낙인찍히고 자신을 회복시켜줄 청중을 박탈당하게 되었다고 하였는데,8 이것은 목소리가 없는 디나뿐만 아니라 목소리를 가진 다말도 마찬가지이다.

이렇게 피해 여성들의 목소리가 삭제되거나 무시된 이유는 첫째는 당시가 여성을 남성의 소유물 혹은 한 가문의 재산으로 여기던 가부장적 사회이기 때문이다. 캐롤라인 프리슬러(Carolyn Pressler)는 가부장 사회에서 성폭행 사건은 여성에게 가해진 폭력이라는 생각보다는 여성의 보호자인 남성을 모욕하고 그의 재산에 손실을 가한 것으로 본다고 하였다.9 그렇기 때문에 고대 사회에서 남성의 성에 비해 여성의 성에 대한 통제가 심하며 율법은 여성의 성적 문제에 대해 더 많은 관심을 보였다.10 그러므로 성폭행 문제에 대해 디나는 말할 기회도 갖지 못하고 디나의 보호자격인 디나의 오빠들이 당사자로 나선다. 그리고 레위인 첩의 경우도 피해 당사자가 말 한마디 못하고 죽었지만 그녀의 남편이 복수하기 위해 나선다. 그런데 이것도 자신의 첩의 죽음에 대한 복수라기보다는 자신에게 가해진 모욕에 대한 분노가 더 크다고 보이는 것은 그는 첩을 자신의 손으로 넘겨주었기 때문이다. 둘째는 성폭행을 저지른 남성들과 여성들의 남성 보호자들이 여성의 목소리에 귀를 기울이지 않고 무시했기 때문이다. 성폭행범들은 성폭행을 당하는 여성의 '하지 말라'는 목소리를 무시했고 남성 보호자들은 성폭행 피해자의 고통과 아픔에 귀 막고 오히려 그녀들을 없는 사람 취급했던 끔찍한 상황을 알려주기 위해서이다. 다말의 경우 그녀는 분명하게 거절하였고 성폭행을 당한 후에는 암논의 죄를 지적하며 처벌을 요구했지만 다말의 목소리에 응답하지 않았다.

2) 가해 남성의 우월한 힘과 무책임한 태도

세겜 성폭행 사건에서 본문은 가해자인 세겜에 대해선 상당히 많은 관심을 가지며 이야기가 세겜을 중심으로 흘러가고 있다. 세겜은 2절에서 디나를 보자 바로 끌고 가서 성폭행한다. 이렇게 세겜이 디나를 성폭행하고 그녀를 집에 잡아 둔 것은 그가 세겜의 우두머리로서 힘이 있었고 야곱의 가족은 이방인이자 거류민으로 세력을 가지지 못했기 때문이다. 즉, 세겜이 야곱 가족을 얕잡아 본 것이다. 이렇게 세겜은 일단 힘으로 자신 좋을 대로 행동한 후 결혼을 요청하고 있다. 3절에서 화자는 세겜이 디나에게 연연하고 사랑하며 말로 위로했고 세겜이 디나를 진심으로 사랑하게 되었다고 말하며 가해자인 세겜의 감정과 행동을 자세히 설명하는데 이런 창세기 화자의 설명은 성폭행을 당한 디나의 감정과 행동에 침묵하는 것과 대조를 이룬다. 또한 아무리 세겜이 디나를 좋아하게 되었다고 하더라도 눈에 든다고 강제로 성폭행한 후 집에 잡아두는 행동은 가부장 사회의 남성이자 권력자가 가지는 힘에서 나오는 행동이지 결코 성폭행을 당한 디나의 심정을 헤아리는 태도는 아니다. 그러므로 이런 세겜의 행동과 태도가 디나에 대한 성폭행을 정당화시키는 구실이 될 수는 없다. 또한 그는 디나와 디나의 가족들에게 사과하지 않는다. 다만 디나를 사랑하게 되었으니 결혼을 요구할 뿐이다. 자신이 심각한 죄를 저질렀다는 것을 제대로 인정하지 않고 사랑한다는 말로 모든 것을 정당화하려고 한 것이다. 이런 뻔뻔한 태도 역시 그의 권력과 힘에서 나온 것이며 이런 태도가 야곱의 아들들의 분노에 기름을 끼얹은 꼴이 되었다.

사사기 19장에서도 가해자 남성들의 목소리로 가득하다. 22절에서 가해자인 기브아의 불량배들은 문을 두드리며 "그 남자를 끌어내시오", "우리가 그 사람하고 관계를 좀 해야겠소"라고 강요하며 집주인이 중재하는 것도 듣지 않고 계속해서 위협을 가한다. 그리고 이들은 레위인 첩이 손에 들어오자 밤새도록 끔찍한 성폭행을 가한다. 25절에서 "밤새도록", "새벽에 동이 틀 때", "동이 트자" 등 시간적 표현을 반복적으로 사용함으로써 이들의 잔인함과 폭력성을 강조하고 있다. 또한 여기서 레위인 첩이 성폭행 당하는 데 일조한 남성 조력자들이 등장한다. 그들은 남편인 레위인과 기브아 노인으로 특히 남편은 자신의 목숨을 지키기 위해 직접 아내의 손을 끌어 기브아 불량배들의 손에 넘기는 행동이 분명히 나온다. 이렇게 남성들은 자신의 안전을 위해 여성을 희생양으로 넘겨주고 넘겨받고 밤새도록 폭력을 가하며 자신들의 힘을 과시하였다. 불량배들은 힘없는 한 명의 여성을 집단적으로 성폭행하는 것에 대해 죄의식이 없었을 것이다. 이것이 집단의식이 갖는 위험성이다. 그리고 밤이 새고, 새벽이 오자 성폭행 무리들은 피해 여성을 그대로 버려두고 사라진다. 그 여성의 목숨이나 안위는 전혀 관심이 없이 그냥 유희 시간이 끝나서 돌아가듯 그렇게 사라졌다. 본문에는 이들이 성폭행 후 이 여성을 집에 데려다 주었다는 말도 없다. 그냥 이 여성 혼자 죽을 힘을 다해 기브아 노인의 집에 왔다고 말할 뿐이다. 이렇게 기브아 불량배들은 성폭행을 저지르고 아무런 책임도 지지 않고 사라지면서 피해 여성은 죽음에 이르게 되었고 이것이 레위인이 끔찍한 전쟁을 일으키게 된 도화선이 된다.

사무엘서 13장에서 화자는 가해자 암논에 대해서는 그의 목소리뿐만 아니라 감정과 행동까지도 자세하게 묘사하고 있다. 본문은 암논이 이복누이임에도 불구하고 다말의 아름다움에 반해 금지된 욕망을 품은 것과 이를 이루지 못해 병에 걸릴 지경으로 괴로워하는 모습까지 기술하고 있다. 이것은 암논의 욕망이 힘을 가진 남성이 소유하고 싶은 것을 가지지 못한 것에서 오는 화병으로 여성을 성적 대상으로만 보고 소유하고 쟁취하려는 잘못된 욕망이라는 것을 드러내기 위해서이다. 그리고 암논의 성폭행 사건에서는 두 명의 남성 조력자가 등장한다. 암논의 잘못된 욕망을 질책하기는커녕 이를 도와주기 위해 요나답은 아버지 다윗을 이용하라는 조언을 해주었다. 그리고 다윗은 암논의 요구에 적극적으로 응답하여 다말을 암논의 손에 넘겨주는 조력자가 되었다. 그리고 자신의 욕망을 채운 후 암논은 돌변했다. 15절에서 "이제 미워하는 마음이 기왕에 사랑하던 사랑보다 더하였다"라고 말하는데 이는 암논의 변심이 매우 급격하다는 것을 표현한 것이다. 그리고 그는 이런 마음을 바로 행동으로 옮겨 다말을 쫓아내라고 명령한다. 여기서 암논은 다말을 '이것'(조트, זאת)이라고 부르며 마치 거추장스럽고 더러운 물건을 치우듯이 다말을 내쫓고 문빗장을 지르라고 명령한다. 그는 매우 모욕적이고 비인간적으로 다말을 대한다. 이에 대해 김회곤은 암논이 다말을 창녀처럼 취급했다고 평가한다.11 이렇게 암논은 성폭행 뒤에 다말에 대한 일말의 죄책감도 책임감도 가지지 않고 오히려 피해자 다말을 모욕하며 내쫓아버린다.

　이렇게 세 사건을 보면 피해자의 행동과 무관하게 가해자가 자신의 감정과 욕망을 따라 강압적이고 적극적으로 성폭행을 저지른다. 그리고 이들은 이런 범죄를 저지른 것에 대해 죄책감도 가지지 않으며 책임감도 없다. 세겜이 디나와 결혼하겠다는 것도 사랑한다는 감정에 충실한 것이지 책임감으로 보기 어렵다고 생각한다. 이렇게 가해자들은 오로지 자신들의 감정과 욕망에 충실할 뿐이다.

3) 무관심하고 무책임한 아버지

　딸들이 성폭행당했을 때 아버지인 야곱과 다윗의 반응은 거의 비슷하다. 창세기 34장 5절에서 야곱은 디나가 세겜에게 성폭행을 당하고 잡혀있다는 소식을 들었지만 철저히 침묵한다. 야곱이 침묵한 이유는 첫째로 세겜의 힘에 눌렸기 때문이다. 그는 가장이자 디나의 보호자로서 세겜과 하몰에게 항의하고 성폭행에 대한 사과와 디나를 돌려보낼 것과 보상을 요구하는 것이 마땅하지만 이방인이자 소수 거류민인 야곱은 세겜을 두려워하며 침묵했다. 둘째로 디나는 사랑하지 않는 아내 레아의 딸이기 때문에 야곱은 디나를 별로 중요하게 생각하지 않았다. 히브리어 원문에 따르면 디나는 '디나, 레아의 딸, 레아가 야곱에게 낳은 딸'로 표현되어 있는데 이에 대해 고든 웬함(Gorden J. Wenham)은 그녀가 사랑하지 않는 레아의 딸이라는 것이 야곱이 디나의 치욕에 무관심한 태도를 보인 이유라고 보았다.[12] 그래서 그는 사건이 일어난 직후 아들들을 부르지도 않았다. 그리고 아들들이 디나의 일로 분노할 때도 아무런 관심을 표하지 않았다. 그는 딸 디나를 보호하는 것보다 자신을 보호하는 것이 우선이었기 때문에 침묵으로 세겜의 요구를 승인했다. 그리고 모욕당했다며 분노하는 아들들을 달래고 설득하지 않고 침묵함으로 문제를 심각하게 만들었다. 야곱은 아들들이 세겜 남자들을 다 죽이고 약탈하는 만행을 저지른 뒤에야 비로소 입을 여는데 이때도 그들의 잘못된 복수에 대해 야단치지 않고 오직 자신의 안위를 위태롭게 만든 사실에 대해서만 화를 낸다(창 34:30). 이렇게 야곱이 아버지로서 적절한 보호와 지도력을 발휘하지 않고 디나의 고통과 아들들의 분노를 무시함으로써 디나의 성폭행 사건이 세겜의 모든 남자들이 살육되는 엄청난 사건으로 커지게 만들었다. 이런 야곱의 모습을 통해 무능한 가부장은 가정과 자식을 지키고 올바른 방향으로 인도하는 것에 실패할 수밖에 없다는 것을 보여준다.

사무엘하 13장의 다윗도 딸의 문제엔 침묵한 아버지였다. 13장에 나타난 다윗은 매우 어리석은 모습을 보여준다. 첫째로 다윗은 암논에 대한 편애로 인해 암논의 요구가 상식적이지 않다는 것을 알아채지 못하고 오히려 암논이 다말을 성폭행하도록 돕는 조력자의 역할을 한다. 둘째로, 다윗은 다말의 부르짖음을 통해 성폭행 사건을 알았고 모든 사실을 들은 후에 크게 화를 낸다. 하지만 그는 화만 냈을 뿐 더 이상의 조치를 취하지 않는다. 암논은 처녀를 성폭행한 죄와 근친의 하체를 범하지 말라는 레위기 18장의 명령을 어겼다. 이런 상태에서 다윗이 암몬에게 처녀를 성폭행한 죄를 물었다면 암논은 다말과 결혼하게 하거나 다말에게 사과와 배상을 해야 했다. 그리고 만일 근친이기 때문에 다말과 결혼이 안 된다고 생각을 하면 이에 상응하는 처벌이 있어야 했다. 레위기 20장 17절에 따르면 암논의 죄는 민족 앞에서 끊어질 심각한 죄이기 때문이다. 하지만 다윗은 한 나라의 왕으로서 법을 집행하고 질서와 도덕을 세울 의무를 가지고 있었지만 다음 왕위 계승자로 염두에 두고 있는 장남인 암논에 대한 편애 때문에 아무런 처벌도 내리지 않았다. 그리고 다말에게는 어떤 보상이나 위로도 하지 않고 그냥 내버려두었다. 그에겐 딸의 상처와 고통과 남은 인생에 대한 걱정보다는 아들의 장래와 왕가의 체면과 왕권의 안정이 우선이었기 때문이다. 그는 피해자 다말의 아버지가 아닌 가해자 암논의 아버지로서 행동하며 정의롭지 못한 남성 연대를 형성하였다. 이런 남성 연대는 여성이 어머니와 아무런 연대를 갖지 못하는 것과 대조를 이룬다. 다윗이 이렇게 정의롭지 못하게 된 것은 밧세바를 성폭행한 사건과 연결된다. 자신도 왕이란 권력으로 밧세바를 성폭행하고 은폐한 전력이 있기 때문에 암논을 감싸주는 쪽을 택한 것이다. 이런 다윗의 모습은 신앙적으로도 건강하지 못하다. 자신이 나단 선지자의 질책을 받고 회개한 것처럼 암논의 죄를 지적하여 암논도 잘못을 회개하고 살아날 기회를 주었어야 하지만 그는 죄를 덮음으로 암논이 자신의 죄에 대해 하나님 앞에서 회개하고 책임질 기회를 갖지 못하게 한 것이다.

이렇게 야곱과 다윗은 피해자의 보호자로서 가해 남성들과 피해자 사이를 중재하고 피해자를 보호하고 가해자에게 정당한 처벌이 가해지도록 해야 할 의무가 있다. 특히 다윗은 왕으로 하나님의 정의와 공의를 세우기 위해 더더욱 피해자를 보호하고 가해자를 처벌할 의무를 갖는다. 하지만 이런 올바른 중재자 혹은 판결자의 모습을 보여주지 못함으로 말미암아 피해자와 피해 가족들이 원한을 갖고 독자적인 행동을 할 수 있는 계기를 만들었다고 생각한다. 그러므로 야곱과 다윗이 제대로 중재자와 판결자의 의무를 행하지 않은 것이 성폭행 사건이 전쟁으로 번지게 된 중요한 이유가 된다고 판단된다.

4) 자신의 이익을 위해 움직인 남성 보호자들

위에서 언급한 세 사건 모두 여성에 대한 성폭행으로 시작되어 이민족과의 전쟁, 지파끼리의 전쟁, 이스라엘 내의 전쟁으로 확대된다. 그리고 이때 중요한 역할을 하는 사람이 세겜 사건과 암논 사건에서는 여성의 남자 형제들이고 기브아 사건에서는 남편이다. 피해자의 남성 가족들은 피해 여성을 대신해 자신들이 피해자로 생각하고 사건 해결의 당사자로 등장한다. 이것은 가부장 사회 속에서 여성은 남편 혹은 아버지 혹은 동복 오빠들의 소유이기 때문에 여성에게 대한 성폭행을 자신들의 권리에 대한 침해와 모욕으로 생각하기 때문이다.

(1) 디나의 남자 형제들

창세기 34장에서 디나가 세겜에게 성폭행당했다는 소식을 들은 야곱의 아들들의 반응은 아버지와는 달랐다. 디나의 동복 오빠들은 매우 적극적으로 디나를 대신해 피해자로 행동한다. 그렇기 때문에 그들은 성폭행 사건을 듣고 근심하고 매우 화를 내었고 세겜과 하몰이 결혼을 요청하러 왔을 때 협상 당사자로 나선다. 하몰은 세겜이 디나를 좋아하니 결혼을 허락해 달라면서 서로 통혼도 하고 혼수와 예물도 말하는 대로 다 주겠다고 제안하며 진심으로 디나와 세겜을 결혼시키고 싶어한다. 그런데 이런 하몰의 태도는 철저히 남성 가해자 중심적이며 권력을 가진 자의 모습이다. 지금 이 상황은 세겜이 디나를 성폭행하는 불법을 저질러서 생겼기 때문에 상식적으로는 가해자 아버지가 피해자인 디나를 집에 무사히 데려다 주고 피해자와 피해자 가족이 받았을 모욕감에 대해 사과하고 그다음에 어떻게 보상하거나 처벌할지에 대해서 논의하는 것이 순서이다. 그런데 하몰은 현재 디나를 자신의 집에 붙잡아두고 사과도 하지 않고 바로 결혼부터 제안한다. 이것은 하몰과 세겜이 힘과 권력이 있기 때문에 피해자의 감정을 생각할 필요도 없으며 혹시 감정이 상했더라도 많은 혼수와 예물을 주고 결혼하면 무마될 것이라고 오만하게 생각하였기 때문이다. 그렇기 때문에 모든 절차를 무시하고 결혼하자며 찾아온 것이다. 물론 이런 태도는 성폭행한 뒤 내쫓고 방치한 암논과 다윗보다는 나은 행동이지만 이런 오만한 행동이 결국 야곱의 아들들의 감정을 건드렸다. 야곱의 아들들은 할례를 받아야 디나와 결혼시키겠다고 하였다. 하지만 화자는 13절에서 "야곱의 아들들은… 세겜과 그의 아버지 하몰에게 짐짓 속임수를 썼다"라고 하며 그들의 속마음을 알려주고 있다. 그들은 디나를 성폭행함으로 자신들을 욕되게 한 세겜과 그 성읍 사람들에게 복수하기 위해 할례를 요구한 것이다. 할례는 하나님께서 아브라함의 후손에게 언약의 표징으로 주신 것인데 야곱의 아들들은 할례를 복수의 도구로 삼음으로써 하나님께 심각한 범죄를 저지른다. 그리고 할례를 받은 세겜의 남자들이 할례로 인해 고통스러울 때 시므온과 레위는 세겜으로 쳐들어가 세겜과 세겜의 모든 남자를 모두 죽이고 그 후에 다른 형제들은 약탈물을 취하고 세겜 성의 모든 재물과 여자와 아이들까지 잡아 노예로 삼아버린다. 그리고 이런 엄청난 살육과 약탈에 대해 야곱의 아들들은 디나를 욕보인 것에 대한 복수라고 말한다. 하지만 신명기법에 따르면 성폭행을 한 경우 최악의 벌은 성폭행한 당사자를 죽이는 것이고(신 22:25) 일반적으로는 결혼을 하거나 보상금을 받는 것인데 디나 한 사람이 당한 성폭행에 대한 복수로 세겜뿐만 아니라 세겜의 모든 남자의 목숨과 세겜의 여자들을 노예로 삼고 성폭행을 자행하는 것은 결코 합리화될 수 없다. 그리고 27절에서 히브리어 원문을 직역하면 '칼에 죽은 자들 위를 지나가며 노략하였다'로 화자는 야곱의 아들들을 약탈에 혈안이 된 약탈자로 묘사함으로써 이들의 세겜 정복이 순수한 복수가 아닌 약탈을 위한 것이라는 것을 나타내고 있다. 이렇게 이들은 성폭행의 피해자인 디나의 상처와 피해를 줄여줄 생각보다는 자신들의 감정대로 그리고 자신들의 이익을 위해 살육을 자행한 것이다. 결국 디나의 남자 형제들의 세겜 살육은 말로는 디나를 창녀같이 대우한 세겜에 대한 정당한 복수라고 하지만 그들의 거짓말과 잔인하고 욕심스러운 행동으로 보건대 실상은 자신들의 분노를 해결하고 부에 대한 욕망을 성취하기 위한 살육과 약탈이지 디나를 위한 싸움은 아니었다.

(2) 레위인 첩의 남편과 이스라엘 남자들

사사기 19장의 사건은 여성 피해자의 보호자로 형제가 아니라 레위인[13] 남편이 등장한다. 그리고 이 사건은 다른 성폭행 사건보다 심각한 것은 집단 성폭행 사건이자 살인사건이며 이방인에 대한 적의와 배제 때문에 일어난 사회적 사건이기 때문이다. 첩이 어느 시점에서 죽었는지 알 수 없지만[14] 레위인은 집에 도착하자 그녀를 열두 토막으로 나누어 이스라엘 모든 지파에게 보낸다.[15] 사무엘상 11장 7

절에서 사울이 군대를 소집하기 위해서 두 마리의 소를 잡아 각을 떠서 전 이스라엘에 보내는 것이 나온다. 즉, 레위인은 첩의 시체를 통해 전쟁을 소집한 것이다. 하지만 이런 레위인의 행동은 인간성을 상실한 행동으로 자신의 첩을 비인간화하며 사물화하였다. 자신을 대신해 죽은 폭력의 희생자를 위로하기 위해 정중하게 장례를 치루고 묘지에 안장하여 죽어서라도 평안을 맞이할 수 있도록 하는 것이 인간에 대한 예의인데 그는 자신의 복수를 위해 폭력으로 인해 죽은 그녀의 몸에 더 큰 폭력을 가했다.16 그는 시체를 이용해 이스라엘 사람이 경악과 분노에 사로잡혀 전쟁을 일으키도록 선동하였다. 그리고 그의 의도대로 모든 이스라엘 자손들은 첩의 시체를 보고 미스바에서 야웨 앞에 모였다. 그리고 레위인은 모인 이스라엘 사람들에게 기브아 사람들이 자신을 죽이려고 하였고 첩을 욕보이고 죽였다고 말하고 또한 자신이 첩을 조각 내 보낸 것은 이스라엘 안에서 이런 악을 제거해야 하는 대의를 위한 어쩔 수 없는 선택이라고 말하며 자신의 끔찍한 행동을 정당화한다. 하지만 이런 정당화에도 불구하고 그가 레위인 첩의 억울한 죽음을 신원해주기 위해 나선 것이라고 볼 수는 없다. 그는 자신이 살기 위해 첩을 죽음으로 내몰았고 희생당한 첩의 시신을 조각내는 악행을 저질렀기 때문이다. 진정으로 첩을 애도하고 그녀를 위했다면 그녀의 시신을 모욕하는 행동은 해선 안 되는 것이다. 결국 이런 태도는 레위인이 첩의 복수를 위해서가 아니라 자신이 기브아에서 당한 모욕을 갚기 위해 전쟁을 소집했다는 것을 나타낸다. 그리고 이스라엘 사람들은 이런 레위인의 선동적인 말에 휘둘려 전쟁하기 위해 일어선다. 여기서 주목할 것은 가해자 기브아 사람과 베냐민 지파이다. 여기서 베냐민은 성폭행과 살인을 한 기브아의 불량배를 징계하라는 이스라엘 모든 지파의 장로들의 말에 기브아 사람이 자신의 형제라며 두둔한다. 기브아의 불량배들은 이 사건에 대해 사과하고 처벌을 받는 대신 베냐민 지파 뒤로 숨어버렸고 베냐민 지파는 기브아를 위해 전쟁을 하겠다고 나선다. 여기서 베냐민 지파가 하나님의 법을 따르는 정의로운 사람들이었다면 기브아의 불량배를 두둔하지는 않았을 것이다. 결국 이 전쟁은 불의한 자를 감싼 베냐민 지파에게 가장 큰 책임이 있다.

그리고 전쟁은 비록 하나님의 허락을 받고 시작했지만 이스라엘 사람들의 과도한 복수로 인해 베냐민 지파를 거의 죽이고 단지 600명만 살려두는 잘못을 범한다. 이들은 형제를 향해 마치 가나안 사람에게 하듯 진멸 전쟁을 한 것이다. 이것은 당시 이스라엘 사람들이 분노와 흥분에 사로잡혀 이성적인 사고를 못했다는 것을 보여준다. 그러나 폭력은 여기서 끝나지 않고 600명의 베냐민 지파 남성들의 아내를 얻어준다는 명목으로 또 다시 길르앗 야베스를 진멸하여 400명의 처녀를 얻었고 나머지 모자라는 200명의 처녀들은 실로에서 납치하여 아내로 삼는다. 사사기 21장에서 벌어지는 끔찍한 폭력의 원인은 베냐민 지파에게 딸을 주지 않겠다고 한 어리석은 서원 때문이다(삿 21:1). 이렇게 기브아의 성폭행 사건은 개인의 비극에서 끝나지 않고 모든 남성 당사자들의 어리석음과 과도한 복수로 인해 수많은 사람이 죽고 600명이나 되는 처녀들은 강제 결혼과 납치와 성폭행을 당하게 된다. 한 여성의 성폭행과 죽음을 복수하기 위해 시작되었다는 전쟁은 너무 많은 사람들의 죽음과 600명이나 되는 여성의 납치와 성폭행으로 끝나게 된다. 이런 결과가 된 것은 당시 이스라엘 남성들의 남성 중심적이고 가부장적이며 폭력적인 모습 때문이다.

본문 속에 나타나는 남성들에게 여성은 존중받아야 하고 보호 받아야 할 인간이 아닌 수단이자 대상물이었다. 레위인은 자신을 대신할 희생물로 생각하였고 이스라엘의 남성들과 장로들은 베냐민 지파의 종족을 보존하기 위한 '자궁' 정도로 여겼다. 사사기 19-21장 어디서도 여성의 목소리는 들리지 않고 오로지 남성들에게 성폭행당하고 죽고 납치당하는 여성들의 모습만 보인다. 이것은 이 사회가 남성이 약자인 여성들을 전혀 보호하지 않는 남성 절대 권력의 부도덕하고 무질서한 시대라는 것을 보여준다. 그리고 사사기 화자는 마지막에서 이런 시대를 "그때에 이스라엘에 왕이 없었으므로 사람들은 저마다 자기의 뜻에 맞는 대로 하였다"(삿 21:25)라고 평가한다. 즉, 왕이신 하나님 없이 사는 세상이 약자들에게 얼마나 끔찍한 세상인지 말하는 것이다.

(3) 다말의 남자 형제 압살롬

암논의 성폭행 사건에서 피해자 다말을 대신해 피해자로 행동한 것은 동복 오빠 압살롬이다. 사무엘하 13장에서는 울부짖으며 집으로 돌아간 다말은 자신에게 일어난 일을 알린다. 그 말을 들은 압살롬은 성폭행한 사람이 암논이라는 것을 확인한 후에 "애야, 암논도 네 오라비이니, 지금은 아무 말도 입 밖에 내지 말아라"라고 하며 다말의 입을 막는다. 여기서 '네 오라비'를 잠잠해야 하는 이유로 말한 것은 암논이 다윗이 가장 사랑하는 큰아들이라는 것을 기억하라는 뜻이다. 다윗이 암논을 처벌하지 않는 이상 그 누구도 그에게 처벌을 내릴 수 없는 상황임을 다말에게 주지시키며 압살롬은 아버지 다윗이 암논을 처벌하길 기다린 것이다. 또한 암논은 다윗이 가장 사랑하는 왕자이기 때문에 다말과 압살롬이 계속해서 암논의 처벌을 요구할 경우 오히려 다말과 압살롬이 미움을 받을 수도 있기 때문이다. 압살롬은 현재 다윗 왕가의 왕위 계승 서열 2위인데 이 일로 암논이 실각하고 자신이 왕위 서열 1위로 올라서길 기대했을지도 모른다. 그러므로 압살롬은 다말의 입장에 서서 다윗에게 올바른 판단을 내려달라고 요구하는 대신 기다린 것이다. 그런데 다윗은 암논에게 아무런 처벌도 하지 않고 이 사건을 덮어버렸다. 다말과 그녀의 오라비인 자신을 완전히 무시하고 암논만 감싸는 태도에 압살롬은 다윗과 암논에게 깊은 원한을 갖게 되었다. 하지만 화자는 이런 자신의 마음을 압살롬이 일절 말하지 않았다고 표현하는데 이것은 압살롬이 순수하게 다말을 위하는 마음이 아니었다는 것을 암시하는 것이다. 진정으로 압살롬이 다말을 위했다면 다윗이 잘못된 판단을 했을 때 부당하다고 항의했을 것이다. 하지만 압살롬은 침묵한다. 이것은 다말이 성폭행당한 것을 빌미로 자신의 정적인 암논을 제거하기로 결심하였기 때문이다.17 결국 2년 후에 자신이 직접 암논을 죽이고 도망간다. 그는 다윗이 암논을 내칠 것이라는 기대를 버렸기 때문에 직접 정적을 죽이고 때가 되면 자신이 직접 왕위에 올라야겠다고 결심하였기 때문이다. 그래서 압살롬은 도망에서 돌아온 뒤 백성들의 마음을 훔치고 결국 반란을 일으켜 온 나라를 전쟁에 몰아넣었고 자신은 죽임을 당한다. 압살롬은 다말이 정의를 요구하며 외칠 때 잠잠하라고 말하며 그녀가 당한 성폭행을 이용해 암논을 실각시키고 왕이 되려고 하였다. 그 또한 여성 피해자를 위해 행동한 것이 아니라 자신의 이익을 위해 움직였다.

　이렇게 피해자를 자처하는 남성 보호자들은 성폭행 사건을 피해 여성의 관점에서 피해 여성의 회복과 가해자에 대한 정당한 처벌을 위해 움직이는 것이 아니라 자신들의 분노를 폭발하여 분풀이하거나 자신의 이익을 도모하는 방향으로 사건을 확대시켜 나갔다고 볼 수 있다.

5) 어머니 혹은 여성 보호자의 부재

여성 피해자의 고립을 더 강하게 보여주는 것은 어머니와 여성 보호자의 부재이다. 디나와 레위인 첩과 다말에겐 분명히 어머니가 있음에도 불구하고 어머니는 여기서 전혀 등장하지 않는다. 디나의 경우 어머니 레아는 디나의 운명에 대해 어떠한 관여도 할 수 없었다. 다말의 경우도 그술왕 달매의 딸인 마아가라는 어머니가 있었다. 하지만 그녀도 다윗에게 어떤 영향력도 끼칠 수 없었고 다말의 원한을 풀어줄 어떤 수단도 없었다. 레위인의 첩도 남편 손에 끌려나갈 때 기브아 노인의 딸들이 함께 있었지만 양쪽 다 희생양으로 내몰린 약자들이라 서로에게 아무런 도움이 되지 않았다. 이것은 어머니도 여성 보호자도 가부장 사회에서는 아무런 역할을 할 수 없는 무기력한 존재라는 것을 암시한다. 이렇게 성폭행당한 여성들은 철저히 남성들의 세계에 홀로 내던져진 고독하고 고립된 존재들이었다. 그렇기 때문에 성폭행을 당한 후 문제 해결을 할 때 여성 피해자의 입장은 전혀 고려되지 않고 오직 남성 보호자의 이익을 우선시하였고 그 결과 전쟁으로 확대되는 양상을 보였다고 생각한다.

4. 나가는 말

위에서 보듯이 세 건의 성폭행 사건은 개인의 일탈에서 일어난 개인적 문제라기보다는 가부장 사회의 남녀 위계관계, 내부인과 외부인의 힘의 차이, 환대와 적대, 권력자의 횡포 등 다양한 사회적, 물리적, 신분적 힘의 역학 관계 속에서 일어난 범죄이다. 그리고 이런 다양한 위계 속에서 가장 약한 여성이 피해자가 된다. 세겜의 성폭행 사건에서는 세겜이 볼 때는 외부인의 딸이며 야곱의 입장에서는 사랑하지 않는 아내의 딸인 디나가, 기브아 성폭행 사건에서는 외부인이자 여성인 레위인 첩이 그리고 암논의 성폭행 사건에서는 다윗 왕가에서 아무런 지분이 없는 공주 다말이 그 대상이 되었다. 그리고 가해자는 자신의 다양한 힘을 이용해 성폭행하였다. 세겜은 자신이 세겜의 우두머리라는 권력과 남성이라는 권력을 가졌기에 쉽게 디나를 성폭행하고 자신의 집에 잡아두며 결혼을 요구할 수 있었다. 기브아의 불량배들은 자신이 기브아 주민이라는 것과 다수라는 힘의 우위를 이용하여 레위인을 성폭행하려고 하였고 노인은 남성과 아버지라는 위계로 자신의 딸과 레위인 첩을 불량배들에게 넘기려고 하였다. 그리고 레위인은 물리적 힘으로 첩을 끌어내 가장 힘센 기브아의 불량배들에게 자신의 첩을 넘겼다. 철저히 힘의 논리가 지배하며 힘센 자가 힘없는 자를 성폭행하는 그런 사회이다. 그리고 암논의 경우도 왕궁에서 다윗 다음의 권력을 가지고 있었기 때문에 다말에 대한 금지된 욕망을 갖고 이를 실행에 옮긴 것이다.

그리고 개인의 성폭행 사건이 공동체의 전쟁으로 번지는 원인을 살펴보면 다음과 같은 공통점이 있다. 첫째는 가해자의 사과나 반성이 없다. 성폭행 자체가 힘과 권력에 의해 이루어졌기 때문에 힘을 가진 가해자는 사과하거나 반성하지 않는다. 또한 가해 후에도 그들은 피해자의 고통을 무시하고 자신의 권력을 이용해 사건을 무마하거나 묵살하였다. 이렇게 가해자의 피해자와 그의 가족을 무시하는 태도가 피해자의 남성 가족들에게 전쟁을 일으킬 원인을 제공하게 된 것이다. 둘째는 성폭행이 벌어진 뒤 가해자가 피해자를 대하거나 보호자가 피해자를 대하는 방식을 보면 피해자 중심이 아니라 가해자 중심이거나 남성 보호자 중심이다. 그렇기 때문에 모든 사건에서 가해자와 보호자들은 피해자의 말을 듣지 않고 무시한다. 디나와 레위인 첩의 경우는 아예 목소리가 없으며 다말은 목소리는 내지만 아무도 그녀의 말을 들어주지 않는다. 대신 여성을 폭행한 남성의 목소리와 남성 보호자만의 음성만 들린다. 그들끼리 이야기하고 협상하고 전쟁한다. 그렇기 때문에 항상 사건은 여성의 의사나 권익과 관계없이 결론지어졌고 결국 여성은 어떤 돌봄도 받지 못하고 계속해서 피해자로 남았다. 셋째는 여성 피해자를 대신해 남성 보호자들이 피해자로 행동하는데 이들은 여성 피해자를 위해서가 아니라 자신들의 복수와 이익을 위해 움직인다. 넷째는 남성 보호자들의 복수가 '눈에는 눈 이에는 이'의 원칙이나 신명기 율법에 정해진 처벌을 따른 복수가 아니라 항상 과도하게 이루어진다. 세겜 성 전체를 몰살하고 기브아를 포함한 베냐민 전체를 거의 진멸한다. 이런 과도한 복수는 세겜의 경우는 세겜의 오만한 태도에 대한 분노와 세겜 성의 재물에 대한 욕심 때문이고 기브아의 경우는 베냐민의 반성 없는 태도와 레위인의 극단적인 선동으로 인해 이성을 잃었기 때문이다. 압살롬의 경우도 다윗이 암논을 제대로 처벌하지 않은 것에 대한 분노가 왕권에 대한 욕심으로 변하여 전쟁을 일으킨 것이다. 다섯째는 사건을 적법하게 율법적이고 합리적으로 해결할 지도자의 부재이다. 가정에선 아버지가 왕국에선 왕이 이스라엘 부족 공동체에선 장로들이 범죄에 대한 재판을 하고 결정을 내린다. 그런데 적법하게 판단하고 지도해야 할 아버지인 야곱은 성폭행 사건에 대해 무관심했고 침묵했다. 다윗 또한 침묵함으로 다말의 피해엔 눈감고 암논의 죄를 덮어주었다. 기브아 불량배를 벌해야 할 베냐민 지파의 장로들은 기브아를 처벌하는 대신 이스라엘 전체와의 전쟁을 선택했다. 결국 적법하고 윤리적이고 정의로운 지도력의 부재가 결국 성폭행 사건을 전쟁으로 몰고 간 가장 큰 원인이 된다. 그리고 마지막으로 하나님의 부재이다. 성폭행과 이를 해결하는 본문에서 야곱과 다윗은 하나님께 묻지 않았다. 그들은 자신의 판단대로 행동했다. 그리고 기브아 사건의 경우 기브아 불량배들과 레위인은 하나님의 율법을 위반하는 행동을 했다. 이들은 하나님을 생각하지 않고 철저히 힘과 권력의 논리를 따라 행동하였다. 비록 이스라엘 자손이 베냐민과의 전쟁에 대해 하나님께 물었지만 지나친 진멸과 어리석은 서원은 하나님을 믿지만 이들도 자신의 방식대로 하나님을 믿었다는 것을 보여주는 증거이다. 그렇기 때문에 사사기 화자는 이스라엘 자손의 이런 행동을 자신의 소견에 옳은 대로 행했다고 말하며 비판한다.

　결국 성폭행 사건이 전쟁으로 연결되는 패턴을 갖게 된 것은 가부장제가 갖는 여성 차별적이고 남성 중심적인 구조 속에서 권력과 힘의 논리에 따라 피해자를 외면하고 가해자 중심적인 비합리적이고 비윤리적인 결정들이 이루어지는 사회가 만들어졌기 때문이다. 그러므로 성범죄와 사회는 결코 분리될 수 없기 때문에 개인의 일탈로 다루어서는 안 된다. 그렇기 때문에 현재 한국 사회와 교회에서 일어나는 성범죄는 한국 사회와 교회의 여성 차별적이고 남성 중심적인 구조와 비윤리적인 권력에 의해 일어나는 범죄라는 사실을 인식하고 이런 잘못된 구조를 바꾸는 것에 관심을 가져야 할 것으로 생각된다.

피해자의 관점에서 읽는 디나의 성폭력 이야기 (창 34장)

이영미

Seduction of Dinah, Daughter of Jacob(1896-1902)

by James Tissot

"디나, 당신의 잘못이 아니예요."

1. 들어가는 말

2018년 서지현 검사의 미투를 필두로 한국 사회에 미투 운동이 확산되었다. 미투 운동은 하나의 성폭력을 또 다른 성폭력에 연결시키면서 성폭력 피해자 여성들이 고립된 '단독자'라는 패배주의적 자기 이해에서 벗어나 저항의 연대전선을 구축하는 계기를 마련해주었다. 또한 성폭력을 남성의 본능에 의해 초래되는 피치 못할, 일상의 폭력으로 보려는 관행에 근본적으로 도전하였다. 그럼에도 여전히 성폭력 사건 처리는 가해자의 시각에서 진행되고, 피해자는 주변인들의 편견과 질타로 인한 2차 가해를 감내해야 하는 현실은 크게 변하지 않고 있어 이에 대한 각성이 필요하다.

2019년에 방영된 KBS2 수목드라마 〈저스티스〉는 첫 회에서 성폭력 재판 사건을 다루었는데, 이 형사재판의 변론은 성폭력에 대한 사회적 인식을 잘 드러낼 뿐 아니라, 성폭력 사건 처리 과정에서 관점이 얼마나 중요한가를 보여준다.[1] 이 재판과정에서, 대화를 통해 성폭력 사건에서 드러난 주요쟁점이 무엇이며, 가해자와 피해자의 관점에 따라 그 사안들이 어떻게 다르게 주장되고, 해석되는지를 살펴볼 수 있다.

성폭력 사건 처리 과정에서 첫 번째 주요 쟁점은 성적 자기결정권과 강제성에 관한 해석이다. 아래 검사와 피해 당사자의 대화는 피해자의 관점을 반영하고 있다.

    검사: "증인은 싫다는 의사표시를 분명하게 했다고 진술했는데, 그때 피고인[가해자]은 어떤 태도를 보였습니까?"
    장영미 피해생존자: "싫다고 하니까 강제로 옷을 찢었고, 치마 속으로 손을 강제로…."

즉 피해자의 관점에서 성폭행의 폭력성은 '싫다는 의사표시'와 동의 없이 행해진 강제적 성행위로 판단된다. 이때 '강제성'에 대한 판단 기준은 '동의' 여부, 즉 성적 자기결정권이다.

반면 가해자 측 변호사의 질문과 변론은 가해자의 관점을 반영한다.

    변호사: "남자친구 사귀어본 적 있습니까? 연애해본 적 있습니까?"
    피의자: "해본 적은 있지만…."
    변: "그날 밤 도형진군과의 스킨십과 더 깊은 관계를 예상하지 못했습니까?"
    피: "손잡는 정도?"
    변: "손잡는 것 정도만 생각했었다. 정말 그랬던 걸까요?"

변호사는 '사건 당일 피해자의 마음가짐을 알아보기 위해' 피의자에게 연애를 해본 적이 있는지를 묻는다고 말한다. 즉 성적 관계가 이루어질 수 있는 상황을 예측했음에도 불구하고 선배의 집에 간 피해자의 행동은 자발성으로 해석해야 한다는 논리이다. 그런데 법정은 일반사건을 다루면서 '피의자의 마음가짐'은 묻지 않는다. 오히려 재판은 '가해자의 마음가짐'에 초점을 맞춰 질문이 오가는 것이 상식적이다. 그리고 설사 애인과 좋아서 자발적으로 호텔에 들어갔다 할지라도, 그 안에서 싫다는 의사표시를 무시하고 맺어진 성관계는 자발성이 아니라 강제성에 의한 성폭행이다. 가해자의 관점은 성폭력의 강제성을 가해자의 강압적 행위보다 피해자의 심리와 저항 정도에 초점을 맞춘다.

성폭력 사건의 처리 과정에서 두 번째 주요 쟁점은 피해자의 실책과 책임이다. 가해자 측 변호사는 피해자가 사건 전날 야한 속옷을 구입하고, 이를 당일 입었던 점과 가해자 도형진의 형이 영화계에 종사하고 있다는 사실을 알고 접근했다는 점을 들어 피해자를 의도적으로 접근한 꽃뱀으로 둔갑시킨다. 피의자가 당일 입은 야한 속옷이 재판정에서 영상으로 소개되고, 판사와 청중의 공감을 얻어내는 데 성공한다. 피의자는 성폭행 피해자에서 유혹자로 반전되어 재판에서 패배한다.

성폭력 사건 처리 과정에서 세 번째 주요 쟁점은 진실공방과 합리적 의심이다. 가해자 측 변호사는 "성폭력 현장의 목격자는 둘 뿐이고, 따라서 강제성이 있다는 것에 대한 증거는 피해자의 진술뿐인데, 그것(진술)만으로 강제성을 증명할 수 있는가? 그것으로 충분한가?"라고 물으면서, 자신의 질문은 진실공방을 가리기 위한 '합리적 의심'을 제기하는 것이라고 설명한다. 이때 합리적 의심의 '합리'성은 누구의 관점 혹은 이해관계를 대변하는 합리성인가에 대한 보다 근본적인 질문을 하게 만든다.

아래에서는 이상의 세 가지 주요 쟁점이 현대 성폭력 사건의 처리 과정에서와 마찬가지로 디나의 성폭력 피해사건 본문과 그 해석과정에서 가해자의 관점에서 다루어지고 있음을 보여줄 것이다. 아울러 야곱과 디나의 남자 형제들에 의해 행해진 2차 가해를 분석하면서 성폭력 사건의 처리 과정에서 발생하는 2차 가해의 폐해를 폭로할 것이다. 창세기 34장을 세밀히 읽어보면서 본문의 저자 혹은 전통적인 주석가들의 해석에 담긴 가해자의 입장을 들춰내고, 성폭력 사건은 가해자의 입장에서 제기한 합리적 의심이 아니라 '합리적 여성의 경험과 관점'에서 바라보아야 한다는 점을 주장하고자 한다. 합리적 여성의 경험과 관점이란 남성중심주의에 기반한 가부장제 사회에서 성적 괴롭힘을 당한 여성의 경험과 판단을 배제하고 무시해왔던 현실을 인정하고 인식의 적극적 조치로서 피해자의 경험과 그들의 관점에 기초하여 판단하는 것이다.[2]

2. 디나에 대한 세겜의 성폭행 사건(창 34장)

창세기 34장은 고대 사회에서 벌어진 성폭력 사건과 가해자 중심의 사건 해석과 처리, 그 과정에서 형성되는 성폭력 카르텔의 남성 연대를 보여준다. 디나는 성폭력을 당한 피해자이면서도 자신의 목소리를 전혀 내지 못한 채 침묵당하고 있으며, 사건 처리 과정에서도 대상화될 뿐 아니라, 자신이 속한 공동체에 의해 2차 가해를 당한다.

먼저 성폭력 사건이 구체적으로 보도되는 1-3절을 세밀히 읽으면서 사건의 전말과 디나의 성폭력 피해사건의 본질과 유형을 밝혀보고자 한다.

1) 사건의 전말

구약성서에 디나의 이름은 세 곳(창 30:21; 34; 46:15)에 등장한다. 먼저 창세기 30장 19-24절은 레아가 야곱과의 사이에서 낳은 자식의 이름을 열거하는데, 21절에서 디나의 출생을 보도한다. 족보에서 딸이 언급되는 경우는 드물다. 다음으로 디나의 이름은 창세기 34장에 나온다. 여기서도 디나는 레아의 딸로 소개된다. 디나는 하란에서 가나안 땅으로 이주한 야곱의 가족이 세겜 근처에 밭을 사고 그곳에 장막을 치고 이주민으로 머물던 중, 그 지방의 지도자인 세겜에 의해 성폭행을 당한 사건의 피해자이다. 끝으로 디나는 이집트로 이민을 간 야곱의 가족 명단 중, 레아가 밧단아람에서 야곱에게 난 자손들(창 46:8-15) 명단에 실명으로 언급된다.3 성서에서 여성이 족보에 포함되는 경우도 드물지만, 디나가 두 번 족보에 언급되는 점은 디나가 중요한 사회적 위치를 가진 인물이었음을 추측하게 한다.

성서가 아닌 일반 사전에서 '디나'란 단어를 검색하면, 창세기에 나오는 디나의 성폭행 사건을 다음과 같이 듣게 된다.4

디나는 레아가 낳아준 야곱의 딸이다(창 30:21; 34:1; 46:15). 디나는 세겜과 가까운 한 도시에서 히위족(히위족은 가나안인들이었다)의 하몰의 아들 세겜에 의해 성폭행을 당한 뒤 유괴당하여 그의 집에 머물렀다. 성폭행 후 세겜은 디나와 결혼하기를 원했기 때문에, 하몰은 야곱에게 두 민족이 상업적, 사회적 교류를 시작하자고 제안하였다. 디나의 형제인 시므온과 레위는 만일 세겜과 그 도시의 모든 남자가 할례를 받으면 결혼과 계약에 동의하겠다고 가장했다. 할례가 시작되고 남자들이 약해졌을 때 시므온과 레위가 그 도시를 공격해서 세겜과 하몰을 포함해서 모든 남자를 죽이고 디나를 자유롭게 구해주었다. 그렇게 하고 나서 그들은 그 도시를 약탈하였다. 야곱은 시므온과 레위를 이웃 부족을 적으로 만들어 적대감을 키운 것에 대해 꾸짖었고, 그가 죽을 때 시므온과 레위에 대하여는 그들의 잔인함을 책망하고 그들의 아우 유다에게 축복하였다.

디나에 관한 위의 요약적 소개는 창세기 34장을 바탕으로 한다. 그런데 디나가 주제어임에도 불구하고 성폭력 사건은 단순 요약에 그치는 반면, 시므온과 레위에 대해서는 야곱의 유언(창 49장)을 덧붙여 설명하는 등 더 초점을 맞추고 있다. 성폭력 사건의 본질보다는 그 사건이 사회체제, 혹은 남성 간의 권력 관계에 미치는 영향에 관심을 갖는 일반 사전의 요약은 이 글의 후반부에 살펴볼 2차 가해의 관점을 드러낸다.

2) 피해자의 관점에서 읽는 디나의 성폭력 사건(창 34:1-3)[5]

(1) 디나, 당신의 잘못이 아니예요!

34:1 그리고-나갔다 디나, 레아의-딸 그녀가-낳은 야곱에게, 보기 위해서 딸들을 그-땅의 (직역)
레아와 야곱 사이에서 태어난 딸 디나가 그 지방 여자들을 보러 나갔다. (새번역)

창세기 34장을 여는 첫 번째 동사는 '나갔다'(야차, יצא)이다. 디나가 주어로 나오는 유일한 동사이다. 그 땅의 딸들을 보기 위해서 '나갔던' 디나의 행동은 관점에 따라 그 평가가 달라진다.

먼저 전통적인 해석은 많은 경우 가해자의 관점에서 디나가 아버지의 집을 벗어난 행동에 초점을 맞추고 이를 사건의 원인으로 삼아 디나를 질책한다. 가령 알렉산드리아의 교부 칼로스(Carlos)는 "아버지의 집을 나온 디나는 세겜의 집으로 끌려갔습니다. 그녀가 아버지의 집에 머무르며 거룩한 천막에서 계속 살았더라면 그런 비난 받을 일은 일어나지 않았을 것입니다"[6]고 말한다. 15세기 유대인 성서주석가 아바르바넬(Abarbanel)은 만일 디나가 여자들과 나돌아 다니지 않았으면 성폭행 사건은 일어나지 않았을 것이라고 비판한다. 존 칼빈(J. Calvin)은 "거룩한 야곱의 딸이 헛된 호기심으로 인하여 그토록 심한 벌을 받았다면 겁 없이 공공 모임으로 열심히 쫓아다니며 청춘의 정열을 불태우는 요즘의 연약한 처녀들에게는 어떤 위험이 도사리고 있겠는가! [중략] 그녀는 장막 속에서 어머니의 감시하에 머물러 있어야 했던 것이다"7고 평가한다. 현대 주석가도 예외는 아니다. 매튜 헨리(Mathew Henry)는 디나의 헛된 호기심과 그 땅의 딸을 보러 나갔던 허영심이 불화를 자초한 것이라고 질책한다.8 나훔 사르나(Nahum Sarna)는 히브리어 야차가 성적 난잡함을 함축하고 있다고 주장하고, 데이빗 코터(David W. Cotter)는 요세푸스(Josephus) 등의 고대 해석자들의 견해를 소개하면서 디나의 의도가 이방 여인들과 교제하거나 세겜의 축제에 참가하기 위한 것이었을 수 있다는 가능성까지 제시한다.9

반면 여성주의적 해석은 피해자의 관점을 반영하는데, 이들은 디나가 '나갔다'는 표현을 성폭력의 동기가 아니라 그녀의 적극적인 행동에 대한 묘사로 설명한다. 특별히 1절 하반부는 디나가 "그 땅의 딸들을 보기 위해서" 나갔다고 설명하는데, 디나 쿠퍼스미스(Dina Coopersmith)는 디나의 행동을 폐쇄적인 문화적 불통을 보여주는 시므온과 레위의 행동과 비교하면서, 가나안 땅의 여자들을 보기 위해서 도시로 나간 디나의 행동은 원주민들과의 소통과 교류를 염원하는 열린 자세라고 평가한다.10 또한 엘리스 옥든 벨리스(Alice Ogden Bellis)는 시므온과 레위는 팔레스타인 원주민을 무시하기 위해 갖은 핑계를 대는 광적 이스라엘인들이고, 디나는 팔레스틴 사람들과 교류하고자 했던 순진한 처녀라고 대조하여 묘사한다.11

'나갔다'는 디나의 주체적 행동은 여성의 적극성에 대한 부정적인 평가가 이루어지지 않는 창세기의 맥락에 비추어 해석할 필요가 있다. 선조들의 이야기(창 12-50장)에서는 후손을 얻기 위해 적극적으로 대안을 모색하고, 상속자에 대한 주도적인 결정을 내리는 모가장들(사라, 리브가)의 적극적인 행동이 하나님의 구원행동을 이끌어나가는 추진력과 동기가 된다. 모가장들이 자식의 이름을 지어주는 적극적인 모습이 자주 나온다(사라, 리브가, 레아, 라헬). 창세기 30장 21절에서 레아는 디나의 이름을 지어준다.

1절의 '나갔다'는 동사는 사건의 발달과 전개, 위기, 절정, 해결에 이르는 설화의 흐름에서 사건의 동기가 된다. 그러나 이 행동을 성폭력 사건의 원인으로 지적하면서 피해자를 질책하는 해석은 가해자의 관점을 드러낸다. 이러한 주석은 2차 가해에 해당된다.[12] 해석가들은 성폭행 사건의 책임을 밖으로 나간 디나에게 돌리면서, 세겜의 강제성에 대해서는 강조하지 않는다.

(2) 세겜의 성폭행

1절이 피해자 디나의 행동을 중심으로 묘사했다면, 2절은 가해자 세겜의 행동을 네 개의 동사로 세밀하게 설명한다.

34:2 그리고-보았다 그녀를 세겜 하몰의-아들 히위 우두머리 그 땅의
그리고-그가-붙잡았다 그녀를
그리고-그가-눕혔다 그녀를
그리고-그녀를-강간하였다. (직역)
히위 사람 하몰에게는 세겜이라는 아들이 있는데, 세겜은 그 지역의 통치자였다. 세겜이 디나를 보자, 데리고 가서 욕을 보였다. (새번역)

2절을 여는 첫 동사인 '보았다'는 1절에서 디나의 행동을 묘사했

던 동사와 동일하다. 디나는 가나안 땅의 여자들을 '보기' 위해서 나갔고, 세겜은 디나를 '보았다.' '보다'의 주체였던 디나는 이제 그 동사의 대상이 되었다. 세겜은 무엇을 보았기에 바로 성폭행을 감행했을까? 많은 성폭력 재판에서 성폭행의 원인으로 피해자의 차림새와 유혹하는 자세 등을 문제로 삼곤 한다. 본문은 세겜이 그녀를 보았다고 할 뿐, 더 이상 구체적인 묘사가 없다. 그녀가 그를 유혹했다고 생각할 근거가 본문에 없다.

스타카토처럼 연속되는 세 개의 동사들—붙잡고(라카흐, לקח), 눕혀(샤카브, שכב), 강간하였다(인나, ענה)—은 디나에 대한 세겜의 강제성을 드러낸다. 첫 번째 동사 라카흐는 여성과 남성의 관계에서 결혼을 묘사할 때('취하다') 쓰이기도 하지만 이 본문에서는 '붙잡다'로 번역하는 것이 더 적절하다. 따라서 1절과 2절 사이의 시간적 간격은 크지 않으며, 밖으로 나온 디나를 세겜이 성폭행한 것으로 전제한다. 그러나 라카흐 동사를 '데리고 갔다'로 해석하기도 하는데,13 이 경우 세겜이 디나를 유괴해서 집으로 데려가 성추행한 것으로 해석하는 입장을 취하기도 한다. 조셉 플라이쉬만(Joseph Fleishman)은 동사 라카흐를 유괴의 행위로 해석한다.14

다음으로 동사 '인나'는 강제적 성폭력을 표현하는 '강간하다'로 번역된다. 엘렌 반 볼데(Ellen van Wolde)는 동사 '아나'(ענה)가 언급되는 본문들(창 16:6, 9; 31:50; 34:2; 신 21:14; 22:24, 29; 삿 19:24; 20:5; 삼하 13:12, 14, 22, 32)을 연구하면서 이 동사가 개인의 인권을 침해하는 폭력을 표현한다고 본다.15 일제 뮐너(Ilse Muelner)도 히브리어 '인나'(피엘)가 좁은 의미로 성적인 영역에 한정되어 '성폭력 가하다'를 뜻하기보다, 상대에게 '나쁜 상황을 야기하는' 부정적인 행위를 표현하는 용어라고 지적한다.16 히브리 동사 인나(피엘)가 폭넓게 개인의 인격을 저하시키는 폭력을 묘사한다고 할지라도 이 단어가 다른 동사, 특별히 라카흐와 함께 쓰일 경우 강제적 혹은 불법적 성관계를 나타내므로 이를 '강간하다'(rape)로 번역하는 것은 무리가 없어 보인다.17 티크바 프라이머-켄스키(Tikva Frymer-Kensky)가 지적한 것처럼, 동사 '샤카브'와 '인나'(피엘)는 신명기 법전의 성폭력 방지법 조항(신 22:23-24)과, 공주 다말이 성폭행을 당할 때(삼하 13:14)도 함께 언급되어 강제적인 성폭행을 묘사한다. 공주 다말의 경우 그 앞에 하자크 (חזק, 완력을 쓰다)가 추가되는데, 성폭행의 폭력성을 더 강조한다.

고대 사회에서도 현대사회에서도 성폭행은 여러 차원의 의미를 가진다. 성폭행은 개인의 인권을 침해하는 행위이며, 동시에 사회적이고 사법적인 의미를 지닌다. 뮐너의 말처럼, "강간은 어떤 경우에도 육체적 폭력만을 의미하거나, 인간 존엄성을 손상시키는 것만을 의미하거나, 사회적 결과만을 의미하지 않는다. 상처를 입히는 이러한 여러 요인이 언제나 함께 영향을 미치고 있다는 것을 의미한다."18

(3) 사랑은 성폭행의 변명이 될 수 없어요!
3절에서 또 다른 세 개의 동사는 가해자 세겜의 내면을 묘사한다.

34:3 그리고-흠모하였다 그의-영혼이 디나 야곱의-딸을
그리고-사랑하였다 그-소녀를,
그리고-그가-속삭였다 마음에 그-소녀의 (직역)
그는 야곱의 딸 디나에게 마음을 빼앗겼다. 그는 디나를 사랑하기 때문에, 디나에게 사랑을 고백하였다. (새번역)

3절에 언급된 세 개의 동사—흠모하다(다바크, דבק), 사랑하다(아하브, אהב), 마음에 속삭이다(디베르 알 레브, דיבר על לב)—에 대해서도 관점에 따라 해석의 차이가 있다. 가해자의 관점으로 볼 때 3절의 동사들은 세겜의 애정의 강도를 표현하고, 그래서 그의 성폭행을 정당화시키는 이유로 설명된다. 가령 린 베크텔(Lynn Bechtel)은 3절의 동사가 세겜의 깊은 애정을 묘사하는 것으로 보아 디나와 세겜의 관계가 합의된 것이었지만,[19] 민족이 달랐기 때문에 수치스럽고, 불법적인 성행위로 간주된 것이라고 해석한다.[20] 디나가 할례받지 않은 외부인과 교제해서 가문을 더럽혔다는 것이다.

피해자 관점의 평가는 3절의 동사들이 설령 세겜의 애정을 설명해줄지라도 그 때문에 스토킹이나 강제적 성관계를 정당화시키거나 가해자를 용서할 수 있는 근거가 될 수 없다는 것이다. 나아가 세겜의 행위는 집착이며, 세겜은 자신의 사랑을 폭력과 권력을 이용해 얻을 수 있다고 믿는 교만한 자로 평가된다. 가령 수잔나 숄츠(Susanna Scholz)는 3절의 연속적인 세 개의 동사는 친밀함, 사랑의 감정, 화해의 행위를 묘사하지 않으며, 오히려 세겜의 우월한 힘에 의한 폭력 행위를 증언한다고 평가한다.[21] 숄츠는 특별히 세 번째 동사의 의미에 관하여 세겜이 디나에게 '부드럽게 말하는 것'이 아니라 '어린 여자를 진정시키려고 했다'로 해석해야 한다고 주장한다.[22] 캐롤라인 블라이스(Caroline Blyth) 역시 이 동사들은 세겜이 자기중심적이며 통제되지 않은 기질을 가진 자로서 이스라엘의 종교 규범에 어긋난 에로틱한 욕정에 사로잡힌 부족 국가의 왕으로 묘사한다고 설명한다.[23] 이후 세겜은 온 부족의 남자들이 할례를 받게 하면서까지 결혼을 강행하고, 19절에서는 "그래서 그 젊은이는 시간을 지체하지 않고, 그들이 제안한 것을 실천으로 옮겼다. 그만큼 그는 야곱의 딸을 좋아하였다. 세겜은 자기 아버지의 집안에서 가장 존귀한 인물이었다"(새번역)고 설명하는 점은 디나를 향한 세겜의 독점적 사랑의 감정을 보여준다. 세겜의 사랑이 욕정에 의한 것인지, 소위 말하는 순수한 사랑의 감정인지는 확신할 수 없으나 그의 행동은 자신의 권위를 이용한 독선적이고 소유하려는 집착이 강한 모습을 보인다.

3. 성폭력 사건 처리 과정(창 34:4-31)과 2차 가해[24]

1) 성폭행 가해자, 세겜

성폭행 사건 이후 세겜은 그의 아버지 하몰에게 '이 어린여자아이'를 아내로 삼게 해 달라고 요청한다(4절). 디나에 대한 묘사가 나아라(נערה, 소녀)에서 하얄다(הילדה, 어린 여자아이)로 바뀌었다. 용어의 변화는 디나의 주체성이 상실된 상황과도 부합된다.

많은 해석자들은 세겜의 요청이 성서의 율법조항에 부합한 제안이라고 설명한다. 구약성서에서 약혼하지 않은 여자와 성관계를 가진 남자에 대한 처벌 규정을 인용하면 아래와 같다.

어떤 사람이 아직 약혼하지 않은 처녀를 꾀어서 건드리면, 그는 반드시 신부의 몸값을 내고, 그 여자를 아내로 맞아들여야 한다. 그 여자의 아버지가 자기 딸을 그에게 절대로 주지 않겠다고 하면, 그는 처녀를 신부로 데려올 때에 내는 값에 해당하는 금액을 치러

야 한다(출 22:16-17).

어떤 남자가 약혼하지 않은 처녀에게 욕을 보이다가 두 사람이 다 붙잡혔을 때에는, 그 남자는 그 처녀의 아버지에게 은 오십 세겔을 지불해야 합니다. 그리고 그 여자에게 욕을 보인 대가로 그 여자는 그의 아내가 되고, 그는 평생 동안 그 여자와 이혼할 수 없습니다(신 22:28-29).

많은 주석가들이 세겜의 후속조치를 신명기법에 따른 책임 있는 자세라고 옹호하지만,[25] 엄격히 말하면 신명기 법조항은 두 사람이 현장에서 적발된 경우라는 조건이 전제되기 때문에 디나의 사건에 적용하기 어렵다. 출애굽기 22장 16-17절의 조항이 상황에 더 적절한 법 규정이다. 반면 세겜은 이스라엘인이 아닌데, 그가 신명기 성폭력 방지법 조항에 따라 사후처리를 시도한 것이라고 보는 견해는 설득력이 떨어진다. 세겜이 성서의 성폭력 방지법을 자신의 실책을 무마하려는 시도로 고안했다면 세겜의 청혼이 성폭행 후 세겜의 집안에 갇혀있었을지도 모르는 디나의 제안에 의한 요청이었을 것으로 보는 것이 더 타당해 보인다.[26] 성폭력 가해자인 남자와 평생을 사는 것이 최선은 아닐지라도 고대 가부장제 사회에서 성폭력 피해자라는 낙인이 찍혀 험난한 삶을 살아야 하는 디나가 최악의 상황을 피한 선택일 수 있기 때문에 이러한 해석도 가능하다. 그러나 블라이스는 성폭행을 당한 후에 가해자와 결혼한 여성의 목소리를 빌어 가해자의 달콤한 속삭임과 사랑 고백이 얼마나 죽을 만큼 끔찍한가를 들려준다.[27]

성폭행 때와 마찬가지로 결혼 얘기에서도 디나의 의견은 묻지도 않고, 디나는 말이 없다. 디나는 남자들 사이에서 거래의 대상이다. 본문에서 디나의 목소리는 철저히 침묵당하고 있기 때문에 그녀의 심중을 알 길이 없다. 따라서 피해 당사자가 아닌 제삼자가 성폭행 피해자의 입장에서 자신을 성폭행한 남자와 한 평생을 살아야 하는 길을 선택하는 것이 최악을 피한 선택이라든지, 책임 있는 가해자의 자세를 운운하는 평가는 쉽게 내릴 수 있는 결론은 아니다.

2) 피해자, 디나의 아버지 야곱

야곱은 딸에게 벌어진 일을 들었다(5절). 야곱에게 디나가 당한 성폭행의 의미는 '인나'(피엘) 혹은 '샤카브'가 아니라 '팀메'(טמא)라는 종교적 언어로 바뀌어 묘사된다. '더럽혔다'로 번역된(개역개정, 새번역) 히브리어 '팀메'는 레위기 13-14장에서 정결/부정결한 것에 대한 제의적 분별을 설명할 때 반복적으로 언급되는 동사이다. 디나의 성폭행은 야곱의 아들들에게도(13절), 친오빠들인 시므온과 레위에게도(27절) 세겜이 디나를 '더럽힌'(팀메) 일로 해석된다.

김혜령은 폴 리쾨르(Paul Ricoeur)가 서양 사회에서 발전된 잘못(fault)에 대한 인간의식의 고양을 추적하며, 흠(defilement), 죄(sin), 유죄의식(guilt)으로 구성한 세 단계의 분류체계를 '성범죄'에 적용하면서 다음과 같이 말한다.[28]

합리적 이성이 작동하지 않는 주술사회에서는 일반적으로 불륜과 성매매, 성폭력 간의 차이가 크게 구별되지 않고 '간음'이라 통칭

된다. 즉, 불륜과 성매매, 성폭력 모두 결혼 계약을 지키지 못하였다는 이유 하나만으로도 도덕적 비난의 대상이 될 뿐만 아니라 관습법이 정한 잔인한 형벌을 감내해야 한다. 왜냐하면 간음 행위 모두는 가족제도를 근본적으로 흔들어 사회 전반의 안정을 위협하기 때문이다. 이러한 이유에서 주술사회에서는 간음 행위와 관련된 이들 모두를 무차별적으로 '더러움'에 오염되어 부정 탔다거나 때가 묻었다고 여기는 신화를 구축했다. 즉, 모든 간음 행위자들의 잘못을 '흠'(defilement)이라 일반화하는 것이다. 그런데 이렇게 간음한 자를 흠 있는 자로 여기는 사회에서는 성관계의 관련자들이 어떠한 상황에서 관계를 맺게 되었는지 전혀 중요하지 않다. … 이러한 배경에서 주술사회는 '더러움'을 다만 '정화'되어야 할 대상으로 여기고, 관습법이 규정하는 예식과 형벌에 따라 흠 있는 자들을 사회에서 추방하거나 제거하는 방식으로 사회를 보호할 수 있다고 믿었다.

이 같은 맥락에서 5절에서 디나의 성폭행 사건이 인나(ענה)가 아닌 팀메(טמא)로 묘사된 것은 성폭행의 진위와는 별개로 이 사건이 가족제도의 근본을 흔든 '더러운' 것으로 인식하고 있음을 드러낸다. 아버지 야곱은 딸의 성폭력 사건을 인권유린의 차원이 아니라 체제 위협의 관점에서 바라본다.

또한 디나는 레아의 딸에서 야곱의 딸로 바뀌어 묘사된다. 디나의 사회적 정체성은 부족 내에서 어느 모가장의 딸이 아니라 야곱을 가부장으로 하는 부족의 구성원에게 발생한 문제로 바뀐 것이다. 즉 레아의 자손들이 아니라 야곱 자손 전체, 즉 이스라엘 신앙과 민족공동체의 문제이다.29 그럼에도 5절 하반절은 단순하게 야곱이 사건에 관해 들었다고 말할 뿐, 그의 감정적 반응에 대해서는 침묵한다. 야곱은 자기의 아들들이 들에서 목축하므로 그들이 돌아오기까지 잠잠하였다. 무엇을 위한 침묵과 기다림이었을까?

3) 야곱의 아들들, 디나의 오빠들

아버지 야곱과 다르게 들에서 돌아와 사건의 내막을 들은 야곱의 아들들은 "모두가 근심하고 심히 노하였다"(7절). 야곱의 아들들의 감정 묘사는 홍수 이전 인류를 보는 하나님의 심정을 묘사한 동사들과 같다(창 6:6). 바로 이어지는 7절 하반절은 그 분노의 이유를 이스라엘 안에서 '부끄러운 일, 즉 해서는 안 될 일'(개역개정, 새번역)이 일어났기 때문이라고 설명한다. 그 부끄러운 일(네발라, נבלה)이란 이방인이 야곱의 딸과 성관계를 가진 일이다.

부끄러운 일(네발라)은 사사기 19장 기브아 주민들이 레위인과 그의 아내에게 저질렀던 일을 묘사할 때와 압살롬의 여동생 다말이 암논에 의해 성폭행당할 때도 쓰인 단어이기도 하다.30 키이페(A. Keefe)는 '네발라'로 표현된 성폭력은 공동체의 무질서와 혼돈 그리고 평화를 붕괴시키는 죄를 의미한다고 지적한다.31 특별히 키(כי)로 시작되는 원인절은 사무엘하 13장 12절에서 자신을 성폭행하려는 암논을 설득하면서 한 다말의 말과 비슷하다. 다말은 암논에게, "내 오빠여, 나를 욕되게(인나) 하지 마세요. 이스라엘에서 그런 일이 일어나서는(아싸, עשה) 절대(키) 안 돼요. 이러한 부끄러운 일(한네발라)을 하지 마세요(아싸)"라고 절규한다.

야곱의 아들들이 분노하는 가장 큰 이유는 무엇일까? '야곱'의 딸이 성폭행당함으로써 부족 혹은 집안의 자존심과 자긍심이 무너짐에 대한 분노일까? 아니면 야곱의 딸이 할례받지 않은 이방인 남자와 성관계를 맺은 것이 부적절해서일까? 아니면 '성폭행'과 같은 반윤리적인 사건이 '이스라엘 안에서' 일어나서일까? 어떤 경우라도 피해 당사자의 인권유린에 대한 안타까움과 위로의 반응은 찾아보기 어렵다. 또한 7절 하반부에서는 세겜의 성폭행을 묘사했던 4절의 세 동사 중에서 '샤카브'만이 언급되고 있다. 다른 두 동사의 누락은 야곱의 아들들의 관점에서 이 사건의 폭력성보다는 이스라엘 여성과 할례받지 않은 이방인과의 부적절한 성관계가 더 큰 문제로 인식되고 있음을 보여준다.

협상의 주체가 아버지 야곱에게서 남자 형제들로 바뀐다. 세겜의 아버지 하몰이 야곱의 아들들에게 청혼의 뜻을 밝힌다(8절). 세겜과 디나의 결혼은 부족 간의 통혼에 대한 요청으로 확장되고 있다. 아울러 부족 간의 경제적 교류에 대한 요청도 제시된다(9절). 세겜도 아버지를 거들어 아버지 야곱과 그의 남자 형제들에게 결혼을 승낙해 줄 것을 요청한다(10절). 당사자인 디나는 빠지고 남자들 사이의 협상이 오고가면서 부족 간의 일로 확장된다. 최종적인 답변은 15절에서 아버지 야곱이 아닌, 야곱의 아들들에 의해 제시된다. 할례를 통한 부족의 화합이 그것이다. 4절에서 하몰은 경제적 교류와 부족의 통합에 대한 요청을 전하였으나, 야곱의 아들들은 부족의 통합에 대해서만 대답한다. 아이러니하게도 이어지는 디나의 친오빠들인 시므온과 레위의 침략은 하몰의 경제적 교류에 대한 간접적인 대답이 된다.

4) 디나의 친오빠들, 시므온과 레위

디나의 친오빠들인 시므온과 레위는 "칼을 들고 성읍으로 쳐들어 가서, 순식간에 남자들을 모조리 죽였다. 그들은 하몰과 그의 아들 세겜도 칼로 쳐서 죽이고, 세겜의 집에 있는 디나를 데려왔다"(25-26절). 그리고 야곱의 다른 아들은 그들의 누이가 욕을 본 그 성읍을 모든 것을 약탈하였다(27-29절). 야곱의 아들들의 경제적 약탈은 하몰이 21절에서 제안했던 경제적 교류를 대신한다.

모든 일이 끝난 뒤 야곱이 시므온과 레위에게 화를 낸다(30절). 디나에 관한 분노가 아니다. 야곱은 성읍 사람들이 힘을 합해서 쳐들어오면 집안이 다 몰살당하게 될 걱정으로 전전긍긍한다. 그러자 시므온과 레위가 반문한다. "그가 우리 누이를 창녀 다루듯이 하는 데도, 그대로 두라는 말입니까?"(31절).

히브리어 '조나'(זונה)는 기생(개역한글), 창녀, 음녀, 몸파는 여자 등으로 번역되었다. 조나로 불린 구약의 여자 주인공은 다말(창 38:15), 라합(수 2:1; 6:17, 22, 25), 입다의 어머니(삿 11:1), 삼손이 가자에서 방문한 한 창녀(삿 16:1), 여성 시온(사 1:21), 오홀라와 오홀리바(겔 23:44) 등이 있다. 유다의 며느리 다말이 '조나'로 변장하여 시아버지 유다와 동침하였고 그러한 다말의 행동은 유다보다 더 '의'로운 행동이었다는 평가를 받는다.32 레위기 21장 7절에서는 제사장이 결혼해서는 안 되는 세 부류의 여자 중 몸을 버린 여자나 이혼당한 여자(잇샤 조나, אשה זונה; 할랄라, חללה; 잇샤 게루샤, אשה גרושה)와 함께 언급된다. 레위기 21장 14절에서는 제사장이 과부와 이혼당한 여자, 그리고 이미 몸을 버린 여자(알마나 게루샤, אלמנה גרושה; 할

랄라, 조나)와 결혼하지 말고 백성 중 처녀(베툴라, בתולה)와 결혼하라고 명한다. 신명기 23장 19절에서는 야웨 성전에 바칠 수 없는 돈으로 조나의 소득과 개의 소득33을 언급한다. 예레미야 2장 20절은 조나를 푸른 나무 아래서 몸을 굽히는 행음자로 묘사한다. 이와 같은 조나의 쓰임으로 볼 때, 디나의 친오빠들이 성폭행당한 디나를 왜 '조나'에 비유하는지 이해하기 어렵다.

앞서 언급했듯이 야곱과 야곱의 아들들 그리고 시므온과 레위 모두는 디나의 사건을 세겜이 그녀를 성폭행(샤카브, 인나)한 것이 아니라 더럽힌(팀메) 것으로 받아들였다. 물리적 폭력보다 종교적 정결이 더 문제가 되었다는 점을 고려한다면 자신들의 여동생이 조나 취급을 받아도 괜찮냐는 질문을 통해 야곱의 아들들이 바라보는 디나에 대한 성폭행 사건의 본질은 한 여성의 인권유린의 측면보다 부족의 수치를 끼친 사회적 폭력이나 거룩한 이스라엘에 대한 종교적 모독 사건으로 판단된다. 아버지나 오빠들은 성폭행이 디나에게 어떤 육체적, 정신적 영향을 끼쳤을까에 대해서는 관심이 없다. 시므온과 레위를 질책하는 야곱의 모습에는 디나에 대한 걱정이나 염려를 찾아볼 수 없다(30절). 야곱의 질책에서 딸이 당한 성폭력 때문이 아니라, 두 아들이 저지른 살인사건을 통해 자기 부족에게 위험한 결과가 초래되지 않을까, 즉 자기도 이제 가나안 사람들의 손에 복수를 당하지 않을까 염려하는 모습만을 담고 있다.34 이러한 모습은 안희정 전 충남도지사의 성폭행 재판과정을 지켜보면서 "여성을 매개로 한 남성 연대를 노골적으로 확인하는 방식으로 새로운 남성 문화의 헤게모니가 구축되었다는 점"을 발견한 권김현영의 관찰을 떠올리게 한다.35

4. 나가는 말

지금까지 창세기 34장에 등장하는 디나에 대한 세겜의 성폭력 사건에 대한 해석에서 엿보이는 관점의 차이와 사건 처리 과정의 2차 가해를 살펴보았다. 디나의 이야기를 피해자의 관점에서 다시 읽어보려고 할 때 가장 큰 어려움은, 본문에서 성폭력 피해자인 디나의 목소리가 철저히 침묵당하고 있다는 점이다. 우리의 최선은 남성중심의 성폭력 문화에서 비난받아온 경험이 있는 합리적 여성의 관점에서 디나의 목소리를 추정해보는 것뿐이다. 전통적 가치관에 가려진 그녀의 목소리를 들춰보려고 했지만 그녀 자신의 목소리가 아니고서는 추측으로만 남겨질 뿐이다. 성서 저자도 후대의 성서해석자들도 성폭력이 발생한 이후의 디나의 삶에 대해서도 관심이 없다. 심지어 34장의 끝부분에 야곱과 아들들의 대화를 살펴보면 야곱은 디나의 처우에 대하여 어떠한 입장과 관심을 가지는지 의문이 든다.

창세기 34장에 대한 해석은 피해자의 관점보다는 가해자의 혹은 남성중심적 사회 가치관에 따른 해석이 더 지배적이다. 이러한 현실은 성폭력 피해자를 바라보는 오늘날의 시선에서도 크게 변하지 않고 있다. 2018년에 서지현과 김지은이 권력형 성폭력을 폭로했지만, 언론은 가해자의 폭력성과 의도 그리고 피해자의 인권유린에 대한 배려보다는, 음모론 운운하면서 피해자 여성의 의도를 의심하였다. 이 패턴은 피해자인 디나를 부족 사회 속에서 여성이 그 아버지의 장막을 벗어난 잘못을 저지른 인물, 스스로 위험한 장소로 간 호기심 많은 사람, 지나친 호기심으로 화를 부른 사람 등으로 평가하고, 나아가 현대를 살아가는 사람들에게 주는 교훈은 디나와 같은 실수를 하지 말 것이라고 말하는 것과 유사하다. 피해자에게 그 책임을 돌리는 패러다임은 가해자들의 전형적인 주장이다. 여성이 짧은 치마를 입어서, 늦게 귀가하면서, 혹은 혼자 다니다가 당한 경우, 가해자 측의 관점은 '그 여자들은 그래도 되는 여자들'이라는 패러다임으로 접근한다. 이 세상에 그렇게 당해도 싼 여자는 없으며, 그들에게는 자신이 좋아하는 옷을 입고, 일을 하고, 장소를 찾아갈 당연한 자유가 있다. 그것은 이 본문에서 다룬 디나 역시 마찬가지이다. 피해자가 원인을 제공한 듯 비난하는 이러한 시선은 피해자에 대한 2차 가해임을 많은 경우 깨닫지 못한다.

끝으로 가해자의 사랑의 감정과 책임 있는 자세를 강조하는 것 역시 성폭력을 합리화시키거나 정당화시키는 이유가 될 수 없으며 성폭력의 본질을 바꿀 수도 없다는 점을 지적하고 싶다. 디나에 대한 세겜의 성폭력 사건을 다시 읽으면서 성폭력과 관련된 법과 재판과정에서 피해생존자의 저항 정도가 판결에 중요한 요소로 작용하는 현상의 부당성을 다시금 들여다보게 되었다. 성폭력의 본질은 피해생존자가 얼마나 강하게 저항했는지의 여부가 아니라, 성적 자기결정권의 측면에서 '적극적인 동의' 혹은 '쌍방의 확실한 합의'의 유무에 의해서 평가되어야 한다. 그러나 여기서도 기억해야 할 것은 한채윤이 지적한 것처럼 "동의할지, 거부할지 둘 중에 하나를 선택하는 것이 곧 '성적 자기결정권'이 아니다. 피해자는 애당초 동의와 거부 둘 중의 하나를 선택해야 하는 상황 자체를 원한 적이 없기 때문이다."[36] 이런 관점에서 창세기 34장은 정착민의 우두머리인 세겜이 이주민 부족의 한 여성을 강제로 권력형 성폭행을 자행한 사건이며, 디나의 동의가 언급되지 않으므로 성폭행 사건이 명백하다. 디나가 자신의 침묵은 유사한 성폭력 사건이 발생했을 때 피해자의 관점에서 그 사건을 바라보려는 우리의 노력을 통해 조금이나마 깨뜨릴 수 있을 것이다.

'선녀와 나무꾼', 사사기 21장, 버닝썬클럽과 해체적 읽기

유연희

"베냐민 자손은…
춤추는 여자들 가운데서 자신들의 수효만큼
여자들을 붙잡아 아내로 삼고…"(삿 21:23).

1. 들어가는 말

사건 1: 30대 남성이 혼자 사는 여성의 뒤를 따라가 문을 열 때 강제로 침입하려 했고, 문이 닫힌 후에도 10여 분간 계속 열려고 했다.
사건 2: 이웃집 남성이 혼자 사는 여성의 도어락 번호를 CCTV로 파악한 후 침입하여 성폭력을 시도했다.
사건 3: 50대 남성 택시운전사는 여성 손님에게 약물이 든 음료를 주고 취하게 한 후 성폭력을 시도했다.

이 사건들은 최근 한국 사회의 뉴스에 나온 범죄이다. 21세기 초 한국에서 여성은 많은 자유와 성취를 누리는 것처럼 보이지만 이 사건들처럼 여성을 임의로 취하는 범죄가 종종 벌어진다. 이 글은 이런 상황과 이를 통해 범죄자가 얻는 성적, 경제적 이익에 대해 살펴보고자 한다. 아울러 사사기 21장, 곧 남성이 마음대로 여성을 성적이고 경제적으로 취하는 것을 묘사하는 성서 이야기를 한국교회가 어떻게 대하는지에 대해 생각해 보고자 한다.

먼저 한국 사회에서 여성이 겪는 괴리에 대해 통계를 통해 살펴보자. 지금 여성은 바로 직전의 어머니 세대에서는 상상할 수 없을 만큼 많은 기회를 누리고 성취하고 있다. 어머니 세대(1990년)에는 여성의 대학 진학률이 19.1%(남성 25.7%)였지만, 2018년에는 73.8%(남성보다 8% 높음)였다.[1] 여성은 이러한 높은 교육 수준을 바탕으로 사회의 각 부문에 진출하고 있다. 그러나 여전히 여성의 사회 활동에 관한 주요 통계가 여성의 교육 수준만큼 빨리 높아지지 않고 있다. 몇 가지 예를 보자면, 여성고용률(2018년 50.9%), 공공기관과 500인 이상 대규모 사업장의 여성 관리자율(20.6%), 여성국회의원 비율(17%)은 여전히 낮고, 남녀 간 임금 격차는 34.6%로서 OECD 국가 중 꼴찌에 해당한다.[2] 또한 여성이 전문직 노동시장에 진출할지라도, 예를 들어 여성 변호사는 법률사무소에서 형사 사건보다는 가사 사건을 할당받는 등 젠더 불평등의 관행은 지속된다.[3]

이런 모순된 현실은 사회가 여성에 대해 갖는 전반적인 태도를 보여주고, 여성을 성적으로 임의로 취하는 태도와도 연관이 있다. 이 글의 목적과 연관해서 우리가 주목할 것은, 요즘 한국에서는 여성을 대상으로 벌어지는 새로운 유형의 성범죄들이 생기며, 성폭력 피해가 여성이 남성보다 16배 높다는 점이다.[4] 현재 한국에는 그 어느 시대보다도 많이 여성이 혼자 거주하는데(인구의 15%),[5] 이 글의 맨 앞에서 언급한 사건들 외에도 밤길에 다니는 여성을 노리거나 음식을 배달하는 남자가 집에 혼자 있는 여성을 대상으로 성범죄를 시도한 사건이 여러 차례 보도되었다. 남자 친구조차 모종의 약물이 든 음료를 여자 친구에게 마시게 하고 성폭력을 시도한 일이 발생했다. 그래서 혼자 사는 여성은 이사할 때 남성을 고용하여 남성 가족이 있는 것처럼 보이게 하고, 현관에 남성 신발을 두고 남성 목소리를 틀어두는 등 웃지 못할 장치를 마련한다. 이렇게 여성을 대상으로 한 성범죄와 각종 범죄가 심각하게 높은 이유가 오랜 가부장제 문화의 여파이든, 권력의 작용으로 약자를 대상으로 삼는 것이든, 여성은 마치 누구든 먼저 취하는 게 임자라는 생각이 깔려 있는 듯하다.

여성에 대한 임의적인 성 착취와 여성의 몸을 통한 경제적인 이익에 대해 성찰하는 이 글의 목적을 위해 세 이야기, 한국의 설화인 '선녀와 나무꾼,' 구약성서의 사사기 21장 그리고 최근 한국에서 일어난 버닝썬클럽 사건을 함께 다루고자 한다.6 이 과정에서 이 세 이야기가 여성의 몸과 섹슈얼리티 취하기, 강제, 통제, 착취, 경제적 이익이라는 면에서 어떻게 서로 조명하는지 성찰하게 될 것이다. 먼저 이들 이야기를 페미니즘 시각에서 읽은 후 해체(deconstruction) 독법으로 읽을 것이다. 우리가 해체 시각에서 읽을 때 흥미롭게도 여성을 성적이고 경제적으로 착취하는 이 고대와 현대의 이야기들이 스스로를 어떻게 고발하고 훼손하는지를 관찰하게 될 것이다.

2. '선녀와 나무꾼' 속 여성 취하기와 착취

'선녀와 나무꾼'은 한국에서 어린이라면 누구나 자라면서 읽는 설화 중 하나이다. 구비문학은 특성상 전래 과정에서 유연하게 개작이 발생하여 내용의 일부 요소나 결론이 다양하다. '선녀와 나무꾼'의 경우, 결론부가 현저히 다른 주요 각편(versions)이 네 가지가 있다.7 첫째는 날개옷을 찾은 선녀가 남편을 버리고 자식만 데리고 천상계로 올라가는 '선녀 승천형', 둘째는 나무꾼이 사슴이 준 정보로 두레박을 타고 천상계에 올라가서 가족과 만나 행복하게 사는 '나무꾼 승천형', 셋째는 나무꾼이 천상계에서 처가 식구들이 내준 과제를 해결하거나 장인 또는 처남을 없애고 행복하게 사는 '천상시련 극복형', 넷째는 나무꾼이 어머니가 그리워 용마(천마)를 타고 지상에 내려왔다가 말에서 절대 내리면 안 된다는 금기를 어기는 바람에 수탉이 되는 '수탉 유래형'이다. 이 중 우리가 시작하려는 이야기는, 현재 가장 많이 통용되는 설화로서 온 가족이 천상에서 만나 행복하게 산다는 결말로 마치는 '나무꾼 승천형'이고, 그 요약은 다음과 같다.

옛날에 한 가난한 나무꾼이 노모와 함께 살고 있었다. 어느 날 그는 사냥꾼에게 쫓기는 사슴을 구해주었다. 사슴은 보답으로 나무꾼에게 선녀를 만날 길을 일러주면서 아이 셋을 낳기 전에는 날개옷을 주지 말라고 당부했다. 나무꾼은 달밤에 연못가에 숨어있다가 선녀의 날개옷을 감추어서 선녀와 같이 살게 되었다. 아이 둘을 낳고 나서 선녀가 조르자 나무꾼은 날개옷을 내어주었다. 선녀는 날개옷을 입고 아이 둘만 데리고 하늘나라로 올라갔다. 나무꾼은 다시 사슴을 만나 하늘로 올라갈 길을 물었다. 보름날, 나무꾼은 사슴이 알려준 대로 두레박을 타고 하늘로 올라갔다. 하늘나라에서 만난 가족은 오래오래 행복하게 잘 살았다.

이 이야기는 일반적으로 나무꾼의 선행에 대한 보상(인과응보)으로 아름다운 선녀와 결혼해서 사는 로맨틱한 이야기로 오랫동안 읽혀졌다. 기본 골격은 남성 중심적이고, 인과응보, 유교적(효도, 자녀 강조)이다. 선녀는 한국 남성이 꿈꾸는 여성 중 가장 대표적인 상징이다. 비현실적으로 하늘에서 온 가장 아름답고, 로맨틱하고, 자녀를 낳고 시모를 모시는 등 남성의 이익에 철저히 순종하며 봉사하는 여성이기 때문이다. 가장 대중적인 이해는, 나무꾼이 금기를 어기고 일찍 날개옷을 내어주는 바람에 가족이 헤어지는 위기도 겪지만 결국은 해피엔딩으로 가족이 재결합하여 행복하게 산다는 내용이다.

최근 몇 십년간 이 이야기는 페미니스트 비평을 겪고 있다. 이 이야기가 현대적 민감성으로 볼 때 여러 문제를 안고 있다는 점에 대해 독자들의 지적이 많았다. '선녀와 나무꾼'에는 현대의 '다시 쓰기' 방식이 적용되고 있다. 예를 들어, 젊은 여성 그룹 '구오'는 '선녀와 나무꾼'을 다시 썼는데, 여기서 나무꾼은 천일 동안 발가벗고 다니고, 사슴은 천일 동안 쓴 나물만 먹어야 하는 벌을 받는다.[8] '다시 쓰기'는 20세기 후반 이래 탈근대의 문학적, 문화적 패러다임의 변화를 단적으로 보여주는 용어 중 하나이다. 이 말은 원본이나 저자의 권위를 해체하고 독자에게 새로운 권력을 부여하는 대명사가 되었다. '선녀와 나무꾼'은 페미니즘 같은 현대 렌즈로 수정되었을 뿐만 아니라, 가족치료, 직장 성희롱방지, 인권교육, 성교육 등의 자료에서 나쁜 사례로 등장하여 많은 해체를 겪었다.[9]

김대숙은 이전 연구자들이 이 설화를 나무꾼을 중심으로 읽었다고 지적하며 선녀의 입장에 관심을 가졌다. 그에 의하면,

> 선녀는 나무꾼의 소망의 대상이다. 나무꾼은 산골에 살고 가난해서 장가도 못 든 처지이다. 그는 아름답고, 궁핍을 해소해줄 수 있고, 욕망을 해결하고 아이를 낳아 가정을 만들어 줄 수 있는 여자

를 얻기 위해… 상대방의 의지나 행복과는 아무 상관없이 일방적으로 선녀를 유린한다. 선녀는 너무나 뜻밖의 재난으로 하늘나라로 돌아가지 못하고 나무꾼과 같이 땅에서 살게 된다. 선녀가 지상에서 나무꾼과 살기를 원치 않는다는 뜻이, 금기 속에, 곧 아이를 셋, 넷 혹은 다섯 낳을 때까지는 날개옷을 절대로 주어서는 안 된다는 사슴의 당부에 명백히 드러나 있다.10

이런 점에서 이전의 학자들이 '신성혼'이라 부른 것을 김대숙은 '약탈혼'이라고 부른다.11 또한 학자들은 현대 설화에서 나무꾼에게 불리한 장면이 생략되고, 나무꾼에게서 벗어난 것을 선택하여 승천한 선녀가 지나치게 순종적인 캐릭터로 변형되는 등 인물묘사가 일관성을 잃었다고 지적한다.12 페미니스트 관점에서 볼 때 이 이야기는 남성의 환상을 담은 이야기일 뿐, 사슴과 공모한 나무꾼의 범죄 기록에 다름 아니다. 관음(몰카), 절도(날개옷), 불법 납치와 감금, 약취(폭력, 협박 등의 수단으로 지배하에 두는 것), 준강간과 임신, 원치 않는 출산과 육아, 강제 노동, 스토킹(하늘까지 쫓아감) 등이 벌어지는 동안, 선녀는 인격체가 아니라 대상화된 상품이고, 분노나 슬픔의 감정이 배제되어 있고, 남성의 욕구와 필요에 의해 마음대로 취해지고 움직여지는 도구이다.

페미니스트 해석이 이 이야기에 대해 지적하지 않은 것은, 나무꾼이 선녀를 통해 취하는 경제적이고 성적인 이익에 관한 것이다. 이 설화가 유통되던 대부분의 시기 동안 한국은 농업이 주요 산업이었고 가정생활과 경제생활이 분리되지 않았다. 여성은 출산, 육아, 논밭농사, 가사노동, 직조노동 등에 종사했다. 조선시대 실학자 박지원(1737-1805년)은 성인남녀 1인당 경작 능력은 논이건 밭이건 약 10-15두락(마지기)이라고 하여, 여성과 남성의 노동력을 동일하게 평가했다.13 또한 여성은 나물이나 버섯을 캐거나 간단한 음식을 만들어 시장에서 팔아 가정경제에 도움을 주기도 했고, 심지어 짠 베로 세금을 내서 집안 남자들의 군역을 면제받게도 했다. 육아, 농사, 가사노동, 직조라는 각 말에는 셀 수 없는 종류와 분량의 노동이 담겨 있어서 고단하고 부지런한 삶을 나타낸다. 우리의 설화 속 나무꾼이 농사지을 땅이 없었다고 해도, 선녀는 가족의 생존에 힘을 보태기 위해 육아와 가사노동과 더불어 그 밖에 무슨 일이든 했을 것이다. 노동집약적인 산업에 필요한 자녀를 많이 낳는 것도 포함하여, 한 마디로 선녀의 존재와 모든 노동은 경제적 가치를 가졌다. 노모를 모시고 살며 결혼하지 못한 가난한 나무꾼 남성이 아내를 갖고 가정을 이루는 것 자체가 나무꾼의 문화적이고, 사회적인 이익에 봉사하고, 성적이고 경제적인 이익에 봉사한다. 결혼과 관계에는 많은 노력과 돈이 드는데, 여자를 사기나 강제로 취하는 것은 이런 노력과 돈을 절약하게 한다.

   여성의 존엄, 주체성, 가치를 무시하고 사물화하고, 수동적이며, 마음대로 취해도 되는 존재로 묘사하는 이 위험한 옛이야기는 어린이들의 가치관 형성에 부정적 영향을 미칠 뿐만 아니라, 어른이 되어서도 이러한 가치관을 계속 가지고 살아갈 수 있다는 점이 문제이다. 대부분의 한국 사람들은 '선녀와 나무꾼'을 학문적 관점이나 페미니스트 비평 없이 전통적인 메시지로 이해한다. 비슷하게 여성을 마음대로 취하여 성적으로, 경제적으로 이익을 얻는 남성들에 관한 성서 이야기는 어떨까? 동화든 성경 본문이든 그 존재를 없앨 수 없고, 읽지 않을 수는 없다. 그래서 해석이 중요하다. 이제 성서에서 비슷한 이야기를 만나보자.

3. 사사기 21장의 여성 집단 납치

사사기 21장은, 이스라엘 백성과 지도자들이 내전에서 패배한 베냐민 지파가 사라질 위기에 처한 문제를 해결하는 이야기이다. 사사기 21장은 19장에서 벌어진 이야기와 연결되어 있는데, 19장은 한 여자가 남편의 손에 의해 기브아 지역 남자들에게 넘겨져 집단 강간을 당한 일을 기록한다. 20장은, 이 여자가 남편의 손에 열두 토막이 나서 전쟁을 부르는 표식이 되고, 온 이스라엘은 베냐민 지파에 대해 보복 전쟁을 한다(20장). 베냐민 지파가 완패하여 단지 600명의 병사만 남아 지파가 사라지게 되었으니, 전쟁은 목적을 이루었다.

그런데 21장은 아이러니하게도 방금 이긴 전쟁을 되돌리는 과제를 시작한다. 즉 전멸시킨 베냐민 지파를 살려내는 일이고, 그래서 베냐민 잔병 600명을 결혼시키기로 한다. 지도자들은 신부감을 구하기 위해 두 번에 걸쳐 여자들의 집단 납치를 결정한다. 먼저 이스라엘군은 내전에 참여하지 않은 길르앗의 야베스를 진멸하고 400명의 젊은 여성을 납치한다. 그런 다음, 지도자들은 베냐민의 남자들을 시켜 실로의 축제에 나온 젊은 여성을 더 납치하게 한다.

학자들은 사사기 21장을 크게 보아 두 가지 관점에서 이해했다. 첫째는, 19-21장이 베냐민에게 부정적인 이야기요, 그래서 사울에게 반대하는 이야기라고 본다.[14] 둘째는, 사사기의 전체적인 편집 의

도와 연관이 있는데, 사사기 앞부분에서 긍정적인 요소가 나오다가 중간부터 뒤로 갈수록 가족, 지파, 사회, 국가 등 모든 차원에서 내리막 나선형으로 붕괴(disintegration)되고 악화된다는 것이다.[15] 이런 관점에서 볼 때 19-21장은 붕괴의 클라이맥스에 해당한다.

페미니스트 학자들은, 사사기 21장을 19장에서 벌어진 레위인의 아내에 대한 베냐민 남자들의 집단강간 이야기와 그로 인한 내전 이야기(20장)와 더불어 연구했다. 필리스 트리블(Phyllis Trible)의 기념비적인 연구는 향후 페미니스트 학자들이 여러 각도에서 이 부분을 해석하도록 촉발했다.[16] 게일 이(Gale A. Yee)의 이데올로기비평적 해석에서 사사기 21장은 신명기 역사가가 왕정제도를 지지하기 위해 지파 체제를 와해하려는 시도를 보여주고, 그래서 19장에서 여성의 토막 난 몸은 붕괴된 지파 체제의 이데올로기적 상징이 된다.[17] 또 페미니스트 학자들은 보스니아 여성에 대한 성폭력과 일본 제국주의 성노예 같은 역사 현실과도 연결해서 19-21장을 읽기도 했다.[18]

그런데 지금까지 학자들이 고려하지 않은 것은 21장 이야기의 배경에 있는 경제적이고 성적인 측면이다. 곧 여성을 납치하는 것을 통해 얻는 성적이고 경제적인 이익에 관한 것이다. 베냐민 지파가 끊어진다는 것에 대한 염려란, 인구감소와 그로 인한 공동체의 세력 약화에 대한 염려를 반영한다. 자손을 남겨 혈통을 잇는다는 것(특히 아들을 통해)은 가부장제 문화의 초석이고, 이것은 경제적이고 성적인 유익을 전제로 한다. '선녀와 나무꾼'에서도, 사사기 21장에서도 여성을 통해 얻는 이러한 이익에 관한 언급은 없지만, 여성 납치는 이를 제안한 지도자들, 납치한 여성을 얻는 남자들 그리고 전체 공동체의 이익에 결정적이다.

캐롤 마이어스(Carol Meyers)는 고고학과 인류학 연구를 기초로, 철기시대(1200-1000 BCE) 고대 이스라엘의 노동집약적 농경사회에서 여성이 경제에 상당한 기여를 했다고 결론 내린 바 있다.19 남성은 주로 군사, 금속, 농경에 종사하고, 여성은 음식 가공과 준비 및 자원의 할당을 맡았지만 둘은 생존 수준에 살았기에 상보적이고 상호의존적으로 일했다. 여성은 생계에 필요한 공예, 즉 도기 제작, 도구 제작, 향료 만들기, 실과 직물 짜기, 옷 만들기 등의 기술을 써서 일했다. 농경 배경에서 음식 가공과 자원 할당은 여성에게 상당한 힘과 지위를 주는 것이었다. 즉, 고대 이스라엘에서 여성과 남성은 가정경제 생활에 각자 특정 몫을 통제했고 균형 잡힌 힘과 지위가 있었다.

철기 II 시대(1000-587 BCE)를 포함한 성서 시대에서는 다른 근대 이전의 노동집약적인 사회처럼 대가족이 중시되었고, 많은 인구로 노동력과 생존을 확보하고자 했다. 필리스 버드(Phyllis Bird)는 자녀 생산과 양육에 필수적인 여성은 가족 밖에서 구해야 했고 거기에는 돈이 들었음을 지적한다.20 돈으로 데려오는 이 여자는 자녀 생산과 양육은 물론 다른 경제 이익에도 평생 기여할 것이므로 결혼 때 투자할 가치가 있었다. 오늘날과 달리 개인은 공동체 안에서만 생존이 가능했다. 가족은 농경생활에서 생존의 가장 중요한 사회 단위였고, 결혼은 개인의 선택 문제가 아니라 공공의 일이었다. 그래서 이스라엘의 결혼법은 관계의 역동성보다는 재산의 이동에 더 관심을 보인다.21 이러한 배경에서 볼 때, 살아남은 베냐민 남자들이 결혼하는 것은 그 개인들과 공동체의 생존과 세력에 절대적이었다. 사사기 21장의 여성 강제 납치는 신부를 구하는 복잡한 과정이나 신부값 치르기를 생략하여 이 모든 이익을 쉽게 보장하고자 한 것이다.

필자는 성서를 읽는 평범한 독자들이 베냐민 사람들의 소멸을 막고 공동체를 되살려내야 한다는 성서 속 지도자들의 주장에 동의하는 경향이 있다는 것을 다른 글에서 지적한 바 있다.22 남성중심적 사고를 가진 많은 독자들은, 전쟁의 노략물로서 여성 획득 및 납치혼과 그로써 사회적, 경제적, 성적인 이익을 취하는 것이 별로 마음이 불편하지 않은 듯하다. 예를 들면, 한국의 한 강해 및 설교 자료집은 이렇게 해석한다. 길르앗 야베스의 "거민 중 남자를 알지 않고 순결했던 처녀만은 구원의 은혜를 입었고", 이는 "이 세상과 함께 멸망하지 않고 구원을 얻기 위해서는 하나님 앞에서 순결한 삶을 살아야 한다"는 뜻이다.23 이런 식이라면 다음과 같은 진술이 자연스레 따를 수밖에 없다. "그들[이스라엘군]은 그 여자들 중 미모가 빼어나고 마음에 드는 여자를 자기가 차지하고 싶은 유혹도 받았을 것입니다. 하지만 그들은 자신들의 임무가 무엇인지 알았으며 그 여자들을 누구에게 줘야 하는지도 알고 있었으므로 아무도 그 여인들을 탐하지 않았습니다."24 놀랍게도 이 현대의 주석자는, 가능하다면 자신도 여성을 이런 식으로 취하고 싶다는 생각을 드러낸다. 이 관점은 '선녀와 나무꾼'의 전통적인, 범죄적 사고방식과 별로 다르지 않다. 성서를 제대로 소비하기 위한 독자의 민감성이 요청된다. 이제 여성의 몸이, 금융자본주의가 첨예화된 이 21세기에 그 어느 때보다도 피비린내 나는 전쟁터임을 보여주는 사건을 살펴보자.

4. 버닝썬클럽과 여성의 몸에서 짜낸 자본

2018년 말, 휴대전화 하나로 엄청난 범죄가 만천하에 드러났다. 유명한 한류스타 가수 승리를 비롯한 주로 남성 연예 스타 및 클럽 직원 14명이 소통하는 휴대전화 그룹 메신저의 내용이 한 제보자에 의해 폭로되어 한국 사회를 떠들썩하게 만들었다. 이 남자들은 낯선 여성에게 마약을 먹이고 의식이 없을 때, 또는 여자 친구의 동의 없이 성관계 하는 장면을 몰래 촬영한 동영상을 전화에 띄워 서로 자랑하고 공유했다.25 이에 더해, 이들 중 하나가 운영하는 서울 강남의 버닝썬클럽에서 일어난 폭력 사건 때문에 이른바 버닝썬 게이트가 밝혀졌다. 이 사건으로 대중이 알게 된 클럽 운영 방식과 문화는 충격적이었다. 이 클럽의 혐의는, 마약, 성매매, 횡령, 탈세, 성관계 불법 촬영, 뇌물을 통한 경찰과의 유착 등인데, 우리는 이 중에서도 특히 마약을 사용하여 여성을 성적으로 취하는 것과 성매매에 주목하고자 한다.26

버닝썬에는 VIP룸이 있었고, VIP 및 VVIP 남성 손님은 상대 여성과 함께 그곳을 이용할 수 있었다. 문제는 남성이 여성의 동의 없이 몰래 물뽕(gamma-Hydroxybutyric acid, GHB), 해피벌룬, 프로포폴, 코카인, 필로폰, 또는 암페타민 같은 약물이 든 음료를 마시게 하여 그곳에서 또는 위층의 호텔로 데려가 강간을 했다는 것이다.27 마약은 구매자가 자신의 음용만이 아니라 여성을 성적으로, 경제적으로 착취하기 위한 도구였다. 이 클럽에는 유난히 화장실이 많았는데, 거기서 마약 복용과 여성 강간이 편만하게 이루어졌고, 경찰에 신고하면 경찰이 와서 오히려 클럽을 보호한 것으로 드러났다. 이 클럽은 또한 해외(중국, 태국, 일본) 자본가 및 VIP 게스트들을 접대할 때 마약 및 성매매 여성을 활용했다. 반성매매인권운동 '이룸'은 "젠더화된 마약은 젠더화된 클럽에서 여성을 더욱 물화하고 무력하게 만든다"고 지적한다.28 실제로 여성단체 불꽃페미액션의 설문조사에 의하면, 클럽 이용자 10명 중 약 7명이 성추행과 성희롱 등 성폭력을 겪었고, 20%가 GHB(속칭 '물뽕')나 수면제의 일종인 졸피뎀을 직접, 간접적으로 경험했다고 답했다.29

한국에서 성의 판매와 구매 모두 불법이나, 클럽들과 성매매 사이에는 긴밀한 연관이 있다. 저술가이자 목사인 주원규는 강남 클럽에서 '콜카' 운전사 등으로 일하며 잠입 취재한 것을 미디어에 밝혔고, 소설『메이드인 강남』(2019)도 발간했다.30 현실의 10분의 1에 불과하게 묘사되었다는 그의 소설과 인터뷰는 버닝썬클럽 사건이 그저 한 클럽의 얘기만이 아닌 대세 현실이라는 것을 큰 그림에서 보게 해준다. 주 목사는 2015년, 돌보던 가출 청소년 15명을 대상으로 글쓰기 지도를 했는데 이들이 점차 사라졌다. 이들이 강남에 가면 돈을 많이 벌 수 있다고 말하던 것을 기억하고 주 목사는 이들을 강남에서 찾아냈다. 그에 의하면, 강남 클럽에서 청소녀들은 이렇게 성매매와 빚에 빠진다. 먼저 '스카우터' MD(Merchandiser 영업관리자)들이 클럽에서 2-3년 일하면 연예인을 만들어준다고 유혹하여 10대 가출 청소녀들을 확보한다. 주 목사에 의하면, 콜걸 중에는 심지어 초등학교 6학년짜리도 있었다. MD들은 눈, 코 등의 성형수술, 오피스텔, 화장품, 가방과 액세서리, 의상 등을 위해 청소녀들에게 돈을 빌려준다. 청소녀들은 룸살롱, 단란주점, 가라오케에서 성매매를 시작하다가 클럽으로 옮긴다. 이들은 빚의 굴레, 마약 중독, 잦은 중절

수술, 정신병원 입원은 물론, 심지어 사망하기도 한다. 이들 여성은 학대 가족을 피해 가출 청소녀가 되었다가 속임수, 인신매매를 당하고 빚의 굴레와 몸과 마음의 착취에서 벗어나지 못하는 것이다.

특히 경제적인 관점에서 고려하자면, 이들 여성이 사용하는 초기 자본이 상당히 고금리이고, 하루만 이자가 밀려도 부채가 급증하고, 새로운 빚의 총액으로 시작한다.31 클럽의 성매매 여성은 수입이 높은 반면, 부채에서 벗어나는 것이 거의 불가능하다. 1년 2개월간 17억 원의 빚을 진 여성도 있을 정도이다. 여성학 학자 김주희는 여성을 성노동자로 만들고 빚에서 빠져나오지 못하게 만드는 구조, 다른 업주에게 갈 때 빚과 함께 넘겨지는 구조에 대해 연구하며, 성매매는 불법인데 금융권이 성산업에 대출해주고 이자를 받는 것은 합법이라는 아이러니를 지적한다. 곧, 여성은 금융 피라미드의 말단에서 '여성전용대출', '아가씨 대출'이라는 명목으로 업소의 보증 아래 대출을 받는데 이는 젠더화된 금융으로서 여성의 몸을 저당잡아 '자유롭지만 파산 불가능한 상태'로 노동하게 만든다.32 자본주의의 사슬의 매 단계에서 여성은 돈벌이의 대상이고, 여성의 몸은 자본주의의 전쟁터이다. 반 성매매 운동을 하는 여성 단체 '이룸'은, 여성의 몸에서 뽑아낸 자본이 마약, 성매매, 성형, 뷰티 산업, 금융자본, 경찰, 법조계, 구청 등과 긴밀히 상호 연결되어 있고, 이 어느 과정 하나도 젠더화되지 않은 것이 없다고 지적한다.33 예를 들어, MD와 성매매 여성이 마약류 관리와 성매매로 적발됐을 때 약물에 중독된 21세 여성은 마약류 관리법 위반으로 3년 실형을 선고받았지만 MD는 식품위생법 위반으로 벌금형을 받았을 뿐이다. 사사기와 '선녀와 나무꾼' 이야기에서 납치라는 수단으로 여성을 취한 것처럼, 버닝썬클럽에서는 물뽕을 쓰거나 여러 남성이 한 여성을 에워싸는 식으로 여성을 강제하고 취한다. 사사기와 '선녀와 나무꾼' 이야기에서 여성의 목소리가 아예 빠져 있듯이, 21세기 초자본주의의 강남 클럽 사건에서 여성의 목소리와 인권은 뉴스에서도 다루어지지 않는다.34

2018년에 한국 사회에서는 한 여성 검사의 고발로 미투 운동이 일어나 성차별, 성폭력을 넘어 성숙한 문화로 갈 수 있는 가능성이 생겼다. 그런데 다른 한편에서는 배설하고 쾌락을 추구하는 하위문화에서는 여성에 대한 성 상품화가 극단적으로 벌어지고 있다. 한국 사회에서 여성에 대한 관점이 바뀌지 않으면 여성을 마약을 먹여 임의로 취하고 경제적으로 착취하는 버닝썬클럽과 같은 사건은 계속 일어날 것이다.

5. 스스로를 해체하는 이야기

흥미롭게도 우리가 다룬 고대와 현대의 이야기에는 그 자체 속에 자기 고발, 불안과 심판을 안고 있고, 스스로를 해체하는 면이 있다. 해체에 대한 크리스토퍼 노리스(Christopher Norris)와 대나 퓨얼(Danna Nolan Fewell)의 간단한 정의는 이러하다.35 곧, 해체는 본문 자체 안의 다른 목소리를 찾는 방식이다. 해체 읽기 방식에 의하면, 한 본문은 한 가지 절대적인 의미만을 갖지 않는다. 한 해석의 틈새를 뚫고 나오는 무언가 다른 목소리, 무언가 다른 뜻이 있다. 본문의 가능한 의미들과 기능들의 범위는 심지어 서로 상충하고 갈등하기도 한다. 해체적 독법에서 의미는 불안정하고 열려 있다.

우리는 '선녀와 나무꾼'의 해체 작업이 현대 독자에 의해서 처음 벌어진 것이 아니라는 것을 '수탉 유래형'의 결말에서 볼 수 있다.

나무꾼이 집에 두고 온 어머니를 걱정하자 선녀는 용마를 주고 발이 땅에 닿으면 안 된다는 것과 인간이 주는 음식을 먹지 말라고 알려주었다. 나무꾼은 지상에 내려와 어머니를 만났고 어머니가 만들어준 팥죽을 말 위에서 먹었다. 그런데 뜨거운 팥죽이 떨어져 말이 놀라 뛰는 바람에 나무꾼은 땅에 떨어졌다. 말은 하늘로 돌아가고 나무꾼은 남아 하늘을 보고 울다가 수탉으로 변한다.

이 결말은 나무꾼에게 해피엔딩이 아니다. 아니, 사실 이 가족 모두에게 해피엔딩이 아니다. 나무꾼의 범죄 때문에 다들 행복할 수가 없다. 이 이야기를 전한 사람들, 특히 여성 이야기꾼들은 여성이 수동적으로 취해지고 이용당하는 모습에 불만족하여 나무꾼을 응징하는 결말을 더한 듯하다. 아낙들의 이야기판에서도 해체가 벌어진 것을 볼 수 있다. "애기를 둘이나 낳고 하루밤을 쌓아도 만리성을 쌓으라고, 애기를 둘이나, 아들을 둘이나 낳아 놓고 멜고 올라갔는데 우찌 지 가장 직이고 짚겠능교?"라는 한 전승자의 말 속에서 "어째 죽이고 싶었겠냐?"라는 질문에는 사실 여성 입장에서 '지(남편)'를 가장 죽이고 싶었다는 생각이 깔려 있다고 볼 수 있다.36 수탉 유래형은 나무꾼에게 하늘의 삶을 누리도록 허용하지 않는다. 그는 수탉으로 전락하고 회한 때문이든 그리움 때문이든 매일 하늘을 보고 울어야 한다. 이런 결말은 아이들에게 아빠와 헤어져 사는 슬픔도 감수하게 할 정도로 나무꾼에 대한 응징을 내포한다.

사사기 21장의 젊은 여성 집단 납치 이야기도 스스로를 해체하는 면모를 담고 있다. 사사기 21장의 표면에는 베냐민 지파 구하기 프로젝트를 강조하지만, 자기모순, 거짓말, 무원칙, 비논리, 책임회피 등이 있어서 이 프로젝트는 독자의 적극적인 지지를 얻기 어렵다. 21장은 사건의 발단인 한 여자의 집단강간 사건(19장)을 언급조차 하지 않고, 20장에서 성취한 전쟁의 결과(베냐민 전멸)를 되돌리는 자기모순의 이야기이다.

21장 1절은 "이스라엘 사람들은 이미 미스바에서 '우리 가운데서는 아무도 딸을 베냐민 사람과 결혼시키지 않도록 하자!' 하고 맹세한 일이 있었다"고 주장한다. 그러나 이런 맹세는 앞 장에 나오지 않았다. 5절의 "누구든지 미스바에 올라와서 주님 앞에 나아오지 않으면 죽이기로 굳게 맹세하였기 때문이다"는 말도 앞 장에 나오지 않았다. 두 가지 맹세가 모두 앞에서 나온 적이 없는데, 내전에 참여하지 않은 길르앗 야베스를 공격하여 여자들을 취하기 위한 밑밥으로 쓰인다. 21장은 또한 원칙도 어긴다. 길르앗 야베스를 공격할 때도 "주민을 여자나 어린아이 할 것 없이 칼로 쳐서 죽여라"고 하여(10절) 진멸(헤렘)의 원칙을 주장하는 듯하나, '남자와 한 번도 동침하지 않은 처녀 사백 명을' 살려두라고 하므로(12절) 헤렘의 법을 지킨 것도 아니다.

납치한 여성의 수가 모자라서 실로의 축제에 나온 젊은 여성들을 다시 집단 납치하고는 가족에게 변명할 말을 준비하는데, 이 또한 황당한 논리이다. 길르앗 야베스의 경우처럼 이 여성들을 전쟁으로 잡아 온 것도 아니고, '아버지들, 오라버니들'이 자발적으로 이 여성들을 베냐민 남자들과 결혼시킨 것이 아니니, 미스바 맹세를 어긴 것도 아니라는 것이다. 이들은 또한 자신들이 벌인 상황에 대해 책임을 지기는커녕 주님을 탓한다(3, 15절). 이들이 베냐민 지파를 거듭 딱하게 여길 때마다 스스로를 우스꽝스럽게 만든다. 더 강한 남자들인 지도자들과 덜 강한 베냐민 잔병들의 공모로 여성은 강제로 납치되고 결혼하고 취해지며, 주님조차 지적을 받는다. 이와 같이, 전쟁과 무고한 주민 살해, 수많은 여성 납치에 관한 21장의 이야기는 19장, 20장에서 일어난 사건들과의 부조화와 모순, 급조한 맹세들을 통한 합리화, 굽혀 사용한 원칙, 아전인수격 논리 등으로 스스로 불안과 심판을 안고 있다.

강남의 버닝썬클럽 사건 또한 해체에서 예외가 아니다. 그들의 휴대전화 그룹 메신저에는 이런 대화가 들어있었다.37 "상가에서 (성)관계했어. 난 쓰레기야." 이 말은 자신의 행위가 나쁘다는 것을 인정하고, 스스로를 '쓰레기'로 심판한다. 이 발언에 대해 한 사람은 이렇게 말했다. "세다, 인정." 또 한 사람은 자신들의 행위에 대해 "살인만 안했지 구속감이야"라고 말했다. 이들은 자신들의 행위가 '세고,' '살인만 안했지' 얼마나 큰 범죄인지 알고 있었고, 스스로 불안과 심판을 안고 있었다. 강남의 클럽들 주변에서 수많은 소녀들은 어른들이 놓은 빚과 성매매의 덫에 걸려 구매자의 요구에 따라 포르노 필름이나 스너프 필름(snuff film) 등을 찍으면서까지 몸과 마음의 상처를 겪었다.38 BBC와의 간접 전화 인터뷰에서 한 피해 소녀는 이 성폭력 사건에 연루된 사람들을 어떻게 했으면 좋겠냐는 질문에, '선녀'와 사사기 21장의 납치당한 수많은 여성의 심정을 담아 대신 목소리를 높여 답했다. "그 사람들 다 죽었으면 좋겠어요."39 버닝썬은 스스로 불타고 있었다.

6. 나가는 말

고대에나 지금이나 여성의 시간, 두뇌, 노동, 몸, 성 등 모두 가치로 교환된다. 여성을 설득할 능력, 돈이나 힘 등에서 자신이 없으면서 여성을 소유하려는 남성은 강제와 속임수, 범죄를 동원한다. 이 21세기 자본주의 한국에서는 그 양태가 좀 더 교묘하고 발달된 기술 형태(예를 들어, 마약, 불법 촬영과 유포)를 보일 뿐, '선녀와 나무꾼'과 사사기 21장에 나온 성적, 경제적, 사회적, 문화적 이익을 위한 납치와 강제 결혼, 감금 등과 그리 다를 바가 없다.

지금까지 우리는 선녀와 나무꾼, 사사기 21장, 버닝썬클럽 사건 등 고대와 현대 이야기를 통해 여성이 임의로 취해지고 범죄자의 성적, 경제적 이익을 위해 착취당하는 상황에 대해 살펴보았다. 우리는 또한 이 이야기들을 해체하며 이들이 스스로를 지탱할 수 없는 불안과 심판을 안고 있음을 관찰하였다. 설교자들은 사사기 21장과 같은 끔찍한 이야기를 자주 영적으로 해석하는 경향이 있다. 설교자들과 성서학자들이 성서 본문과 관련하여 현대의 성폭력과 강제 결혼, 데이트 폭력, 결혼 내 강간과 폭력 등을 연구와 설교의 주제로 삼지 않고 침묵함으로써 보이지 않게 만드는 것 또한 억압적인 가부장제 전통과의 공모요, 조용한 폭력이라고 볼 수 있다.[40] 한국교회와 신학 또한 성서와 사회 속의 여성에 대한 성폭력 이야기를 비평적으로 다룰 필요가 있고, 그럼으로써 교회와 사회의 현실 변화에 기여하는 작업을 철저하고 광범위하게 행할 필요가 있다. 목회자와 신앙인은 어떻게 이 성서 이야기를 여성을 성적으로 경제적으로 취하는 이야기로서 직면하고 해체하며 읽을 수 있을까? 우리는 이렇게 현대에 벌어지는 여성 취하기, 여성의 몸에서 자본을 뽑아내는 이야기를 어떻게 철저히 해체할 수 있을까? 교회는 현대의 선녀가 교회를 버리고 하늘로 돌아가고 싶지 않을 만큼 좋은 세상과 교회를 만들 수 있을까?

미갈의 삶을 통해 보는 권력과 저항

이일레

David is despised by Michal, 2 Samuel
by Julius Schnoorvon Carolsfeld(1794–1872)

"방탕한 자가 염치없이 자기 몸을 드러내는 것처럼"(삼하 6:20).

1. 들어가는 말

가부장적 사회에서 여성은 제도와 규범이 만든 이차적인 구성물로서의 이상성에 불과한 주어진 '원본'을 모방해야 하는 패러디의 행위를 강요받는다.[1] 이처럼 여성의 정체성이 거대한 사회구조가 만들어낸 굴절된 산물일 때 여성은 저항할 수 있을까? 권력 지향적인 역사와 문화가 각인시켜버린 여성의 정체성과 몸의 인식론의 틀을 깨뜨리고 여성은 어떻게 저항할 수 있을까? 이 글은 이미 주어진 개인적 지위를 의문시하며 권력에 저항하고, 자신을 억압적인 방식으로 묶어두는 모든 것에 투쟁한 성서의 미갈의 삶을 고찰하고자 한다.[2]

성서에서 미갈은 사울과의 가족 관계 속에서 처음 언급된다(삼상 14:49). 미갈의 목소리를 들을 수 있는 본문은 극히 제한적이고 미갈에 관한 이야기는 그의 아버지나 그의 남편이나 그의 대리인(proxies)이 주로 전한다(삼상 18:20-28; 19:11-17; 25:44; 삼하 3:13-16; 6:16-23). 미갈에 관한 중요한 이야기는, 미갈과 다윗의 결혼을 보고하고 있는 사무엘상 18장, 사울의 살해 음모로부터 다윗을 구하는 미갈의 용기를 말하고 있는 사무엘상 19장, 미갈을 둘러싸고 일어나는 아브넬과 다윗의 협상을 보고하고 있는 사무엘하 3장 그리고 법궤를 옮기는 사건에서 다윗과 미갈의 논쟁을 이야기하고 있는 사무엘하 6장이다.3 미갈에 관한 본문들은 그가 남성 중심적 가부장제 사회 속에서 자신의 정체성이 정치적 권력의 수단으로 이용되는 상황에 저항했으며, 거대한 권력 구조 앞에서 수동적 자기 보존의 욕구의 유혹으로부터 자신을 지켜낸 이야기를 들려준다.

지금까지 미갈은 가부장적인 시각에 고정된 연구자들에 의해 평가절하되고 왜곡되었다. 장일선은 미갈의 이야기가 신명기 역사가의 다윗 이야기를 전개하는 과정 속에 단편적으로 끼어든 것뿐이며, 미갈의 이야기는 없다고 단정한다.4 엑섬(J. Cheryl Exum)은 미갈이 가부장적인 제도에 적응하지 못했고 남편의 권위에 도전했기 때문에 신명기 역사가가 그의 소리를 묵살한 것으로 주장한다.5 그는 다윗을 살해하고자 하는 사울의 음모에서 다윗을 구해주는 미갈의 용기에 관하여, 미갈이 다윗의 아내로서 자기 아버지를 배신한 것이며, 이를 미갈이 여성이기 때문에 '정치적 자율성이 부족한 것'으로 평가한다.6 법궤를 옮기는 사건에 나타나는 다윗과 미갈의 논쟁을, 미갈이 여성으로서 집 안에 있어야 하는데 집 밖으로 나와 남성세계에서 남자의 권위에 도전한 결과 수모를 당할 수밖에 없었던 상황으로 이해한다.

그러나 여성신학적 성서해석자들은 미갈의 중요성을 부각시키며 다윗과 사울을 주인공으로 설정하는 가부장적인 무대로 인해 가려워진 미갈의 삶을 재조명하였다. 푹스(E. Fuchs)는 사무엘서에 나타나는 미갈의 이야기를 신명기 역사가의 다윗 이야기 속에 갇힌 설화적인 감금으로 평가한다.7 사울의 음모에서 다윗을 구해주는 미갈의 행위와 관련하여 폭스는 성서설화들이 여성의 특성을 '속이는 것'으로 보고 있다고 지적한다.8 이 사건에 관하여 알리스 래피(A. Laffey)는, 미갈이 자기 아버지를 배신한 것이 아니라, 다윗의 아내로서 다윗을 구해주는 사건으로 강조한다.9 이처럼 여성신학자들은 가부장적인 관점에서 기록된 미갈과 다윗의 이야기를 해체시켜 미갈의 목소리를 다시 찾는 연구 경향을 보인다.

미갈에 대한 가부장적 해석은 미갈의 사랑과 선행과 권력에 대한 아름다운 저항의 삶을 왜곡하였다. 반면, 여성신학적 해석은 미갈의 목소리를 다시 찾고 그의 삶의 중요한 신학적 의미를 밝히는 데 공헌하였다. 이 글은 선행 연구를 토대로 사무엘서 본문에 대한 충실한 분석을 바탕으로 미갈의 삶을 다양하고 더욱 심도 있게 진단하여, 미갈의 고통의 언어를 찾고 권력에 대한 미갈의 저항을 연구하고자 한다.

2. 미갈의 삶을 통해 본 권력과 저항

사무엘상 16장에서부터 사무엘하 5장까지는 다윗 등극이야기이다.10 다윗의 등극이야기의 범위에 관해서는 의견 차이가 있다. 일부는 그 이야기를 사무엘상 15장에서 사무엘하 1장 혹은 8장으로 산정한다.11 일반적으로 다윗 등극이야기는 사울을 이어 다윗 통치의 정당성을 확보하기 위해 사울의 과오와 다윗의 무죄함, 사울의 실패와 다윗의 성공을 비교하고 있다고 주장한다. 다윗에게 호의적인 사무엘기에서 편집자의 친다윗 성향은 다윗이 왕권을 빼앗은 강탈자가 아니고 사울을 배신한 것도 아니며 하나님의 선택을 받은 사울의 후계자라는 것을 보여준다. 특별히 사울과 다윗 사이의 불화와 관련하여 이들의 불화는 전적으로 사울로부터 시작되었음을 주장하면서, 다윗의 무죄함을 강조한다. 이처럼 권력의 중심에서 어깨를 나란히 하는 다윗과 사울의 경쟁구조 속에 '과연 다윗과 사울은 옳았는가'를 재평가할 수 있는 미갈의 삶이 있다.

1) 미갈의 사랑과 사울과 다윗의 어긋남(삼상 18:21-30)

이스라엘의 왕권 초기에 사울과 다윗의 갈등과 대립의 서막은, 블레셋과의 싸움에서 돌아오는 이스라엘 군대를 향한 여자들의 춤추며 노래하는 소리를 들은 사울의 걷잡을 수 없는 질투와 분노함으로 시작한다. 다윗에 대한 사울의 질투는 그를 살인에 대한 병적인 열망의 나락으로 떨어뜨린다. 사울의 집착은 사무엘상 18-19장에서 다윗을 죽이기 위한 살인 시도로 절정에 이른다. 사울은 창을 던져 다윗을 죽이려는 시도가 무산되자, 그의 신하들과 미갈을 이용하여 다윗을 죽이기 위해 음모를 꾸민다. 사무엘상 18장 20-26절은 사울의 살인 계획을 보고하고 있다. 특별히 교차대구의 구조를 이루고 있는 사무엘상 18장 20-26절의 구조를 분석을 통해서 미갈을 둘러싸고 일어나는 사울의 살인 계획과 다윗의 권력을 향한 집착을 새롭게 재구성할 수 있다.

    A 미갈의 다윗에 대한 사랑을 사울이 좋게 여기다(18:20)
    B 사울은 다윗이 블레셋의 손에 죽게 되기를 바라다(18:21)

C 사울이 다윗에게 신하들을 보내다(18:22-23a)

C' 다윗이 사울에게 신하들을 보내다(18:23b-24)

B' 사울은 다윗이 블레셋의 손에 죽게 되기를 바라다(18:25)

A' 다윗이 왕의 사위 되기를 좋게 여기다(18:26a)

사무엘상 18장 20-26절을 교차대구의 구조를 통해서 살펴보면, 이야기의 틀을 구성하고 있는 처음과 끝 부분(AA')에서 두 개의 상반된 주제는 도입과 결말을 형성하며, 중심부의 주제, '사울의 살인 계획'을 감싸며 중요한 해석학적 의미를 부여하는 틀로서 기능한다. 바깥쪽 틀을 형성하는 공통적인 요소는 '좋게 여기다'라는 표현이다. 이 표현의 목적이 되는 내용은, A부분(18:20)의 경우 '다윗에 대한 미갈의 사랑'이며, A'부분(18:26a)의 경우 '왕의 사위 됨'이다. 그리고 행위의 주체는 각각 사울과 다윗이다. 만약에 A부분에 나타나는 '다윗을 향한 미갈의 사랑'이 A'부분의 '왕의 사위 됨'과 단순한 대조를 이루고 있다면, 아름다운 사랑과 결혼 그리고 이를 지원하는 아버지의 기쁨을 유추할 수도 있다. 그러나 바깥쪽 틀이 감싸고 있는 중심부에 나타나고 있는 신학적 중요한 주제, '사울의 살인 계획'이, 바깥쪽 틀의 '다윗을 향한 미갈의 사랑'과 '왕의 사위 됨'의 내용과 유기적 관계를 형성함으로써, A부분과 A'부분이 구축하는 구성은 권력에 대한 기형적 집착이라는 내용으로 탈바꿈하게 한다.

이야기의 중심을 구성하고 있는 두 번째 부분(BB')과 세 번째 부분(CC')에서는 다윗을 죽이고자 하는 사울의 살인계획과 이를 위한 분주한 움직임이 언급된다. 다윗 살인이라는 병적인 열망에 사로잡힌 사울은 미갈이 다윗을 사랑하는 것을 알게 되고 이 일을 좋게 여긴다(18:21).12 미갈의 사랑이 자신의 목적을 달성할 수 있는 수단이 될 수 있다고 생각했기 때문이었다. 사울은 자신의 둘째 딸 미갈을 다윗을 처리하는 '올무'(모케쉬, שׁקוֹמ)로 사용하기로 계획한다(삼상 18:21).

고대 이스라엘에서 결혼은 종종 정치적 목적을 위해서 이루어졌다. 그리고 혼인이 성사되는 경우 신랑은 신부의 아버지에게 돈을 지불했다. 이 규정은 출애굽기 22장 5-16절과 창세기 34장 12절에 언급된다. 그러나 사무엘상 18장에서 사울은 신부의 아버지로서 다윗에게 노역을 제안한다. 실제로 다윗은 신부에게 지참금을 지불할 수 없는 가난한 신분이었고, 왕실에 희망을 가질 수 없는 비천한 신분이었다(삼상 18:23). 신부에게 지참금을 지불할 수 없는 가난한 신분인 다윗에게 신부의 아버지로서 사울이 제안한 노역은 '블레셋 사람들의 포피 백 개'였다. 물론 이것은 다윗이 노역을 수행하는 중에 블레셋 족속의 손에 죽기 원하는 계책이었다.

이와 관련하여 다윗의 반응은 어떤가? 교차 대구 구조의 바깥쪽의 틀을 형성하는 A'부분(18:26a)에서 알 수 있듯이, 다윗은 사울의 제안에, 자신의 아내로 제시되는 인물 미갈에게 전혀 관심을 보이지 않는다. '다윗을 향한 미갈의 사랑'(18:20, 28)과 미갈의 사랑에 대한 "왕의 사위"라는 정치적 입지에 대한 다윗의 의중이 대조되고 있는 구조는, 다윗의 미갈에 대한 사랑의 결핍과13, 권력에 대한 애착을 분명하게 표현하고 있다. 다윗은 미갈을 사랑하지 않았다.14 그의 관심은 오로지 자신의 사회적인 위치와 "왕의 사위"라는 정치적 입지였다.

사실상 사울은 이미 삼상 18장 17절에서 다윗을 견제하기 위한 수단으로 자신의 맏딸 메랍을 다윗에게 아내로 제안하였다. 다윗은 사울의 제안에, "제가 누구이며, 제 혈통이나 제 아버지 집안이 이스라엘에서 무엇이기에, 제가 감히 임금님의 사위가 될 수 있겠습니까?"(삼상 18:18)라고 말한다. 다윗은 사울에 의해 맏딸 메랍이 아내로 제안되었을 때에도(삼상 18:17), 작은 딸 미갈이 제시되었을 때에도 동일하게 반응한다(삼상 18:23). 다윗의 반응은 겸손함이 아니라, 그의 사회적인 위치와 "왕의 사위"라는 정치적 입지에 관한 관심을 대변한다.

사울과 다윗, 그들 양 진영을 둘러싸고 일어나는 정치적 음모와 술책 중심에서 미갈은 '정치적 수단', '올무'로 이용된다. 사울은 '다윗을 향한 미갈의 사랑'을 자신의 정치적 목적을 이루는 수단으로 이해했고, 다윗을 제거하기 위한 '사냥꾼의 덫'으로 이용한다. 설상가상으로 다윗은 미갈을 '올무'로 이용하여 자신을 제거하고자 하는 사울의 계획을 역이용한다. 다윗 또한 미갈을 '올무'로 역이용하여 그의 정치적 목적, 왕의 사위로서의 위치를 확보한다.[15] 미갈은 자신의 사랑이 사울과 다윗에 의해 권력을 위한 정치적 수단으로 이중적으로 희생이 되고 있다는 것을 자신의 삶으로 폭로하고 있다.

2) 미갈의 용기와 사울의 뒤틀림(삼상 19:11-17)

사무엘상 19장은 세 개의 독특한 사건들(1-7절, 8-17절, 18-24절)로 이루어져 있다. 다윗과의 팽팽한 경쟁구도 속에서 사울은 스스로 창을 던져 다윗을 죽이려는 시도가 무산되자, 세 번의 살해를 시도한다. 사울의 첫 번째 살해계획은, 다윗을 보호하려는 요나단의 노력으로 중단된다(1-7절). 사울은 두 번째 살해를 계획한다. 다윗의 집으로 군사를 보내어 다윗을 죽이려는 것이 그의 두 번째 살해계획이었다. 그러나 사울의 살해계획을 인지한 다윗의 아내 미갈은 다윗을 창으로 달아내려 도망하게 한다. 이로써 다윗은 위기를 모면한다(8-17절). 사울의 세 번째 살해계획은 라마 나욧에 있는 사무엘에게로 도피해 있는 다윗을 죽이려는 시도였다(18-24절).

이 본문에서 미갈은 사울과 다윗의 첨예한 갈등과 대립 속에 등장한다(8-17절). 사무엘상 19장 8-17절에서 보고하고 있는 것처럼, 사울은 다윗을 죽이기 위해 그의 집으로 암살단을 보냈다. 이때 미갈은 아버지 사울의 살해계획을 알고 다윗의 도망을 돕는다(삼상 19:17).

왜 미갈은 다윗을 도운 것일까? 우리는 미갈의 행위를 어떻게 해석할 수 있을까? "사울은 주님께서 다윗과 함께 계시다는 것을 알았고, 자기 딸 미갈마저도 다윗을 사랑하는 것을 보고서"(삼상 18:28)라는 사무엘서 편집자의 기록처럼, 다윗을 사랑해서일까? 아니면 엑섬(J. Cheryl Exum)의 평가처럼, '정치적 자율성의 부족' 때문이었을까? 미갈이 여성이기 때문에 정치적인 문제에 스스로 결단을 내릴 수 없었고 다윗에게 이용당하게 된 것일까?

다윗을 살린 미갈의 행위를 해석하기 위해서 사무엘상 18장과 사무엘상 19장의 유기적 관계를 분석할 수 있다. 사무엘상 18장은 사울 자녀들의 다윗을 향한 사랑을 묘사하고 있다. 요나단은 다윗을 자신의 생명처럼 사랑하고, 미갈도 다윗을 사랑한다. 스톨쯔(P. Stolz)는 사무엘상 18장에 나타나는 요나단과 미갈의 다윗을 향한 사랑이, 사울과 다윗의 갈등이 다시 표면화되는 위험한 상황 속에서 '어떻게 입증될 수 있을까'를 보여주고자 하는 것이 사무엘상 19장을 구성하게 된 배경이라고 설명한다. 그리고 사무엘서 편집자는 이 특성을 분명히 식별할 수 있는 전승들을 사용한다.16

첫 번째 사건(1-7절)은 요나단이 사울로부터 다윗을 보호하는 상황을 이야기하고 있다. 사울이 공공연하게 그 아들 요나단과 그 모든 신하에게 다윗을 죽이라고 말한다. 요나단은 한편으로는 그의 아버지를 따라야 하고 한편으로는 그의 친구를 지켜야 하는 갈등에 직면한다. 그러나 그는 전혀 주저함 없이 사울의 살해 위협을 다윗에게 경고한다(2-3절). 그리고 요나단은 사울 왕에게 다윗이 있음으로 해서 그가 얻은 이익을 상기시킨다. 생활질서의 기본률 가운데 하나인 동해보복으로 사울을 설득한다.17

두 번째 사건(8-17절)은 요나단과 같은 상황에 직면한 미갈의 경험을 이야기하고 있다. 미갈은 남편을 살리기 위해서 그의 도망을 도와야 하는지 그의 아버지를 따라야 하는지에 대한 딜레마에 직면한다.18 그러나 미갈은 남편 구출하기로 결정한다. 그의 구출 작전은 유명한 민담 모티프, 여호수아 2장 15절의 이스라엘 정탐꾼을 도와주는 '도주 사화'와 연결된다.

두 개의 사건을 통해서 알 수 있듯이, 요나단과 미갈이 다윗을 도운 것은 다윗을 사랑해서였다. 엑섬의 평가처럼, 미갈이 다윗을 살린 것은 여성으로서 '정치적 자율성의 부족' 때문이 아니었다. 미갈이 여성이기 때문에 정치적인 문제에 스스로 결단을 내릴 수 없었고 다윗에게 이용당하게 된 것도 아니었다. 다윗을 도운 요나단의 우정이 아름다운 우정의 모델로 평가되며 칭송되고 있는 것처럼, 미갈의 선택은 옳았고,19 미갈의 부부애 또한 칭송되어야 한다. 미갈 행적에 대한 평가와 이해가 새롭게 되어야 한다.

이후 사울은 미갈을 갈림 사람 라이스의 아들 발디에게 주었다 (삼상 25:44). 성서는 사울이 왜 다윗의 아내 미갈을 발디에게 보냈으며, 발디가 어떤 인물인지에 대해서는 침묵하지만, 우리는 사울의 의도를 충분히 읽어낼 수 있다. 다윗은 미갈을 통해서 왕족에 소속될 수 있었고, 사울은 미갈을 통해서 다윗을 사울 왕가에서 파문시켰다. 다윗은 더 이상 '왕족'이라고 주장할 수 없다. 즉 이 사건을 통해서 다윗은 이제 이스라엘 왕족에서 완전히 제외된다. 사울의 딸 미갈을 통한 왕권의 정당성을 상실한 사건이다. 동시에 미갈이 사울에 의해 정치적 수단과 희생물로 이용되고 있는 사건이기도 하다. 사울은 다윗을 보호하고자 하는 요나단의 노력에 살인행위의 휴지기간을 갖는다(삼상 19:6-7). 이와는 달리 다윗을 살린 미갈의 행위에 대한 사울의 대가성 행위는 잔혹하다(삼상 19:6-7). 아버지가 딸을 자신의 정치적 목적에 의해 결혼을 가장하여 이용하고 또 거듭 정치적 목적으로 이용함으로써, 가부장적인 남성 중심적 사회에서 미갈의 인권이 유린되고 있음을 보여주고 있다.[20]

3) 미갈과 리스바에게 가해진 추행(삼하 3:12-16)

사무엘하 3장은 사울 왕조의 몰락과 다윗 왕조의 흥왕을 명시하는 것으로 시작한다: "사울 집안과 다윗 집안 사이에 전쟁이 오래 계속되었다. 그러나 다윗 집안은 점점 더 강해지고, 사울 집안은 점점 더 약해졌다"(1절). 이렇게 시작한 사무엘하 3장 전반부(1-21절)는 사울의 후궁 리스바를 범하는 사건과 다윗이 라이스 사람 발디의 아내 미갈을 빼앗아 소유하는 사건으로 이루어져 있다. 두 사건을 어떻게 해석할 수 있을까?

사무엘하 3장의 시간적 배경은 사울의 죽음 이후, 이스라엘이 마하나임을 거점으로 한 이스보셋 왕국(삼하 3:8)과 헤브론을 거점으로 한 다윗 왕국으로(삼하 3:11) 분열되어, 서로 대립하고 전쟁을 행했던 때였다(삼하 3:6). 이스라엘의 존속을 위해 이스보셋은 아브넬의 도움을 필요로 했다. 이스보셋 왕국에서는 아브넬의 세력이 점점 커져갔다. 군사력으로 이스라엘의 실권을 장악한 아브넬은 사울의 후궁 리스바를 범하고 이 사건으로 이스보셋 왕과 대립하게 된다(삼하 3:8-10). 사울의 후궁 리스바 사건을 놓고 아브넬과 이스보셋의 대립은 정치적인 이유에 근거하고 있다. 선왕의 비나 후궁들을 소유하는 것은 왕위를 요구하는 것과 같다고 할 수 있기 때문이다(참조 삼하 16:21-22; 왕상 2:13-25).21 아브넬이 사울의 후궁 리스바를 범하는 사건은 왕의 권위에 도전하는 것을 의미하며 권력 쟁취를 위한 움직임과 직접적인 관계가 있다. 이는 당시 정황으로 보면 왕위를 자신이 잇겠다고 선언하는 사건과 동일하다.22 결국 이스보셋과 대립하게 된 아브넬은 이스보셋 왕에 대한 반역을 꾀한다.

그동안 다윗은 어떻게 그의 정치적 자리를 구축하고 있었을까? 그 사이 무슨 일이 일어나고 있었을까? 다윗은 이미 유다의 왕이 되고 아비가일과 결혼(삼상 25:40)함으로써 유다 지방, 특히 헤브론에 대한 통치의 정당성을 얻음으로써 사울 왕권에 도전할 정치적 교두보를 굳혀가고 있었다.

아브넬은 다윗에게 사람을 보내어 이스보셋 왕국을 넘기겠다고 제안한다. 다윗에게 아브넬의 제안은 북쪽을 흡수할 수 있는 절호의 기회였다. 이때 다윗은 아브넬에게 미갈을 요구한다(삼하 3:14). 다윗이 사울의 딸이자 자신의 아내였던 미갈을 자기에게로 돌려보내라고 요구한 것은, 미갈을 이용하여 사울 왕의 사위로서 위치를 회복하고, 사울 왕위 계승권을 주장하기 위한 정치적 의도였다. 다윗은 북쪽에서 왕권의 정당성을 되찾고자 미갈을 이용한 것이다. 다윗은 아브넬로부터는 이스라엘 영토를 넘겨받고(삼하 3:12-13) 미갈을 통해서는 그의 왕권의 정당성을 확보하고자 한다.

이 사건에서 미갈의 남편 라이스 사람 발디는 울며 바후림까지 미갈과 함께 왔다(삼하 3:16). 이들의 헤어짐을 언급하고 있는 발디의 연민은 성서 이야기에서 보기 드문 경우이다. 그러나 아브넬의 명령으로 그는 돌아간다. 사무엘기 편집자는 미갈과 발디의 비극을 충분히 통찰하고 있지만, 두 씨족 간의 결합인 결혼에서 개인의 감정이 집단의 이익과 배치될 때 이를 철회하는 것으로 처리한다. 미갈은 자신을 정치적 수단으로 이용하는 다윗과 아브넬의 불의에 저항할 수 있었을까? 안타깝게도 미갈이 다윗과 결혼과 파혼 그리고 다시 다윗의 아내가 되기까지 미갈의 행보와 심경에 관하여 보고하고 있는 본문을 우리는 신명기 역사서 그 어디에서도 읽을 수 없다.

다윗이 이미 라이스 사람 발디의 아내가 된 미갈을 요구하는 행위는 미갈이 다윗에 의해 정치적 수단과 희생물로 규정되고 이용되고 있는 사건이다. 다윗 왕조는 통치 정책에서 여성을 권력을 위한 수단으로 이용하는 데 망설임이 없다(삼하 15:16; 16:21; 20:3). 사울 왕조의 몰락의 끝자락에서 아브넬의 정치적 반역은 사울의 후궁 리스바를 범하는 사건이 중심으로 자리한다. 그리고 다윗 왕조의 출발점에 다윗은 라이스 사람 발디의 아내 미갈을 빼앗아 소유한다. 사울 왕조의 몰락과 다윗 왕조의 출발점에 동일하게 여성의 성과 인권이 정치적 목적에 유린당하는 상황이다.

4) 다윗과 미갈의 논쟁(삼하 6:12-13)

사무엘하 6장은 두 개의 신학적 주제—예루살렘으로 법궤를 들여오는 사건(1-15, 17-19절)과 미갈과 다윗의 논쟁사건(16, 20-23절)—으로 이루어져 있다. 사무엘하 5장은 다윗이 북쪽 이스라엘 사람들과 계약을 맺고 이스라엘 사람들이 다윗을 자기들의 임금으로 기름부었다는 이야기로 시작한다(1-3절). 사무엘하 5장이 정치의 중심으로서 예루살렘에 초점을 맞춘다면, 6장은 '어떻게 그 도시가 다윗왕조의 종교 중심지가 되었는가'를 다룬다. 그리고 예루살렘으로 법궤를 들여옴으로 이 목적이 달성되었다는 점에 초점이 맞추어진다. 다윗은 북쪽 지파들의 가장 존경받는 예배의 상징인 법궤를 예루살렘으로 들여옴으로써 이 목적을 달성하기를 원했고, 이로써 새로운 수도에 대한 이스라엘의 종교적 충성도 확보한다. 법궤와 함께 북쪽 이스라엘의 종교 전승이 합류되면서, 예루살렘은 이스라엘과 유다를 하나로 묶는 종교적 통합의 유일한 구심점이 되었다.

여기서 미갈의 이야기는 다윗 등극 설화의 전체의 이야기를 관통하여 흐르고 사울 가문의 배척이라는 주제로 다시 언급된다. 법궤를 예루살렘으로 들여오는 날(삼하 6:16-20), 춤을 추다 옷이 흘러내린 다윗을 본 미갈은 그를 업신여긴다(삼하 6:16). 미갈과 다윗의 갈등에 관하여 선행연구사는 '성적인 추태'에 대한 위신 추락, 혹은 '남편의 체면의 손상', '부부간의 갈등'의 문제로 축소하여 이해한다. 앤더슨(A. Anderson)은 이 상황을 다윗이 춤추는 동안 팬티가 벗겨졌을 가능성을 시사한다.

다윗은 전형적인 사제 의복인 에봇을 입고 있었다(삼상 2:18; 6:14). 구약성서의 율법 규정들이 사제들의 벌거벗은 모습이 예배 때 드러나지 않도록 분명하게 해야 함을 말하고 있다(출 20:26). 제의 시 벌거벗은 모습은 비정상적이었다. 고대 근동의 제사 형식에서 사제의 모습이 자료들을 통해서 입증되는 것처럼, 벌거벗음은 일반적으로 가나안 사람들의 행동양식과 관련이 있다. 스톨쯔는 다윗의 행동방식은 지파 문화의 가치와 사고방식을 갖고 있었던 초기 이스라엘 사람들에게도 눈엣가시였고 미갈도 이해하지 못했다고 지적한다. 여기서 미갈은 다윗이 제사 임무를 수행하는 방식 때문에 그를 멸시한다고 이해한다. 앤더슨 역시 미갈의 행위를 보수적인 입장과 교만에서 비롯된 것으로 규정한다. 클라인즈(David J. A. Clines)는 옷이 벗겨져 맨살을 드러냄으로써 위신을 추락시켰다고 보면서, 미갈의 반응을 이에 대한 비난으로 분석한다.

또 다른 연구의 경향은, 이 사건에서 미갈에 관한 표현이 '다윗의 아내'가 아니라 '사울의 딸'이란 수식어를 사용하고 있다는 점에 주목한다.23 다윗은 아브넬에게 협상의 조건으로 미갈을 요구할 때에, '사울의 딸 미갈을 데리고 오시오'(3:12)라고 말한다. 법궤를 옮기는 이야기에서도 동일하다. 사무엘서 편집자는, "사울의 딸 미갈이 창 밖을 내다보다가"(삼하 6:16), "사울의 딸 미갈이 다윗을 맞으러 나와서"(삼하 6:20), "사울의 딸 미갈은 죽는 날까지 자식을 낳지 못하였다"(삼하 6:23) 등 '사울의 딸 미갈'이라는 표현을 사용하고 있다. 그러므로 엑섬은 이 표현을 통해서 미갈은 다윗에게 왕권의 정당성을 말해줄 수 있는 정치적 수단이었다는 것을 추정한다.

이 연구의 포커스는 이스라엘과 유다의 전승을 하나로 묶는 종교적 통합을 확보하고자 하는 법궤 이동 사건 속에 나타나는 다윗과 미갈의 첨예한 대립과 갈등의 신학적 의미에 맞추어진다. 춤을 추다 옷이 흘러내린 것을 비난하는 것에서 시작된 미갈과 다윗의 갈등은 '왕권 정당성에 관한 논쟁'으로 발전된다고 볼 수 있다(삼하 6:20). 자신을 비난하는 미갈에게 다윗은 "그렇소. 내가 주님 앞에서 그렇게 춤을 추었소. 주님께서는, 그대의 아버지와 그의 온 집안이 있는데도, 그들을 마다하시고, 나를 뽑으셔서, 주님의 백성 이스라엘을 다스리도록, 통치자로 세워 주셨소. 그러니 나는 주님을 찬양할 수밖에 없소. 나는 언제나 주님 앞에서 기뻐하며 뛸 것이오"라고 반응한다(삼하 6:21). 미갈의 비난에 대한 다윗의 반응은 이들 논쟁의 중심에 다윗의 정치적 입지에 대한 정당성의 문제가 첨예한 갈등으로 자리하고 있다는 것을 알 수 있다. 21절에서 사울을 무시하는 '네 아버지'에 관한 비난으로 시작한 다윗은, 하나님의 선택 강조한다(참조: 삼상 10:24; 16:8-10). 다윗이 미갈에게, 야웨가 미갈의 아비와 그 온 집을 버리고 자신을 택하고 이스라엘의 주권자를 삼았다는 것을 확인시키는 상황은, 사울 가문의 배척을 시사하며,24 다윗과 미갈과 정치적 대립구조를 부각시킨다. 미갈의 저항에 다윗은 사울 왕조로부터 자신의 왕조의 독립과 사울 왕조의 몰락을 선언하고 있다.

그러므로 우리는 여기서 역추론하여, 미갈의 비난을 '성적인 추태'에 대한 위신 추락, 혹은 '남편의 체면의 손상', '부부간의 갈등'의 문제로 축소시킬 수 없다는 것을 어렵지 않게 알 수 있다. 미갈은 다윗을 사랑했었고 그의 생명을 구했으나, 다윗의 부재 시 사울의 정치적 목적으로 인해 강제적인 다윗과의 파혼·발디(삼상 25:44)와 결혼을 해야 했다. 그리고 이제 다윗은 그의 권력을 향한 집착과 왕권의 정당성이라는 명분 앞에, 미갈에게 발디와의 강제적인 파혼·자신과의 재결합을 강행했다.25 미갈은 자신을 정치적 수단으로 이용하는 다윗의 불의에 침묵하지 않는다. 미갈은 정치적 수단으로 결혼과 파혼 그리고 다시 다윗과의 재결합이 진행되기까지의 횡포와 폭행을 자행하는 다윗의 굴절된 정치적인 행위를 고발한다.

법궤를 예루살렘으로 옮기는 날 다윗과 벌이는 논쟁에서, 미갈은 가부장적인 사고와 체제를 부정하고 스스로의 생존 권리를 가지고, 정치적 수단으로 자신을 희생시키는 다윗을 향해 자신의 목소리를 높이고 있다. 그는 다윗 앞에서 자신의 자율성을 행사하고 있다. 인권을 유린하는 기형적 권력에 대한 욕망과 방법으로 세워지는 다윗의 왕조와 그 중심에 폭군으로 서 있는 다윗을 폭로하고 있다.26 그는 다윗의 권력의 모순과 부조리를 고발하고 저항하는 실천적 행위의 여성으로서 자신의 삶의 주인공이었다.

이후 "이런 일 때문에 사울의 딸 미갈은 죽는 날까지 자식을 낳지 못하였다"(삼하 6:23)라는 보고로 미갈이 이야기는 막을 내린다. 사무엘하 6장에서 미갈이 다윗을 비난하는 표현에 사용된 단어는 '바짜'(בזה, 무시하다)이다. 이 단어는 사무엘서에서 신학적으로 중요하게 사용된다. 로이(Rowe)는 사무엘서에 나타나는 '바짜'를 상호텍스트성(intra-textual)으로 분석하기 위해서 사무엘서에 동일한 범주로 각각 나타나고 있는 본문에 집중하며(삼상 2:30; 10:27; 17:42 삼하 6:16), 이 본문에서 '업신여김'의 기능은 모든 경우 상응한 대가, '거부됨', '나쁘게 됨', '죽음 당함'을 받는다고 주장한다.27 이처럼 로이(Rowe)는 본문 분석을 통해서, 사무엘기 편집자가 사울의 딸 미갈이 죽는 날까지 그에게 자식이 없었던 이유를 미갈의 비난의 결과로 표현하고 있다고 설명한다.[28] 사무엘하 6장 23절의 표현은 상징적으로 미갈의 죽음을 의미한다.[29] 미갈이 다윗의 대한 대답을 거부함으로 더 이상 미갈의 이야기가 나타나지 않는다.[30] 미갈에게 자식이 없다는 것은 사울 가문이 하나님의 백성을 다스릴 왕권에 이제 더 이상 참여하지 못하고 왕조의 약속에도 그 몫이 없다는 것을 뜻한다.[31] 인권을 유린하는 다윗의 기형적 권력에 대한 욕망을 폭로한 미갈은 그렇게 그의 삶으로 저항했다.

3. 나가는 말

사무엘서에 나타나는 미갈의 삶을 들여다보았다. 사울도 그리고 다윗도 정치적 야심과 권력에 대한 병적인 열망으로 인해, 미갈의 삶과 사랑을 수단과 도구로 이용한다. 미갈은 이러한 현실 속에서, 실존적 생존의 위협을 몸으로 체험하며 저항한다.

다윗을 죽이려는 사울의 살인 계획을 알게 된 미갈은 다윗을 창으로 달아내려 도망시켜 살린다(삼상 19:8-17). 미갈은 사울과 다윗의 갈등이 다시 표면화되는 위험한 상황 속에서 다윗의 생명을 구함으로 그의 사랑을 입증한다. 불의한 권력에 대한 미갈의 저항은 엑섬의 평가처럼, 미갈이 다윗의 아내로서 자기 아버지를 배신한 것이 아니다. '정치적 자율성이 부족'한 사람이었기 때문도 결코 아니었다. 더욱이 미갈이 여성이기 때문에 정치적인 문제에 스스로 결단을 내릴 수 없고 이용한 당한 것도 아니었다. 미갈은 다윗을 살해하려는 사울의 병적인 집착을 차단함으로 각성된 의식을 실천하는 여성으로서의 삶을 드러낸다. 미갈은 위험과 비난을 감수하고 다윗의 생명을 사울로부터 구하는 실천적 행위를 통해서, 비뚤어진 권력구조에 저항한다. 그러나 사울은 다윗을 보호하고자 하는 요나단의 노력에 살인행위의 휴지기간을 갖는 것과는 달리, 다윗을 살린 미갈의 행위에 대한 사울의 대가성 행위는 잔혹했다(삼상 19:6-7). 아버지가 딸을 자신의 정치적 목적에 의해 결혼을 가장하여 이용하고 또 거듭 정치적 목적으로 이용함으로써, 가부장적인 남성 중심적 사회에서 미갈의 인권이 유린되고 있다. 그러나 미갈은 자신의 삶으로 이를 폭로하고 저항하고 있다.

다윗이 이미 라이스 사람 발디의 아내가 된 미갈을 요구하는 행위는 미갈을 정치적 수단과 희생물로서의 규정하고 이용하는 사건이다. 다윗 왕조는 통치 정책에서 여성을 권력을 위한 수단으로 이용하는 데 망설임이 없다(삼하 15:16; 16:21; 20:3). 특별히 사무엘하 6장에서 다윗을 비난하는 미갈의 행위는 정치적 수단으로 자신을 희생시킨 다윗과 그의 굴절된 권력에 대한 저항이었다. 가부장적 남성 중심적 거대한 사회구조 속에서 인권을 유린하는 다윗과 그의 기형적 권력에 대한 욕망을 고발한다. 다윗의 왕조과 그 중심에 폭군으로 서 있는 다윗에게 미갈은 저항하며 논쟁하고 있다. 다윗과 미갈의 논쟁은 미갈이 여성으로서 집 안에 있어야 하는데 집 밖으로 나와 남성세계에서 남자의 권위에 도전한 결과 수모를 당하는 사건이 아니다. 다윗과 미갈의 논쟁은 미갈이 가부장적인 제도에 적응하지 못한 것도, 남편의 권위에 도전한 일도 아니다. 미갈의 논쟁은 권력을 위해 자신을 재차 정치적 수단으로 사용하는 다윗의 파렴치함과, 자신의 삶에 폭력을 가한 다윗을 고발하는 저항, 굴절된 권력에 대한 저항이었다. 그러므로 미갈에 대한 해석은 수정되어야 한다.

다말과 권력형 성폭력 (삼하 13장)

이은애

Amnon and Tamar, Roman school, 17th century

"이런 악한 일을 내게 하지 마세요."

1. 들어가는 말

공동체에서 발생하는 폭행, 강간, 살인, 전쟁 등의 다양한 폭력은 권력과 밀접하게 관계되어 있다. 권력에 대한 가장 직관적인 설명은 사람, 집단, 국가 등 주체 간의 관계로서의 권력이다.[1] 즉 권력은 우월한 주체가 종속된 주체로 하여금 원하지 않는 구체적인 행동을 하게 하는 '지배하는 힘'이다. 뿐만 아니라 우월한 주체에게 불리한 쟁점을 미리 없애버리거나 둘 사이의 관계에서 대립과 분쟁을 차단하는 것 또한 권력의 범주 안에 포함된다. 모든 권력에는 보이거나 보이지 않는 폭력이 작용하고 있는 것이다.

고대 이스라엘 사회에서 권력은 아버지와 남성 중심의 가부장 사회구조와 질서를 기초로 한다. 아버지는 가족을 대표하며 중요한 일을 결정하는 권위를 가지며 그가 가진 권력은 아들들에게 분배된다. 아내와 딸은 소유물이고 재산으로 생각되었으며 여성들에 대한 다양한 권한들은 아버지, 남편, 혹은 남자 형제들에게 주어졌다(창 34; 출 22:15이하; 신 22:28이하 등).

가부장제를 기초로 한 권력은 이스라엘의 왕정의 시작과 함께 제도적 권력으로 강화된다. 이스라엘 역사에서 왕을 요구하는 이스라엘 백성들에게 한 사무엘의 '왕의 제도'(삼상 8:9)에 대한 경고(삼상 8:10-18)는 왕권에 대한 강력한 비판을 보여준다. 왕의 제도는 반봉건적인 가나안의 지배구조에 기초하고 있는 것으로2 사무엘은 왕을 '취하는 자'로 묘사한다. 왕은 세금과 토지 압수, 징병, 강제 노동 등을 통해서 백성들로부터 '취할 것/빼앗을 것'(라카흐, לקח 삼상 8:11, 13, 14, 16)이고 결국 백성들은 '그의 종이 될 것이다'(삼상 8:17). 왕과 백성의 관계를 주인과 종의 관계로 묘사하는 것은 왕권 제도의 폭력성을 가장 분명하게 나타내준다. 또한 이스라엘 백성이 선택한 왕으로 말미암아 부르짖어도 하나님은 응답하지 않으실 것이다(삼상 8:18). 부르짖음(자아크, זעק)은 이스라엘이 이집트에서 노예생활의 고통 때문에 하나님께 도움을 요청하는 행위(출 2:23)이다. 그러나 이제 이스라엘이 요구하는 왕의 제도가 그들을 다시 노예로 만들 것이고 그들은 고통 중에서 부르짖어도 하나님은 더 이상 구원하지 않으시리라는 경고인 것이다.

이와 같은 경고 위에 세워진 이스라엘의 왕국은 다윗 시대에 이르러 비로소 왕국으로서의 면모를 갖추게 되었다. 강력한 왕국의 형성은 대내적으로 국가질서의 안정과 번영을 가져오게 했고 대외적으로는 외적의 침략을 방어하거나 외교적 관계에서 유리한 위치를 차지하도록 하였다. 그러나 다른 한편, 중앙집권적인 강력한 왕권은 아버지, 남성, 연장자의 권위를 우선하는 가부장적 질서와 제도 위에서 이루어진 것이었고, 정치적 왕족이나 귀족 등 새로운 사회계층이 생겨남으로 인해서 경제적 빈부의 격차나 지파 간의 갈등 등의 부작용을 낳았다. 사실 강력한 왕권을 중심으로 한 지배체제는 전쟁과 폭력과 살상 위에 세워진 것이며 왕국의 제도적 질서 안에서는 또 다른 폭력과 살인이 반복해서 일어나고 있음을 성서는 기록하고 있는 것이다.

이러한 맥락에서 구약성서의 성폭력 사건은 부권이나 왕권이라는 권력과의 관계 하에서 그리고 피해자인 여성의 입장에서 읽고 해석되어야 할 필요가 있다. 이것은 오늘날 우리 사회 곳곳에서 #미투 운동으로 드러난 각종 성범죄 사건들 중 특히 권력에 의한 성폭력에 대해 성서의 교훈과 메시지를 제시할 것이다.

사무엘하 13장의 다윗의 딸 다말의 성폭행 사건은 강력한 왕권을 이룬 다윗 시대에 그의 왕궁 안에서 벌어진 가족 간 성폭력이 부권적, 제도적 권력을 바탕으로 한 권력형 성폭력 사건임을 적나라하게 드러내준다. 성폭행 가해자뿐 아니라 남성 중심의 권력이 한 여성의 몸과 정신 그리고 그 인생 전체를 파괴하는 크고 잔인한 폭력을 어떻게 가능하게 하는지 보여줄 것이다. 이 사건은 한편으로는 인간 권력의 악함과 어리석음과 한계를 적나라하게 드러내고, 다른 한편으로는 야웨 하나님의 유일한 왕권을 주장하는 성서 기자의 교훈적, 비판적 메시지를 분명하게 드러나게 할 것이다.

2. 다말 이야기(삼하 13:1-22)의 문학적 맥락

다말 이야기는 소위 '다윗의 왕위 계승사'(삼하 9장-왕상 2장) 안에 위치해 있다. '다윗의 왕위 계승사'는 다윗 왕국의 성장과 발전 그리고 솔로몬에게로의 왕위계승을 서술하고 있는데 이것은 솔로몬의 왕위 등극의 합법성과 정통성을 신학적으로 증명하기 위한 의도를 가진다.3 이 '다윗의 왕위 계승사' 안에서 다말 이야기(삼하 13:1-22)는 주로 왕위 계승권을 놓고 벌이는 장남 암논과 차남 압살롬 사이의 대결구도 안에서 해석되어 왔다. 그러나 사무엘하 13장은 결코 암논과 다말의 '비극적인 러브스토리'가 아니며 또한 다말에 대한 암논의 행동을, 압살롬을 견제하는 심리적, 정치적인 배경에서만 설명한다든지 사건 뒤에 이어지는 압살롬의 반란이나 압살롬의 왕위계승에 대한 정치적, 윤리적 비합법성의 전제로만 이해해서는 안 된다. 다윗의 왕궁에서 다윗의 많은 아내들에 의해 태어난 이복 자녀들 사이에서 발생한 이 비극적인 성폭력 사건은 남성 중심적, 공동체 중심적 해석이나 은유적 해석에서 벗어나 피해자 여성 중심으로 다시 서술되고 해석되어야 한다. 그 보도는 이스라엘 역사 속에서 왕정과 다윗 왕권에 대한 비판적인 관점을 드러내고 이스라엘 왕정의 부정적인 결말을 설명할 수 있는 실마리가 될 것이다. 또한 이 사건은 부권적 가족제도 하에서 여동생이며 딸인 여성이 처할 수 있는 폭력적이고 위험한 상황을 적나라하게 드러내게 될 것이다.

다말 이야기는 다윗 왕정 가운데 밧세바에 대한 다윗의 성폭력 사건(삼하 11장)과 연결되면서 여러 아들들 사이의 세력 다툼과 왕위 쟁탈전의 중심사건을 이룬다. 즉 셋째 아들인 압살롬이 왕위 계승자인 암논을 죽인 이유를 제공하고 후에 압살롬이 반역하여 스스로 왕위에 오를 수 있는 배경으로 위치해 있다. 밧세바 사건으로 시작된 다윗 왕권의 성적 타락은 가족 내 성폭력, 형제 살해, 친부 축출 등 계속적인 극한 범죄로 이어진다. 다윗은 밧세바 사건을 통해서 하나님으로부터 '받는 자'의 위치에서 백성들로부터 '빼앗는 자'(삼상 8:14-17)가 되었다. 다윗이 우리아의 아내 밧세바를 '빼앗는' 죄에 대하여 하나님은 '영원토록' 다윗의 집에 칼부림이 떠나지 않을 것(삼하 12:10)이라는 심판을 내린다. 다윗이 칼로 우리아를 친 것처럼(삼하 12:9) 하나님이 칼로 그의 집안을 치신다는 것이다. 이것은 다윗과 그의 자손들에게 이스라엘을 '영원토록' 다스리게 하겠다는 하나님의 약속(삼하 7:4-17)을 위협하게 된 것이다. 다윗이 우리아를 죽이고 난 뒤 '칼은 이 사람이나 저 사람이나 삼킨다'(삼하 11:25)고 우리아의 죽음을 합리화했는데 이제 그 칼은 다윗의 집안을 향해 있고 결국 다윗의 아들인 암논과(삼하 13:28-29) 압살롬이 차례로 죽임을 당하고(삼하 18:14-15) 다른 아들 아도니야까지 칼에 맞아 죽임을 당하는 일(왕상 2:25)로 이어진다. 요담의 우화(삿 9:7-15)에서처럼 왕정의 권력은 마치 불을 내뿜는 가시나무같이 백성에 대한 억압과 학대 등의 폭력을 동반하는 것이며, 아버지 기드온의 아들들이자 자신의 형제들 70명을 죽이고 스스로 왕위에 올랐던 아비멜렉(삿 9:5-6)의 경우처럼 왕정은 형제 살인과 성읍 주민들의 대량 학살(삿 9:34이하) 등과 같은 폭력 위에 세워지고 유지되는 것이라고 할 수 있다.

이와 같이 사무엘하 13장 다말 이야기는 밧세바 사건과 함께 다윗 왕정의 비극적 역사의 시작을 보여주고 더 나아가 하나님의 심판으로서(삼하 12:10-13) 왕정의 궁극적인 운명에 대한 비관적인 전조라고 할 수 있다. 이 글에서는 다말 이야기 단락을 하나의 완결된 문학단위로 보고, 사건의 중심에 있으나 많은 해석에서 제외되었던 성폭력의 피해자인 다말을 중심으로, 사건의 진행 과정을 따라 해석해 나갈 것이며 왕정제도와 가족관계라는 비가시적 권력 안에서 이루어지는 말과 행동, 지혜와 어리석음, 피해자와 가해자 등 서로 대립되는 두 개의 관점을 통해 이야기의 의도와 본질을 찾아내도록 시도할 것이다.

3. 다말: 왕궁 내 가족 성폭력의 생존자

다말 이야기는 다윗이 암몬 자손의 도시 랍바를 쳐서 크게 이기고 금과 보석으로 된 왕관 등의 많은 전리품을 가지고 승승장구하며 돌아오는 기사(삼하 12:26-31) 뒤에 이어진다. 사무엘하 13장은 다윗의 아들들, 암논과 압살롬 그리고 딸 다말 사이에 일어나는 일에 대하여 기록한다.[4]

1) 성적 욕망의 대상이 된 딸과 그의 남성 가족들

다말은 다윗 왕의 딸, 막강한 권력을 가진 아버지의 딸이고 공주였으며 아름다운 여성이었다. 그런데 본문은 암논과 압살롬을 다윗의 아들로 소개하지만('다윗의 아들 압살롬', '다윗의 아들 암논', 삼하 13:1) 다말은 다윗의 딸이 아니라 압살롬의 누이라고 말한다. 다말을 다윗 왕보나는 압살롬과의 관계로 설명하는 것은 압살롬과 암논의 대결구도를 설명하려는 저자의 의도로 볼 수 있지만 다윗에게 있어서 딸보다 아들들이 더 중요한 의미였음을 드러내거나 당시 가족 질서 안에서 딸보다 아들이 우선했음을 말해주는 것이기도 할 것이다. 1절에서 압살롬의 여동생 다말에 대한 유일한 설명은 '아름답다'(야파, יפה)는 것이다. 다말의 '아름다움'은 그녀의 처녀성(삼하 13:2)과 연결되어 암논을 병나게 하는 이유가 되었고(삼하 13:2) 사랑이나 결혼의 이유가 아니라 성적인 소유욕의 근거가 된다. '왕께 말하라 그가 나를 네게 주기를 거절하지 아니하시리라'는 다말의 말(삼하 13:13)이 반영하는 그 당시 관습에 의하면, 이복 남매 사이의 결혼이 불가능하지 않았던 것으로 보이기 때문이다.5

암논이 다말을 '사랑했다'(아하브, אהב)는 표현에서 '아하브'는 결혼을 의미하기도 하지만 여성을 성적 매력의 대상으로 사랑하거나 혹은 단순히 성행위를 말할 때 사용된다.6 암논이 병나게 된 것은 순수한 사랑 때문이 아니라 성적인 욕망 때문이었다는 것이다. 그가 욕망의 대상으로 삼은 사람은 그의 여동생이었고 뿐만 아니라 결혼하지 않은 처녀였다. 결혼하지 않은 다말은 가족 내에서, 특히 친오빠 압살롬의 권위 아래 특별한 보호를 받았을 것이고 그것은 암논을 괴롭혔으며 병들게 했다. 암논에게 그 여자는 사람이나 여동생이 아니었고 가지고 싶고 그와 무언가를 하고 싶은 그 무엇(something)일 뿐이었다. 그녀의 생각이나 원하는 바는 중요한 것이 아니다. 암논을 병들게 했던 그 생각은 이미 폭력과 강간의 시작이었다.

암논이 다말에게 품은 욕망을 실현하도록 도운 인물들 역시 주변 남자들이었다. 암논의 친구이자, 사촌, 즉 다윗의 형 시므아의 아들 요나답은 매우 지혜로운 자(하캄 메오드, חכם מאוד)로 묘사되어 있다. 그것은 칭찬이 아니라 교활한 책략가, 모사꾼을 떠올리게 한다. 그는 남자 사촌 암논을 위해 나쁜 계획을 세웠고 그 조언에 따라 암논은 왕이며 아버지인 다윗에게 간청했으며 다윗은 그 간청을 받아들여 다말에게 '암논의 집으로 가라'고 명령한다. 요나답은 왕이라는 절대 권력의 힘을 통해 암논의 욕망을 이룰 수 있다고 충고했으며 다윗 왕은 자신의 딸을 위험 속으로 가게 했던 것이다. 다윗의 말 '네 오라버니 암논의 집으로 가라'(7절)는 암논과 다말을 가족의 테두리 안에 넣음으로써 다말에게 품고 있는 암논의 욕정을 은폐하고 다말의 비극적인 운명을 결정한 것이다. 두 명의 남성 조력자는 남성의 입장에서 한 여성을 위험 속으로 함께 밀어 넣었다고 할 수 있다. 권력은 여성에 대한 폭력과 강간이 가능하도록 하는 가장 쉽고 강력한 수단이요 방법이다. 여성은 고대에도 현대에도 쉽게 성적 욕망의 대상이 된다. 그가 왕의 딸이고 공주여서 귀하고 높은 신분일지라도 여자의 아름다움이나 '채색 옷'(삼하 13:19, 개역개정)은 여자를 성적 대상으로 만드는 조건이 되는 것이다.

2) 다말의 지혜로운 말과 암논의 악한 행동

(1) 사건 이전: 다말의 단호하고 이성적인 거절
→ '그러나 그는 그녀의 소리를 듣지 않았다'(삼상 13:14a, 직역)

다말은 아버지 다윗의 명령에 따라 암논의 집으로 간다.7 다말이 만든 음식이 무엇인지는 분명하지 않다. 히브리어 '레비보트'(לבבות)는 하트 모양의 과자 혹은 '일종의 경단이나 푸딩'으로 번역되었는데 아픈 사람에게 치료의 효과가 있는 음식으로 이해할 수 있다.8 또는 '그 심장이 원하는 것', 즉 아픈 암논의 입맛을 돌아오게 할 그가 먹고 싶은 음식으로 해석할 수도 있다.9 브루어(Deirdre Brouer)는 아픈 암논의 기운을 차리게 하는(바라, ברה) 음식(비르야, בריה)을 만들어주는 다말의 행위가 생명을 주는 지혜의 역할(잠 3:18; 8:35; 16:22)과 일치한

다고 해석한다.10

그런데 다말은 암논이 '보는 데서'(그의 눈앞에서) 음식을 만들어 가져다주었다고 기록되었다. 다말의 '아름다움'이나 음식을 만드는 행위는 암논의 시선 앞에서 물질적인 대상으로 전락하게 한다. '그녀가 처녀였기 때문에 그녀에게 무언가 하는 것은 암논의 눈에 불가능한 것이었다'(삼하 13:2b, 직역)에서 표현된 다말에 대한 암논의 관음적 욕망은 이제 암논의 눈앞에서 실현되었다고 할 수 있다.11 다른 누군가에게 '바라보임을 당하는 것'은 타자의 시선 속에서 사물, 객체가 된다는 것을 의미하고 그렇기에 수치심을 불러일으킬 수 있다. 의식과 생각과 감정을 가진 존재로서의 인간성은 부정되고 한갓 물건으로 전락하기 때문이다. 다말에 대한 성폭력은 이미 시작된 것이다.

암논은 여기서 그치지 않고 방에서 시중드는 사람들을 나가라고 명하고12 다말에게 침상으로 와서 자기에게 직접 과자를 먹여줄 것을 요구한다. "음식물을 가지고 침실로 들어오라. 내가 네 손에서 먹으리라"(삼하 13:10a)는 암논의 요구는 앞에서 신하들에게 한 명령처럼 반드시 복종해야 할 왕자의 권력을 보여주는 것으로서 다말은 아무 말 없이 그대로 따른다. 침실에서 다른 이의 손에 있는 음식을 맛보는 것과 스킨십은 성적 관계의 친밀성을 나타내는 가장 전형적인 방법이다. 암논의 계획은 그의 권력과 관계를 통해 쉽게 실행되었다. 그리고 다말을 '붙잡고'(하자크, חזק) '나의 누이야, 와서 나와 동침하자(샤카브, שכב)'(개역), '끌어안고, 함께 눕자'(삼하 13:11, 새번역)고 말하였다. 암논은 다말에게 동의를 구하는 것처럼 말하고 있지만 사실 그는 이미 완력으로 다말을 붙잡았다. 강간은 폭력을 동반한다. 다말을 '나의 누이'라고 부르면서 '나와 동침하자'는 남자의 말은 이미 스스로 그의 범죄를 드러낸다. 그때 다말은 대답한다.

> 아니라(알, אל) 내 오라버니여, 나를 욕되게(아나, ענה)하지 말라(알, אל).
> 이런 일은 이스라엘에서 마땅히 행하지 못할 것이니
> 이 어리석은 일(네발라, נבלה)을 행하지 말라(알, אל).
>
> 내가(아니, אני) 이 수치를 지니고 어디로 가겠느냐.
> 너도(아타, אתה) 이스라엘에서 어리석은 자(네발림) 중의 하나가
> 되리라.
> 이제 청하건대 왕께 말하라 그가 나를 네게 주기를 거절하지 아니
> 하시리라(삼하 13:12-13)

다말의 대답은 단호하고 이성적이다. 그것은 명백한 거절이며 저항이다. 그는 암논을 '나의 오라버니'라고 부름으로써 그들의 가족관계를 다시 상기시키고 암논에게 부정어(히브리어 알) + 동사의 2인칭 남성 미완료태를 반복하여 사용하면서 분명히 노(No!)라고 거절하고 있으며 암논의 행동은 다말을 욕되게(아나) 하는 것이라고 말한다. 히브리어 '아나'는 억압이나 착취에 의해 인간이 파멸되고 굴종될 때 사용된다(출 1:11; 신 26:6). 엘렌 판 볼데(E. van Wolde)는 창세기 34장 2절에서 사용된 동사 피엘 형태의 '아나'가 폭력이라는 물리적 힘과 강간의 성적 행위 뒤에 따라오는 "사회적/사법적 관점에서 개인 가치의 저하 행위"를 가리키는 것이라고 주장한다.[13] 그러나 창세기 34장 디나의 경우에도 '아나'는 강압적인 강간의 상황을 보여주는 단어임이 명백하고[14] 위의 본문에서도 이 단어는 암논의 강제적 폭력

행위를 의미한다. 다말은 이어 그 폭력행위가 가져올 결과에 대해서 경고한다. 암논이 행하는 강압적인 폭력은 피해자인 다말의 인간성을 파멸할 뿐만 아니라 어리석은 일(네발라)이 될 것이다. 여기서 사용된 히브리어 '네발라'는 율법을 심각하게 여긴 행위를 의미하는 말로서 본문에서는 친족 간 성폭력이 아니라 무력에 의한 강간을 의미한다고 할 수 있다.15

13절에서 다말은 이 어리석은 일을 행함으로써 '나와 너' 두 사람에게 일어날 불행에 대해서 경고한다. '나'는 결혼할 수 있는 자격, 지위, 미래 모든 것을 잃게 될 것이다. '너' 암논 자신도 어리석은 자(나발, נבל) 중 하나가 될 것이다. 성서에서 '어리석음'(나발)은 불량하고 악하며 결국 죽음을 가져오는 것이다(삼상 25:2 이하; 잠 9:13-18). 그러니 그 어리석은 일을 행하는 것 대신에 다른 대안, 즉 아버지에게 청해서 합법적으로 정당하게 자신을 아내로 맞을 것을 제시한다. 다말은 그의 아버지를 '왕'으로 칭함으로써 왕의 강력한 권한을 상기시키고 다말에게 하려는 이 악한 일은 아버지이자 왕인 다윗에 대한 범죄가 됨을 말하고 있다고 해석할 수 있다.16 이러한 제안은 도망칠 시간을 벌기 위한 것이거나 혹은 왕족의 경우에는 친족결혼이 허용되어 있었다는 현실을 알려주는 것일 수도 있다. 어쨌든 이 모든 제안은 저항이다. 구약성서에서 여성으로 의인화된 '지혜'(호크마, חכמה)가 자신의 앞에 놓인 상황을 올바로 판단하고 옳게 행동할 뿐만 아니라 소리를 높여서 다른 사람에게도 올바른 길을 제시함으로써 어리석고 악한 길을 가지 않도록 충고한다면(잠 8:1 이하)17 다말의 이 저항은 참된 지혜 그 자체이다.18 그러나 저항하는, 거절하는, 하지만 지혜로운 그녀의 '말'은 어리석은 암논에게는 아무 소용이 없었다. 암논은 그녀의 지혜를 거절하고 강제로, 즉각적으로, 센 힘으로 다말을 취한다.

> 암논이 그녀의 말을 듣는 것을 좋아하지 않고
> 그녀보다 힘이 세므로(하자크, '그녀를 제압하여')
> 그녀를 욕보이고(아나)
> 억지로 그녀를 눕혔다(샤카브)(사역, 삼하 13:14).[19]

이 구절에서는 창세기 34장 2절과는 달리 '아나'가 '하자크'(붙잡다)와 '샤카브'(눕다) 사이에 놓여있지만 이 세 개의 단어가 함께 사용된 것은 억지로 눕히는 육체적이고 공간적인 행동을 의미하는 것으로서 명백히 강간을 의미하는 것이다.[20] 강간은 남성이 완력을 사용하여 여성을 통제하기 위한 수단이고 일종의 억압형태이며 오랜 기간 축적되어 형성된 여성을 지배하기 위한 사회적 산물이다. 여성은 언제 강간당할지 모른다는 공포심에 길들여져서 또 다른 남성 지배자를 필요로 하고 남성은 폭력으로부터 여성을 보호한다는 명목 하에 여성의 종속을 강화시키게 된다. 강간은 단지 성적 욕구에 의한 것이 아니라 약한 자에 대한 힘의 행동이고[21] 상대방을 자신의 완벽한 통제하에 두려는 욕망에 의한 것이라는 점에서 권력형 폭력의 가장 전형적인 모습인 것이다.

(2) 사건 이후: 다말의 강한 항변
→ '그러나 그는 그녀를 듣지 않았다'(삼하 13:16a, 직역)
다말을 성적 대상으로 보고 억압적, 폭력적 강간을 행한 암논은 다말을 '이것'(조트, זאת)이라고 부르며 쫓아내라고 함으로써 비인격적으로 대하고 이제 더 이상 가치 없는 물건처럼, 내버려야 하는 쓰레기로 취급한다. 암논의 마음이 급격하게 변한 것이 아니라 오히려 일관되게 다말이라는 여성을 성적 대상으로 여겼고, 그로 인해 자기 마음대로 취하고 버렸다고 할 수 있다. 이것을 심리학적 연구에서는 암논이 자기의 범죄와 마주했을 때 생기는 자기혐오로 인해서 빨리 다른 곳으로 관심의 대상을 옮기려 하는 것으로 설명한다.[22] 그는 자신의 잘못과 비난의 책임으로부터 도망치려고 하는 것이다. 또한 월터 부르그만(Walter Brueggemann)은 성적 욕망이 만족될 뿐만 아니라 자신의 것이 아닌 것을 가질 수 있는 힘, 권력에 대한 욕구가 채워졌기 때문에 마음이 변한 것이라고 설명한다.[23] 성서 본문은 "그 후에 암논이 그를 심히 미워하니 이제 미워하는 미움이 전에 사랑하던 사랑보다 더한지라"(삼하 13:15)고 말한다. 원하는 대상을 취하기 위해 사용된 힘과 권력은 이제 바로 그 대상을 미워하고 학대하기 위해 사용될 것이다. '오라, 나와 함께 눕자'(삼하 13:12)고 명령했던 암논은 이제 '일어나라, 가라'(삼하 13:15)고 명령한다. 이때에도 다말은 암논에게 항변한다. 바로 직전의 폭력적인 강간 사건 이후에도 다말의 목소리는 여전히 강하고 담대하다.

> 옳지 아니하다(있어서는 안된다. 그럴 수 없다)
> 나를 쫓아 보내는 이 큰 악(라아, רעה)은 아까 내게 행한 그 악보다 더하다(삼하 13:16).

다말은 이제 암논의 행위를 어리석을 뿐만 아니라 옳지 않고 악한 것으로 규정하지만 암논은 사건 이전에 다말의 말을 거절했던 것처럼(삼하 13:14a) 다시 한번 '그녀의 말을 듣는 것을 좋아하지 않았고'(삼하 13:16b) 다말을 쫓아내고 문빗장을 질러버림으로써 어리석고 악한 일을 행하고야 만다. 이와 같은 행위는 암논 개인의 악함이나 변덕을 의미한다기보다는 왕국시대 권력을 가진 첫 번째 왕자로서 아마도 아버지 뒤를 이어 왕위에 오를 수 있는 황태자의 권한을 전제로 한 것으로 볼 수 있다. 그에게는 왕의 딸이며 자신의 누이이기도 한, 결혼하지 않은 여성을 성폭행하고도 전혀 법적 책임을 지지 않을 뿐만 아니라 그 여자를 물건처럼 내버릴 수 있는 탈법적 권력과 비호가 있었다는 것이다. 따라서 암논의 성폭력은 단지 개인의 문제가 아니라 다윗 왕가의 타락한 권력의 문제와 결합된 권력형 폭력이라고 할 수 있는 것이다. 그것은 왕정 하에서 왕권과 연결된 초법적 권력이며 또한 가족과 친족이라는 이름의[24] 테두리 안에 내재된 강력한 권력이다.

물론 다말은 그 사회 안에서 합법적인 방법, 즉 아버지와 남성들 사이에서 이루어지는 결혼 결정권에 자신을 맡기는, 남성 중심의 가부장적 사회의 규율을 따르고자 하는 시대적 한계를 가진 여성이었다고 말할 수도 있을 것이다.[25] 그러나 성적, 감정적 욕구에 근거한 암논의 짧은 말과 대조적으로 다말의 이성적이고 합리적인 긴 설득은 급박한 상황에서도 옳은 판단과 행위를 요구하는 그녀의 지혜와 용기를 보여준다고 할 수 있다. 그러나 결국 그녀의 지혜의 말은 거절되었고 암논은 악한 일을 행함으로써 다말을 욕보였을 뿐만 아니라 자신도 어리석고 악한 자가 되었던 것이다.

(3) 사건을 드러내다: 다말의 울부짖음과 남자들의 침묵

쫓겨난 다말은 머리에 재를 끼얹고 입고 있던 채색 옷도 찢고 손으로 얼굴을 감싼 채로 목을 놓아 울면서 나왔다. 채색 옷은 아마도 색동소매의 긴 옷으로 그녀의 처녀성을 상징하는 것이기도 하고 요셉의 경우처럼(창 37:3) 왕의 딸로서 특별한 신분을 나타내는 옷이기도 하다. 채색 옷이 찢어진 것처럼 다말의 특별한 지위와 미래 또한 사라진 것을 의미한다. 머리에 재를 끼얹는 것은 애곡(욥 2:8), 회개(욥 9:3; 42:6)의 표시이고 옷을 찢는 것은 일반적으로 슬픔을 나타내는 행동이며(수 7:6; 욥 1:20; 2:12), 울부짖음(자아크)은 자신의 고통을 드러내어 탄식하는 방법이다. 자아크는 앞에서 언급한 것처럼 출애굽 당시 히브리인들이 고통을 부르짖을 때 사용한 단어이며(출 2:23) 또한 부당한 고난을 당한 자가 도움을 요청하는 법률상의 용어였다(신 22:23-29).[26] 울부짖음은 그가 속한 공동체에 법적 보호를 요구하는 가장 기본적이고 합법적인 행위라고 볼 수 있다. 그녀는 자신에게 일어난 일에 대해서 비밀스러운 일로 여기지 않았고 옷을 찢으며 울면서 암논의 방을 나섬으로써 그 사건을 드러내었던 것이다. 창세기 34장에서 강간당한 디나의 목소리를 들을 수 없는 것과는 달리 다말은 자신이 성적으로 '멸시의 대상이 되어 해를 입고 학대당하고 결국 가치 없는 것으로 폐기되었다'는[27] 사실을 슬픔의 행동과 울부짖음으로 고발하고 있는 것이다.

그러나 그 울부짖음을 들은 남자들은 침묵한다. 뿐만 아니라 그녀에게 침묵을 요구한다. 다말의 오빠 압살롬은 모든 일을 알고도 "그러나 그는 네 오라버니이니 누이야 지금은 잠잠히 있고 이것으로 말미암아 근심하지 말라"(삼하 13:20)고 말한다. 뿐만 아니라 압살롬은 누이의 일로 암논을 미워하였으나 암논에게도 잘잘못을, 즉 옳다 거나 그르다는 말을 전혀 하지 않았다(삼하 13:22). 두 번에 걸쳐 암논을 '너의 오라버니'라고 언급하면서(삼하 13:20) 가족의 테두리 안에서 성폭력의 피해자 다말에게 침묵을 요구하고 범죄를 최소화하며 암논을 감싸고 있는 것이다.28 앤더슨(A. Anderson)은 당시의 상황을 현실적으로 판단하였고 이 사건이 가족 내의 사건이며 율법의 규정대로(출 22:16-17) 한다고 하더라도 암논 자신에게는 아무런 처벌도 내려질 수 없었기 때문에 창세기 34장의 시므온과 레위처럼(창 34:30-31) 자신의 손으로 직접 법을 집행하겠다고 결심했을 것이라고 추측한다.29 실제로 성서의 기록에 의하면 만 이년 후 압살롬은 암논을 자신의 집으로 초청하고 자신의 종들에게 명하여 술 취한 암논을 죽이게 한다. 함께 간 다른 왕의 아들들을 다 죽이지 않고 암논만 죽인 것은 암논이 다말을 욕보였기 때문에 그에 대한 복수로 행한 일이라고(삼하 13:32), 시므아의 아들 요나답의 입을 통하여 설명한다. 그러나 압살롬이 암논을 죽인 것은 순전히 사적 복수 때문이었다고 말할 수는 없을 것이다. 복수를 명목으로 하는 정치적인 의도가 있었음이 틀림없다. 왕의 맏아들로서, 아버지의 뒤를 이어 왕위에 오를 암논의 제거는 압살롬에게 있어서는 막강한 정치적 경쟁자를 제거한 것이고 그 의도는 결국 압살롬이 스스로 왕위에 오르는 것으로(삼하 15장) 가시화된다.

   아버지 다윗 또한 다말이 당한 이 비극적인 사건에 대해 침묵한다. 그는 이 소식을 듣고 크게 분노했지만 다른 행동이 뒤따르지 않는다. 나중에 큰 아들 암논의 죽음(삼하 13:31, 36)과 심지어 자신을 반역했던 압살롬의 죽음(삼하 18:33; 19:4)에 통곡했던 다윗의 모습과는 너무 대조적으로 나타난다. 마소라 본문에는 없지만 칠십인역(그리고 쿰란사본A)은 다음 내용을 보충한다. "그러나 암논이 장자이기 때문에 다윗이 그를 사랑하여 암논의 못된 짓[문자적으로는 마음]을 저지하지 않았다."30 장자인 아들에 대한 사랑은 딸이 당한 고통과 부르짖음에 침묵하게 만들었던 것이다. 그의 침묵은 왕의 의무인 '정의와 공의'(삼하 8:15)에 역행하는 것이라고 할 수 있다.

자신의 누이동생을 성적 대상으로 여겨 욕망했던 왕자 암논, 계략을 꾸며 암논에게 자신의 욕망을 실현시킬 기회를 제공한 사촌 형제 요나답, 자신의 딸을 범죄의 위험에 몰아넣었을 뿐만 아니라 결국 일어난 성폭행에 대해 침묵하고 아무 행위도 하지 않음으로써 상처 입은 딸을 외면하고 가해자 아들의 편에 선 아버지 다윗 그리고 모든 일을 다 알고 있음에도 가족관계 임을 상기시키며 지금은 아무 말도 하지 말고 가만히 있으라는 오빠 압살롬. 이 모든 남자들은 다말에게 행해진 끔찍한 성범죄의 공범자들이다. 남성이며 왕족인 그들이 가진 권력은 그 범죄를 가능하게 했고 그 범죄를 덮었으며 그 범죄 위에 자신들이 세운 제도와 권력을 유지하고 강화할 수 있었던 것이다. 이 남자들은 가족의 명성과 명예를 위해서 피해자인 여성, 자기 딸이자 동생인 여자를 침묵하게 만들었고 그녀의 미래를 빼앗았다. 가부장제라는 제도적 권력은 통제와 권력 지향, 정서 억제와 같은 남성적인 가치로 이루어진 위계적 사회구조를 구성하며 그 안에서 한 여성을 희생자로 만든 것이다.

3) 다말('종려나무'): 성적, 제도적 폭력 속에 살아남다

하지만 다말은 살아남았다. 그는 오빠 압살롬의 집에서 '처량하게' 지냈다(삼하 13:20). 아마도 결혼하지 않은 채로, 마치 남편이 죽은 과부처럼 쓸쓸하게 지냈다는 뜻일 것이다.[31] 개역개정과 새번역에서 '처량하게'로 번역된 히브리어 '샤맘'(שמם)은 성서에서 주로 불임 여성이나 황량한 들판, 혹은 파괴된 예루살렘에 대하여 사용된 것으로 형태가 없고 비었으며 어둡고 고립된 상황을 나타낸다. 사람이 '처량하게' 산다는 것은 생명 없이 죽은 듯이 사는 삶이다. 성서에서도 더 이상 다말에 대한 이야기는 나오지 않는다.

흥미로운 것은 형이자 왕세자였던 암논을 죽인 압살롬이 외갓집으로 도망갔다가 돌아와서 아버지 다윗과 화해하는 장면에 나오는 압살롬의 딸에 관한 설명이다. "압살롬이 아들 셋과 딸 하나를 낳았는데 딸의 이름은 다말이라 그는 얼굴이 아름다운 여자더라"(삼하 14:27). 압살롬은 자신의 딸에게 다말이라는 이름을 붙여주었으며 그는 아름다운 여자였다고 설명하고 있다. 다말의 삶은 계속된다. 다말은 압살롬의 누이이기도 하고 딸이기도 하다.

그 다말들은 아름다운 여자들이다. 다말은 여전히 성적으로 대상화되고 물리적, 제도적, 경제적 힘에 의해 강제적으로 강간을 당한다. 그들은 지혜로운 말과 용기 있는 행동으로 맞서지만 세상엔 어리석고 악한 일들이 더 자주, 더 쉽게 일어난다. 그러나 다말은 고통 중에 부르짖고 결국 하나님은 그에게 응답하실 것이다. 다말(תמר)은 히브리어로 대추야자를 맺는 종려나무를 뜻한다. 특히 팔레스타인 지역에서 대추야자(date palm)는 5000년 전부터 재배되었으며,

한 그루는 매년 250kg의 열매를 생산한다. 종려나무의 잎사귀는 승리의 영광과 영예를 의미한다. 이전에도 살아왔고 여전히 살아있으며 앞으로도 살아갈 수많은 다말들은 승리의 영광을 얻게 될 것이다. 왜냐하면 하나님은 약한 자, 고통 받는 자의 부르짖음을 들으시고 아시고 그들을 해방시키고 구원하는 분이기 때문이다.

4. 나가는 말

다말 이야기는 다윗의 왕궁에서 왕과 아버지라는 권력의 비호 속에, 가족관계라는 권력구조 속에 이루어진 성폭행 사건을 증언한다. 다말은 왕의 딸이지만 친밀한 가족관계 안에 있는 남성의 성적 대상이 되고 침묵을 강요받는다. 그녀는 성폭력의 위험 앞에서도 담대하게 지혜로운 말로 거절하며 저항하지만 그 지혜는 거절되고 강제적이고 폭력적인 성적 범죄가 일어나며 그 일은 어리석고도 악한 죄악임을 다말의 입을 통해서 고발된다. 다말은 자신이 당한 일을 숨기지 않고 울부짖음으로 드러내어 도움을 요청하지만 주변 남자들, 즉 아버지와 오빠는 침묵하고 다말도 침묵을 강요받게 된다. 다말에게 저질러진 이 성폭력 사건은 압살롬과 암논, 압살롬과 다윗 사이에 살인과 배반, 축출 같은 또 다른 폭력의 원인을 제공한 것으로 설명되고 있다. 다말에게 일어난 일은 왕궁 안에서 왕권의 비호 아래 발생한 권력형 성폭력이며 동시에 친밀한 가족관계 안에서 일어난 전형적인 친족 내 성폭력이다.

2020년 3월 한국성폭력상담소에서 공개한 '2019 상담통계 및 상담동향 분석'에 따르면 전체 성폭력 상담 912건 중 친족 성폭력 상담은 87건(9.5%)이며, 그 절반 이상 55.2%(48건)의 경우, 친족에 의한 성폭력이 발생했을 때 그 피해자가 상담을 받기까지는 10년 이상 걸린 것으로 나타났다.32 친족 성폭력은 다른 성폭력에 비해 친밀한 관계에서 은밀하게 이루어지기 때문에 피해자들이 피해를 드러내는 데 시간이 오래 걸린다는 것이다. 또한 친족 성폭력은 피해 당시에 가족에게 말하기도 어려우며 말하더라도 지지받기 어렵기 때문에 피해자들은 가해자에 대한 분노와 자신이 당한 피해에 대한 트라우마를 오랫동안 겪는 것으로 나타났다.

1992년 만 9세 때부터 십수 년 동안 자신을 성폭행했던 새아버지를 남자친구와 함께 살해한 김보은 사건은 가족 성폭력의 끔찍한 민낯을 보여주는 극단적인 예라고 할 수 있다.33 가정 안에서 가족이라는 친밀한 관계 안에서 일어나는 성범죄는 대부분 아버지 혹은 오빠 등 가정 내 권력자인 남성에 의한 것으로 위협과 폭력과 함께 발생한다. 또한 피해자는 가족이라는 테두리 안에서 살아가기 위해 오랫동안 그것을 비밀로 하고 견디며 살아야만 했던 것이다. 김보은은 새아버지를 죽인 범죄자이기 이전에 가족 성폭력의 피해자였다. 김보은의 남자친구 김진관은 김보은의 새아버지를 죽인 것이 아니라 사랑하는 김보은을 살린 것이라고 증언했으며 김보은은 구속되어 감옥에 있던 시간이 지금까지 살아온 20년보다 더 편안했다고 말했다.34

아름답고 지혜로운 다말 또한 왕의 딸이었지만 왕궁 안에서 자신의 오빠에 의해 성폭행당했고 자신의 아버지와 친오빠에 의해 침묵을 강요받았다. 사건 이후 그의 '쓸쓸한 삶'에는 위로와 치료와 연대가 필요했을 것이다. 오늘날 다양한 권력형 성폭력의 피해자들에게 침묵을 강요하고 비난하고 무시하면서 2차 가해를 가하는 현실 속에서 다말 자신이 되어, 그의 부모와 가족이 되어, 그의 친구가 되어 그의 편에서 생각하고 말하고 행동하며 살아가는 법을 고민해야 할 것이다.

다말에 대한 성폭력은 이스라엘 역사에서 다른 권력형 성폭력 사건과도 밀접하게 연결되어 있다. 다윗이 자신의 부하 우리아의 아내 밧세바를 취한 것(삼하 11장) 그리고 스스로 왕위에 오른 압살롬이 온 이스라엘 무리의 눈앞에서 아버지의 후궁 10명과 동침하는 사건(삼하 16:21-22)은35 단지 개인의 성적, 도덕적 일탈로 해석되어서는 안 된다. 그것은 명백히 권력형 성폭력으로, 권력을 이용하고 권력을 얻고 확고히 하기 위해서 힘을 가진 남자들에 의해 반복적으로 저질러진 억압적이고 강제적인 폭력들인 것이다. 사사기 19-21장에서 이스라엘 지파 안에 있었던 성폭력 사건들이 사사시대의 종말을 가져오고 왕정시대의 이유를 제공한 것처럼,36 다윗 왕궁에서의 성폭력 사건들은 결국 왕정시대의 종말을 가져오게 될 것이다. 비록 성폭력의 피해자인 여자들의 목소리를 성서 본문에서는 듣기 어렵고 오히려 그 여자들을 비난하거나 무시해 온 것이 지금까지의 성서해석이었다고 하더라도 하나님의 말씀인 성서에 도대체 왜 이런 끔찍한 사건들이 세세하게 기록되어 남아있고 우리에게 전해지는 것인지 물어야 할 것이다.

성서의 신명기 역사가는 왕정의 어두운 면, 왕궁 속에서 일어난 성적 범죄 사건들을 기록함으로써 이스라엘 왕정의 한계를, 왕권의 폭력성을, 인간의 악함과 나약함을 드러내는 데 주저하지 않는다. 이 증언은 권력을 가진 남자들의 범죄를 고발하고 피해를 입은 여성들의 고통과 아픔을 기억하고 공감하게 한다. 이 성서 본문들은 과거 이스라엘 땅에서 행해졌던 일들이 오늘날에도 여전히 자행되고 있고 여성에 대한 비하와 편견은 물론 여성을 성적 대상으로 보고 함부로 성적 폭력을 가하는 우리 사회의 모습을 비판적인 시각에서 바라볼 수 있게 한다. 권력에 의해 저질러지는 성폭력은 "야웨 하나님이 보시기에 악한 일"(삼하 11:27)이기 때문이고 그 결과는 개인과 공동체 모두에게 불행하고 비극적인 것이었다는 것을 역사적 교훈으로 삼아야 할 것이다.

신명기 역사가의 여성 혐오주의

박혜경

Jezebel(1896)

by John ByamListon Shaw(1872-1919)

"이세벨은 예후를 환영하지 말았어야 했다"(참조, 왕하 9:30).

1. 들어가는 말

인문교양학계의 세계적 명성을 지니고 있는 마사 너스바움(Martha C. Nussbaum 미국 시카고대학교 로스쿨, 철학과 석좌교수)은 혐오란 특정 집단을 배척하기 위한 사회적 무기로 규정한다.[1] 너스바움은 사회적으로 배척당하기 쉬운 특정 집단으로 유대인, 여성, 동성애자, 불가촉천민, 하층 계급 사람들을 명시하면서 여성의 몸을 가장 대표적인 혐오의 대상으로 본다.[2] 가부장 사회의 집단 무기인 혐오주의로 인해 여성들은 혐오라는 집단적 무기에 희생을 당하였다. 성서 속에서도 지도력을 지니고 있던 여성들은 혐오의 대상이 되었다. 신명기 역사가[3]는 이세벨, 아달랴와 같은 왕권 안에서 지도력을 발휘하는 여성들에 대해 부정적인 평가를 한다. 이는 여성 혐오주의의 발로이다.

신명기 역사가는 역사 상황 속에서 야웨주의를 유지하고 이를 해석하기 위해서 유대인의 전승과 맥락을 중시하였다. 야웨가 중시하는 지도력은 모세, 여호수아와 사사 시대를 거쳐 남북 왕국의 왕권으로 연속되었다. 그러나 피할 수 없었던 예루살렘의 멸망은 역사적 시대정신을 읽어내야 하는 신명기 역사가의 중심주제가 되었다. 북 왕국의 초대 왕이었던 여로보암은 야웨의 뜻을 거스르는 원죄를 지은 왕으로 신명기사가에 의해 평가되었다. 왜냐하면 여로보암의 북 이스라엘 왕국 건립은 이스라엘 분열과 멸망의 원인이 되었기 때문이다. 더욱 중요한 것은 여로보암은 예루살렘 중심의 왕권과 제의권을 베델과 단으로 분산시켰다. 여성이면서 이방인의 혈통을 지니고 있던 이세벨과 아달랴의 여성 지도력은 신명기 역사가에게 더욱 용납될 수 없었다. 야웨주의 확립에 분열을 가져온다고 평가되었다. 특별히 남성 왕권을 유지하기 위해 여성들의 지도력은 평가절하되었고 그들에 대한 혐오는 용인되고 폭력이 용납되면서 그들은 잔인한 최후를 맞았다. 열왕기하 9장에서 12장에 드러난 신명기 역사가의 여성 혐오주의는 여성들의 지도력을 무조건적으로 부정적으로 평가하고 있다. 남성 지도자들이 여성 지도력을 폭력적으로 제거해도 아무런 무리가 없었던 것은 여성 지도력에 대한 종교 사회적 부정평가에서 기인한다. 성경에 드러난 여성 혐오주의는 오늘날의 우리 사회에서도 어렵지 않게 볼 수 있으며 그로 인해 무고한 여성들이 희생되었다.

 지금까지 신명기 역사가 연구는 본문들에 대한 역사적 연구나 문학적 연구에 치우쳐 오늘의 성경을 읽는 독자에게 주는 야웨의 메시지를 간과하고 있다. 오히려 신명기 역사가의 여성혐오주의를 부가시켜 여성 폭력을 허용하기도 한다. 아달랴 브레너(Athalya Brenner)와 니콜 듀란(Nicole W. Duran)은 우리가 오랫동안 성경 본문을 읽을 때 균형을 잃고 읽었다고 지적하면서 현시대의 분석 관점으로 교정할 것을 강조한다.4

신명기 역사가에는 여성혐오주의를 나타내는 본문·사상이 존재한다. 이에 대해서 현대 시대와 대화하는 신학적 연구와 알림 작업이 진행되어야 할 것이다. 야웨가 그의 피조물인 여성의 생명을 존중하고 정의를 도외시하지 않는다면 말이다. 이 글에서는 신명기 역사가의 열왕기하 9-12장의 여성 혐오주의를 짚어보고자 한다. 이러한 연구는 성경에 드러난 여성에 대한 남성의 폭력성을 각인시키며 현대 사회에서 오용되는 것을 방지하고자 한다. 너스바움의 혐오에 대한 연구와 한나 아렌트(Hannah Arendt)의 전체주의(totalitarianism)를 선택적으로 인용함으로써 여성 혐오주의의 사회적 현상과 의미를 살피고 신명기 역사가의 야웨주의에 내재된 여성 혐오주의를 밝히고자 한다.

2. 한국 사회의 여성 혐오주의의 보편성

　여성 혐오주의는 한국 현대 사회에서 강남역 살인사건 등을 통해서 드러난다. 2016년 5월 17일 서울 강남역에서 일어난 살인사건은 한국 사회를 충격에 휩싸이게 했다. 34세 김 모 씨는 한 번도 만난 적이 없는 23세 여자를 살해했다. 경찰은 여성 혐오 범죄가 아니고 가해자의 조현병 사건이라고 결론 내렸다. 대법원은 2017년 4월 13일에 30년 징역형을 선고하였다. 그러나 이 사건은 소위 말하는 정신분열 환자의 '묻지마' 살인 카테고리를 넘어선다. 개인과 사회적 양상으로 볼 때 두 가지 점에서 여성 혐오라 하겠다. 첫째, 김씨는 살인 대상의 젠더로 여성을 선택했다. 김씨는 당시 남성 여섯 명을 이미 만났지만 그들은 살해하지 않았고 여자를 타겟으로 삼았다. 자신보다 약한 상대인 여성을 살인의 대상으로 삼았다. 조현병 환자였다고 하더라도 강자와 약자를 선별하는 기준이 개인 내부에서는 작동되었다. 둘째, 김씨는 사회적으로 조장된 여성 혐오주의에 편승하였다. 그는 자신이 평소 여성들에게 인기가 있었기에 여성들을 혐오하지 않았다고 한다. 그러나 김씨는 사건이 있기 전에 주변 여성들이 자신을 무시하여 굴욕감을 느꼈다고 말하였는데, 이렇게 그는 여성에 대한 불만이 축적된 상태에서 일면식 없는 여자를 살인하였다. 그에게 여성은 배척과 제거의 대상은 아니었을까? 이는 한국 사회에서 조장된 여성 혐오주의에 기반을 둔다. 김씨는 자신보다 약하고 보잘 것없어야 하는 여성에게서 무시당하고 학대받고 있다는 망상에 사로 잡혀있었다. 망상이 여성에 대한 적대심을 일으켰으며, 가부장 사회가 허용하고 조장하는 여성 혐오주의로 인해 폭력이 자행되었다. 이렇게 사회 속에서 보편화된 여성 혐오주의가 한국 사회와 신명기 역사가의 폭력을 묵인하였다.

　이 사건 이후에 한국 사회는 여성주의와 반여성주의라는 양극화 현상을 보였다. 일간베스트에 속해 있는 이들은 한국 사회의 남성과 여성이 이미 평등하다고 주장하곤 한다. 또한 한국 사회의 이삼십 대 남성들은 여성들에게서 역차별을 받는다고 억울해 한다. 그러나 2018년 남성대비 여성 임금 비율은 66.6%에 그쳤으며 OECD 주요 회원국에서도 남녀 임금 격차가 가장 크게 나타났다.[5] 통계상 이십 대 여성들도 스펙이 같은 남성들보다 17.4% 낮게 임금을 받는다.[6] 남녀임금차를 남녀평등의 한 지표로 삼는다면 한국 사회는 아직도 성평등을 위해 넘어야 할 산들이 많다.

좀 더 통계를 보자면, 여성가족부 자료에 따르면 2016년 한국 500대기업에서 여성 임원 비율이 2.7%에 그쳤으며 336개 기업은 여성 임원이 단 한 명도 없었다.7 한국 사회의 경제적 사회적 발전이 여성들의 사회 진출과 지도력으로 곧장 연결되는 것이 아니다. 한국 여성들의 유리천정 지수는 2019년에 OECD국가에서 최하위를 차지했다.8 따라서 여성들에 의해 역차별을 당하고 있다는 주장은 반여성주의에 사로잡혀 여성을 다시 억압하고 혐오주의를 조장하여 성차별을 고착시키는 일이다.

성추행과 그에 따른 여성 혐오주의는 이십, 삼십 대 청년뿐만 아니라 유소년 시대에서도 나타난다. 교육부 2017년 2월 24일 보고를 보면, 초등학교 학생들 2.1%, 중학생 1.4%, 고등학생 1.9%가 성추행을 경험하였다.9 초등학생들의 성추행 통계수치가 오히려 중고등학생들보다 높은 것은 충격적이며, 또래 나이에 의한 성추행이 70.7%에 달했다. 초등학교 학생들이 방송매체와 사회나 가정의 언어폭력과 성추행을 모방했다. 작은 몸집에 동성 아이에게는 말도 잘 걸지 못하는 남자아이가 여자아이에게는 공격성을 드러냈다. 초등학교 6학년 남학생이 여학생에게 패륜적 언어와 여성비하 발언을 한 이유는 '내가 이길 것 같아서요'였다.10 남학생은 비록 자신이 신체적으로 빈약해 보여도 누구에게도 피해자가 되지 않았고, 남자라는 이유로 가해자가 되었다. 초등학교 남학생이 여성을 비하하고 배척하고 자신을 우위에 놓고자 하는 생각은 한국 사회에 만연되어 있는 여성 혐오사상에 기초한다고 보며, 신명기 역사가의 사고에서도 보편적으로 드러난 여성 혐오주의를 볼 수 있다.

3. 신명기 역사가의 불공정한 평가: 여성 혐오주의

신명기 역사가는 다윗[11]이나 요시야[12]의 왕권을 합법화하려 했다. 또한 신명기 역사가는 요시야 왕정의 중요성을 널리 알리는 임무를 지니고 있었다.[13] 이러한 신명기 역사가의 성향은 예언자, 제사장 서기관들과 같은 남성 엘리트 그룹과 연계되었다.[14] 엘리트주의는 이스라엘 지도력의 기반을 이루는 사상이고 여성 혐오주의로까지 이어지며, 이세벨이나 아달랴와 같은 여성들을 이스라엘 패망의 원흉으로 역사적 낙인을 찍었다. 특별히 이스라엘에게 바알 숭배 주의를 전파하는 주요 인물들로 이방 여인들이 비판의 대상이 되었다. 이런 엘리트주의는 이스라엘 지도력의 기반을 이루었으며 여성 혐오주의를 강화하였다. 그들은 이세벨이나 아달랴와 같은 여성들을 이스라엘 패망의 원흉으로 낙인을 찍었는데 특별히 이방여인들이 이스라엘에게 바알 숭배 주의를 전파한 주요인물이라고 비판받았다.

아달랴가 지도력을 발휘하였던 6년간의 통치기간은 무시되었고 제사장 여호야다의 아달랴 왕권에 대한 반란은 칭송받았다. 아달랴를 없애고 요아스가 새로운 왕이 되는 여호야다의 개혁의 내용으로 백성들이 바알의 신당을 무너뜨렸다고 신명기 사가는 보고하였다(왕하 11:17-18). 그런데 요아스는 자신의 집권 시기에 산당들을 제거하지 않았기 때문에 백성들은 여전히 산당에서 제사하며 분향할 수 있었다(왕하 12:3). 요아스는 여호야다가 아달랴를 없애면서까지 명분을 쌓았던 개혁을 지키지 않았다. 왕후의 지도력을 없애는 것이 소위 말하는 개혁의 목적이었을 것이다. 신명기 역사가의 야웨 중심주의는 왕후 아달랴의 폐위가 목적이었으며 여성 지도력의 제거를

뒷받침하고 있었다.

아달랴가 아합과 이세벨의 딸이라면, 아달랴는 이방여인의 후손이 된다. 한편 아달랴가 오므리의 딸로서 북 이스라엘의 혈통이 강조된다면, 남 유다의 다윗 왕조와 대립 구조를 면하기 어렵다. 따라서 이방 여인이거나 오므리 왕조의 후손으로 아달랴가 받아야 하는 신명기 역사가의 평가는 공정성을 잃었고 여성 지도력에 대해 가혹하다.

1) 예후 혁명과 이세벨에 대한 혐오주의(왕하 9장)

님시의 손자 여호사밧의 아들인 예후는 오므리 왕조에 반역을 일으키며 엘리사의 제자에게서 기름 부음(왕하 9:1-3)을 받고 왕이 된다. 그러나 열왕기상 19장 16절에서는 엘리야의 기름 부음으로 예후가 왕이 된다는 본문이 있으므로 과연 두 예언자 중에 누가 예후의 편에 있었을 것인지에 대한 의문이 생긴다. 골방에서 진행된 기름 부음은 공론화된 왕권 교체가 아님을 반증하고 있다. 예후는 왕권교체의 정당성을 확보하기 위해 희생양을 필요로 하였을 것이며, 그 대상은 이세벨이 가장 적당하였다.

예후는 남 왕국의 요람 왕을 살해함으로써 왕권을 차지하였으며, 아하시야, 이세벨, 아합의 아들들, 아하시야의 형제들과 바알 숭배자들을 멸절시켰다. 예후의 왕권에 대한 권력욕이 아합 왕가를 사멸시켰다. 예후는 자신이 반역을 일으키는 합당한 이유로 '너는 네가 섬기는 상전 아합의 가문을 쳐라. 나는 내 종들인 예언자들의 피와 또 주님의 다른 종들의 모든 피를 이세벨에게 갚으려고 한다'를 제시한다(왕하 9:7). 신명기 역사가는 예후의 비합법적 반란을 정당화하기 위해 이세벨에 대한 증오를 강조한다. 열왕기하 10장 31절을 보면, 신명기 역사가는 "그러나 예후는, 주 이스라엘의 하나님의 율법을 지키는 일에 마음을 다 기울이지는 못하였고, 이스라엘로 죄를 짓게 한 여로보암의 죄로부터 돌아서지는 못하였다"고 예후를 평가한다. 죄를 지은 이유로 예후가 벧엘과 단에 있는 금송아지를 섬기는 죄에서는 떠나지 않았기 때문이라고 밝힌다(왕하 10:29). 신명기 역사가의 야웨주의 신앙에서 보면 예후 역시 비판의 대상이 될 수밖에 없었다. 그러나 이세벨을 제거하였기에 예후의 반역은 긍정적으로 평가되었다.

이방인 왕후였던 이세벨은 죽음까지 능욕의 대상이 되었다. 예후가 왕권 쟁탈을 위해 이세벨을 저주의 대상으로 삼은 것은 예후 공동체에서 이세벨을 소외시키고 배척의 대상으로 삼기 위한 것이다. "혐오는 결국 어떠한 대상과 거리를 선을 그으려는 것이다. [혐오를 느끼는 사람은] 그 대상에게 더 이상 자신이 속한 공동체 또는 세계의 구성원이라고 보기 어려운 속성, 즉 일종의 외래종의 특성이 있다고 생각한다"15라고 너스바움이 주장하였듯이, 이세벨은 신명기 역사가 공동체에서부터 격리되어 왕실로부터 분리될 수밖에 없었.

예후의 왕권쟁탈을 위한 이세벨에 대한 혐오는 요람을 살해하는 공공의 장소에서도 볼 수 있다. 예후는 이세벨의 아들 요람(북이스라엘 왕)과 아달랴의 아들 아하시야(남 유다 왕)를 살해하였다(왕하 8:26, 9:22, 11:1 참조). 예후와 요람이 만나는 장면에서 "요람이 예후를 보고 '예후 장군, 평화의 소식이오?' 하고 물었다. 예후는 '당신의 어머니 이세벨이 저지른 음행과 마술 행위가 극에 달하였는데, 무슨 평화가 있겠소?' 하고 대답하였다"(왕하 9:22). 요람은 예후의 대답을 듣자마자 예후의 반란을 직감하면서 "아하시야 임금님, 반역이오"(참조 왕하 9:23)라고 소리친다. 예후는 자신의 반역을 정당화하기 위해 이세벨의 음행을 들먹였으며 이세벨은 악인으로 낙인찍혔다. 요람은 예후의 활에 의해 사망하게 되며 그의 시체는 나봇의 밭에 던져진다. 신명기 역사가의 나봇의 피에 대한 예언이 이뤄진다(왕하 9:24-26). 도망가던 아하시야도 므깃도에서 죽임을 당한다(왕하 9:27).

열왕기하 9장 30-37절에서는 이세벨이 살해당하는데, 이세벨이야말로 예후가 암살을 통해 오므리 왕조를 무너뜨릴 반역자임을 알고 있었다. 이세벨은 예후에게 "제 주인을 살해한 시므리 같은 자야"라고 응대한다. 그녀는 엘라에게 반기를 들었던 시므리처럼 예후도 반역을 일으킬 것임을 알고 예후를 비난하고 있다(왕하 9:30-32). 예후는 이방 여인으로만 알고 있었던 이세벨이 이스라엘의 전승과 역사를 잘 알고 있으며 자신의 역모까지 알고 있음에 적잖이 놀랐을 것이며, 이에 대한 반격은 이세벨을 없애는 것이었다. 이세벨은 이방 왕후임에도 불구하고 이스라엘 역사를 잘 알고 있었으며, 이 상황에서는 그녀가 잘 알고 있다는 것이 오히려 독이 되었다.16

왕후의 권력을 약화시키는 적절한 방법은 공론화된 혐오주의를 극대화시키는 것이었을 것이다. 너스바움이 지적하였듯이 "분노나 두려움의 표출은 규범적 의미에서 실제로 비합리"17적이다. 일어나지 않은 상황에 대해서 미리 화를 내고 스스로 두려워서 선제 폭력을 행사하는 것이다. 이세벨은 예후에게 악을 행하거나 잘못한 일이 없다. 그럼에도 불구하고 예후는 이세벨에게 분노하며 먼저 폭력을 가하며 두려움의 대상을 제거하고 왕이 되었다. 신명기 역사가의 여성 혐오주의는 이세벨의 살해를 정당화하였다.

이세벨의 비참한 최후는 엘리야의 심판 예언을 상기시킨다(왕하 9:36-37). 예후는 자신의 반역에 대한 야웨의 지지를 얻고자 했으며 신명기 역사가는 예후의 이세벨 살해를 암묵적으로 동의하고 있다. 신명기 역사가의 야웨주의 이데올로기는 배타성을 암묵적으로 동의하는데 이는 전형적인 전체주의와 그 맥을 같이한다. 야웨주의는 예후의 권력을 지지하고 이스라엘을 지배한다. 타종교나 다른 이데올로기는 용납되지 않는다. 아렌트는 19세기 귀족층들이 반유대주의로 대중을 선동하였고 오스트리아와 프랑스의 가톨릭교회와 독일의 개신교 교회와 연합하였다고 지적한다.18 전체주의로 관념화된 사상은 광신주의를 양산시키며 그로 인해 희생자를 배출한다. 특별히 개인의 가치는 무시되고 전체주의 사상을 달성하기 위해 테러와 폭력이 허용된다. 신명기 역사가는 야웨주의를 강조하기 위해 이세벨의 여성 지도력은 무시하였고 오히려 새로운 남성 권력 쟁탈전의 폭력을 정당화하였다. 대중들은 왕후로서 이세벨의 역할을 평가할 기회를 박탈당하였고 여성혐오를 보편적 사상으로 받아들였다.

2) 예후의 대량 학살: 신명기 역사가의 이데올로기의 폭력성 (왕하 10장)

시몬 존 드브리스(Simon John DeVries)는 열왕기하 10장을 계승 이야기로 구분하는데,19 이는 아합 왕실의 사멸 이야기이다.20 열왕기하 10장은 아래와 같이 다섯 부분으로 나뉜다.21

1-11절, 아합 후손과 지지자들의 살해.

12-14절, 아하시야 형제들의 살해.

15-17절, 사마리아에 있던 아합의 나머지 사람들의 살해.

18-27절, 사마리아에서 종교개혁.

28-36절, 예후의 마지막 통치.

예후는 사마리아에서 아합의 아들 70명을 살해한다(1-11절). 이 사건에는 예후의 힘을 이미 알고 있던 이스르엘의 귀족들이 동참하였다. 예후는 편지로 자신의 뜻을 전달한다. 이스르엘의 정확한 위치에 대해서는 아직 고고학적인 연구들이 진행 중이지만, 이스르엘은 나봇의 포도원 이야기(왕상 21장)나 이세벨의 죽음 이야기(왕하 9장)의 장소로 등장한다. 또한 오므리 왕조의 중요 장소이며 군사적 요충지이다.[22] 기존 세력이었던 오므리 왕조의 중요한 지역의 귀족들은 쇠퇴하는 왕권을 무시하고 신흥왕권을 지원한다. 아렌트에 의하면, 19세기 제국주의의 엘리트들은 "권력에 대한 갈증은 파괴를 통해서만 해갈될 수 있다"[23]고 생각했다. 20세기 독일의 경영자들은 히틀러를 지원함으로써 자신들이 혜택을 받을 것이라고 믿었다.[24] 더욱이 그들은 홀로코스트와 같은 상황 속에 있던 타자들의 불행에 대해서는 관심을 두지 않았다. 예후의 독점적 권력은 엘리트들의 권위를 확산시키며 대량 학살로 귀결되었다. 신명기 역사가들은 예후를 "야웨를 위한 열심 있는 왕"(왕하 10:16)[25]으로 규정하였고 이스르엘의 귀족들은 예후의 정치적 목적을 인지하였다.

예후는 아합의 나머지 사람들을 살해하는 계획 중에 레갑의 아들 여호나답과 동맹을 맺는다(왕하10:15-17). 예레미야 35장을 보면 레갑 사람들은 금욕주의자들로 나와 있는데,[26] 여호나답은 정치적인 야망을 보이거나 아합 사람들을 숙청하는 와중에 예후에게 위협을 가하지 않았을 것으로 보인다. 동맹을 맺으며 예후는 우위를 점유했을 것으로 예상된다. 여호나답은 예후를 등에 업고 쇠퇴하는 권력을 제거하고 자신의 능력을 상승시켰을 수도 있다. 특별히 신명기 역사가는 그들의 동맹 장면을 자세히 기록하였다. 예후는 여호나답에게 자신과 함께 뜻을 모을지 확인하였는데 여호나답은 긍정적으로 대답하였고 그들은 손 내밀어 악수한다. 그리고 예후는 여호나답을 전차에 끌어 올려 태우고 사마리아로 가서 아합 가문을 전멸시킨다. 이 일은 엘리야의 예언(왕상 21:21, 29)에 의한 것이라고 평가되었다. 그런데 여기서 "손을 잡는다"는 역대기 사가에서도 볼 수 있는 군사적 서약의 상징적 행동이다(대상 29:24).27 쿠데타를 모의하는 군인들의 의기투합 장면이 묘사되어 있다. 그들의 동맹은 아합 가문에 대한 대량 학살로 이어졌다.

열왕기하 10장 18-27절에서는 예후는 바알 선지자, 섬기는 자, 제사장들을 살해하였으며 바알의 신전을 헐고 변소로 만들었다. 그러나 예후는 여로보암 때부터 내려오던 벧엘과 단에 있는 금송아지를 섬겼다(왕하 10:28-29). 이런 면에서, 예후는 순수한 야웨주의자가 아니었다. 그럼에도 불구하고 이세벨의 행동과 비교하여 예후의 암살과 집단 살해가 허용되었다. 신명기 역사가가 예후와 이세벨을 평가하는 기준은 이미 기울어진 운동장에서 출발하였다.

이세벨에 대한 혐오주의를 힘입어 왕권을 잡은 예후의 정치적 군사적 성취는 막을 내리게 된다. 32절과 33절을 보면, 예후는 아람왕 하사엘에게 약간의 이스라엘 땅을 빼앗겼다. 하지만 신명기 역사가는 이 사건을 예후의 잘못으로 보고하지 않았고 비판의 목소리도

내지 않는다.28 이렇게 신명기 역사가는 예후 왕권에 대해 호의적이지만 여성 지도자들에게는 편견을 가지고 있다. 예후는 28년 동안 왕위를 누렸는데(왕하 10:36), 예후의 왕실 업적에 대한 세부 사항들은 적혀 있지 않고 다만 다양한 살해 이야기들이 기술되었다. 이세벨의 바알주의와 예후의 집단살해 이야기가 대조를 이루면서 말이다. 이세벨은 바알을 섬기는 자들의 원형이 되었고 여성 혐오주의 피해자로 정형화되었다.

3) 아달랴와 여호야다: 평가 절하된 여성 지도력(왕하 11장)

예후에 의해 아하시야가 살해된 후 아달랴는 자신의 아들을 대신하여 왕이 되었다. 아달랴가 오므리의 딸인지 손녀인지에 대한 논쟁29이 있지만 오므리 왕조의 여자 후손인 것은 확실하다. 신명기 역사가는 열왕기하 11장 1절에서 아달랴가 왕의 자손들을 멸절하였다고 기록하고 있으나 예후가 이미 아하시야의 형제들을 없앴기 때문에 아달랴의 행동의 진위 여부에 의문이 생긴다.30 아달랴를 폭력적인 지도자로 명시함으로써 여성 지도력에 대한 부정평가를 강조하려 한 것은 아닌지. 그런 의미에서 신명기 역사가의 여성 혐오주의가 "원래 있었던 본문보다"31 아달랴의 폭력성을 가중시켰을 수 있다.

신명기 역사가는 아달랴의 6년간의 남 유다 통치 업적에 대해서는 침묵하고 아달랴의 죽음과 당시 사람들의 반응만을 보고한다(왕하 11:20). 아달랴가 다윗 가문에서 나오지 않았기에,32 "어려운 상황 속에서 냉철한 사고를 가진 정치인"33으로서 스스로 지도력을 발전시킬 수밖에 없었을 것이다. 그럼에도 불구하고 여성 지도자에 대한 선입견이 제사장 여호야다로 하여금 반란을 일으키게 하였으며 신명기 역사가는 이를 '정치적 프로파간다'로 보고하였다.34

여호야다는 가리 사람의 백부장들과 호위병의 백부장을 불러들여 아달랴 정권을 함락시키길 원했다. 모인 사람들을 세 그룹으로 나눠서 각각 왕궁, 수르 성문, 호위병 뒤의 문을 지키도록 하였다. 요아스를 왕으로 만들기 위해 여호야다는 아주 상세한 계획을 세웠고 사람들과 언약을 맺는다.35 아달랴의 죽음은 두 번 보고되는데, 16절에서는 군마가 다니는 길을 통해 왕궁으로 들어가 죽임을 당하고 20절에서는 무리가 왕궁에서 그녀를 칼로 죽인다. 조셉 로빈슨(Joseph Robinson)은 20절이 16절의 요약본이라고 말한다.36 한편 존 그레이(John Grey)는 두 구절들이 빈약한 증거를 보이는 서로 다른 자료에서 온 것으로 본다.37 진실에 대한 역사적 확인은 어렵다. 그러나 아달랴 죽음에 대한 이중 보고는 그녀의 죽음을 재차 확인함으로써 아달랴가 비참한 죽음을 맞을 수밖에 없음을 강조한다. 이러한 신명기 역사가의 이중 보고는 여성에 대한 가중된 배척과 혐오, 증오심에서 출발한다.

사람들은 여호야다와 언약을 맺고 바알의 신전을 무너뜨리며 아달랴의 죽음을 기뻐한다(17-20절). 사람들은 반-바알주의라는 관념을 받아들이고 여호야다와 한 편이 되었다. 아렌트에 의하면 대중들은 약해 보이는 권력을 공격하고 더 힘이 센 쪽에 편승하게 된다.38 따라서 사람들은 여성 지도력을 제거하고 여호야다의 권력을 강화하는데 동원되었다. 사람들은 여호야다의 폭력에 침묵하면서 바알주의에 오염되지 않으려고 바알주의를 혐오스런 집단으로 단정39하고 여호야다를 따른다. 이런 와중에 아달랴는 지도력을 잃게 되고 비참한 최후를 맞게 된다.

여호야다에 대한 현대 구약학자들의 평가도 다양한데, 특별히 월터 브루그만(Walter Brueggemann)은 여호야다를 "새로움을 이루기 위해 방법을 적당하게 찾은 인물"로 묘사한다.40 여호야다는 미국 현대사의 제럴드 포드 대통령과 같은 지혜를 지니고 있었다는 것이다. 포드 대통령은 '워터게이트' 사건으로 사임한 전임 대통령 리처드 닉슨에 이어서 대통령이 되었는데, 집권한 지 얼마 되지 않아 닉슨 대통령을 사면하였다. 포드의 사면에 대한 역사적 평가들이 다양하지만, 브루그만은 지혜로운 행동으로 보고 있다. 그런데 브루그만은 여호야다를 통해서 드러난 여성에 대한 혐오성에는 관심을 갖지 않았다. 새로운 권력의 합법화를 위해 여성의 업적이 평가되기보다는 여성이라는 젠더와 오므리 왕가라는 출신 성분이 강조되었다.

4) 요아스의 등장과 통치: 남성만의 리그(왕하 12장)

여호야다는 아달랴를 폐위시키고 일곱 살 된 요아스를 왕으로 즉위시킨다. 여호야다가 섭정을 통해 자신의 권력을 강화하였다(왕하 12:2). 이런 와중에 신명기 역사가와 현대 성서해석자들은 아달랴를 부정적으로 해석하며 증오한다. 신명기 역사가의 관점에서 보면 아달랴는 이교도였다.

현대 성서학자들의 아달랴에 대한 평가는 다양하다. 신명기 역사가들은 그녀의 종교적 이교도성을 지나치게 강조하였다41는 의견이 있다. 한편으로는 신명기 역사가의 관점을 받아들이면서 "요아스가 일곱 살 때에 여호야다가 아달랴 여왕의 사악한 통치를 종결시키기 위해 혁신을 성공적으로 이끌었다"[42]고 분석하기도 한다. 또는 여호람 왕의 부인 아달랴가 왕의 자손들을 무차별하게 살해했다고 평가하기도 한다.[43]

아달랴가 페니키아의 바알 신을 소개하였기에 이스라엘의 공분을 샀으며 신명기 역사가가 아달랴를 반대하는 성향을 유지할 수밖에 없었다고도 본다.[44] 이렇게 아달랴에 대한 부정적인 평가가 긍정적인 평가보다 만연되어 있다. 그런데 엘란 K. 솔방(Elan K. Solvang)의 견해는 주목할 만하다. 아달랴의 부정직한 구체적인 행동들은 우리가 알 수 없으며 본문의 저자들에게서만 암시된다는 것이다.[45] 여호야다는 아달랴로 나타난 여성 지도력보다는 다윗 가문의 남자 왕을 요청하였다. 요아스의 등장 이유가 여기에 있다.

아하시야의 아들인 요아스는 자신의 고모인 여호세바의 도움으로 성전에서 숨어 자라고 있었다. 여호세바의 남편이고 제사장인 여호야다는 일곱 살 된 요아스를 왕위에 앉힌다. 아달랴와 여호세바에 대한 평가가 극명한 대조를 보인다. 아달랴는 다윗의 자손을 멸절시킨 여성이지만 여호세바는 살리는 여성이다.[46] 아달랴는 메두사[47]나 사탄[48]과 같은 행동을 했다고 평가받고 여호세바는 요아스를 숨겼기에 영웅으로 평가받는다.[49] 요아스가 어떤 통치를 하였는지는 무관하게 여호세바는 칭송을 받는다. 그러나 요아스는 40년 통치기간 동안 산당을 제거하지 않았기에 백성들은 여전히 산당에서 제사하며 분향하였다(왕하 12:3). 요아스와 아달랴가 모두 야웨에게 충실하지 않았음에도 불구하고 신명기 역사가가 상이한 평가를 한다면 근원적인 평가 기준은 젠더의 차이에 기인한 것으로 볼 수 있다.

열왕기하 12장 5-17절에서는 성전 수리를 둘러싼 왕과 제사장

간의 갈등을 볼 수 있다. 요아스는 여호야다를 불러 "어찌하여 아직 성전의 수리할 곳을 고치지 않고 있습니까? 이제는 더 이상 담당 회계로부터 돈을 받아 두지 말고, 성전을 수리하는 데 쓰도록 직접 넘기게 하십시오"(7절). 23년 전에는 여호야다가 어린 요아스를 왕으로 세워 가르쳤지만 이제는 요아스가 전권으로 통치하는 모습을 보인다. 그리고 여호야다 역시 요아스의 의견에 동의한다.

여호야다와 요아스의 권력 관계는 남성 중심 위계질서의 한 면모를 보여준다. 상하 지위 관계로 발생하는 자존감 지수를 측정할 수 있다. 너스바움에 의하면 "원초적 수치심과 자기 안에 [무엇인가] 결여하고 있다는 사실에 대한 격노는 본래 강한 관련성을 갖고 있다. 자기가 불충분하다고 인식하는 자아는 이러한 조건을 비난할 수 있는 누군가를 찾는다."[50] 여호야다는 요아스의 킹메이커로서 자신의 권력을 절대화하려 했을 것이다. 그러나 그는 왕의 가문에 태어나지 않았기에 '결여'된 출신 성분을 지닌 채, 요아스로 섭정을 했을 것이다. 그리고 비난해야 할 그 누군가는 바로 아달랴였다. 이제는 성인이 된 요아스 앞에서 여호야다 자신이 충분한 권력을 지니고 있지 않다고 생각했을 것이다. 그럼에도 불구하고 자신의 힘을 과시할 상대를 찾고 있었을 것인데 신명기 역사가는 더 이상 그의 행동에 대해 명시하고 있지 않다.

다만, 역대기하 24장에서는 성전 수리를 당장 해야 하는 이유로 '사악한' 아달랴가 자기 아들들로 하여금 성전을 부수고 성물을 바알에게 바쳤기 때문이라고 한다. 또한 여호야다는 130세에 사망하였는데 다윗성 왕실 묘지에 안장되었다. 역대기 역사가는 여호야다를 칭송하고 있다(대하 24:15-16). 역대기 역사가는 아달랴의 사악함을 다시 한 번 명시함으로써 여호야다에 대한 우호적 평가를 드러낸다. 여호야다가 아달랴를 제거함으로써 습득한 명성과 명예는 지속된 것으로 보인다. 여성 지도력을 혐오의 대상으로 상정한 이후에 남성들의 권력 이양과 유지는 '그들만의 리그'는 아닐까.

가부장 사회에서 '누군가'를 매도하여 사회의 혐오성을 부추긴다면 많은 경우에 '여성'이 그 대상이 된다. 강남역 살인 사건의 김씨에게 자신의 낮은 자존감을 해소할 '누군가'로 23세 여성이 대상이 되었고 그녀는 자신이 왜 '누군가'가 되어야 하는지도 모르는 채 하나뿐인 생명을 잃었다. 여호야다의 '누군가'가 아달랴였듯이 여성은 지금도 피폭력의 고위험군에 노출되어 '누군가'로 살고 있다.

김씨가 자존감이 낮을 수밖에 없었던 이유는 무엇인가? 한국 사회에서 보면 이는 개인적인 역량이 아니라 사회 구조에서 오는 상대적 박탈감이 원인이 될 수 있다. 자신에게 이유를 돌리기보다는 사회 구조와 다른 이들에게 원인을 전가한다. 그리고 사회에 보복을 함으로써 보상받기를 원한다. 정치 경제적으로 여성들의 입지가 상승되었는데, 남성인 자신의 상황은 더 비참하다고 느끼며 여성을 혐오하게 된다.

4. 나가는 말: 드러난 숨김

한국 사회에서 여성은 '어두운 길'을 걸을 때 모르는 남성이 나타나면 일단 경계하고 두려워하게 된다. 남성들이 차별 또는 역차별이라는 '고상한 말'을 할 때 여성은 아직도 '생명'의 위협을 받는다. 이만

하면 여성이 평등하다고, 더 이상 여성주의는 이야기하지 말자고 하는 와중에서도 여성에 대한 폭력은 비일비재하며 강남역 살인 사건과 같은 현장에서 여성은 희생당한다. 한국 젊은 남성들은 자신들이 역차별을 받는다고 호소한다. 그들도 힘들고 억울할 수 있다. 그런데 여성은 너무나도 오랜 시간 동안 가정 폭력, 데이트 폭력 등에 노출되었다. 그리고 보편적인 여성 혐오주의를 맞닥뜨리게 된다. 남성이 다양한 기득권을 주장 하면서 여성에 대한 성차별과 폭력을 등한시 할 때, 여성은 하나뿐인 생명권을 잃을 수 있다.

남성 편향적 지도력 때문에 여성의 지도력은 그에 걸맞는 정당한 평가를 받지 못한다. 남성의 권력 지향적 성향이 여성을 폭행하였고, 남성주류 사회에 편승하지 못하는 자신들의 무능은 약한 사람들을 향한 보복을 낳았다. 그래서 여성은 목숨을 잃게 되었다.

이 세상에 폭력을 당해도 되는 여성이 있는가? 구타당해도 되는 여자아이, 여자 친구, 부인 그리고 어머니가 있는가? 아직도 맞을 '짓'을 한 여성이 가정과 사회 내에 존재하는가? 폭력의 원인을 피폭자에게 전가시키는 생각과 행위로는 어떤 폭력도 근절시킬 수 없다. 예후가 왕권을 침탈하면서 발생시킨 이세벨의 비참한 죽음과 여호야다가 아달랴를 폐위시키는 과정에 드러난 살해는 신명기 역사가의 관점에서 보면 '허용된' 폭력이었다. '이방 여성', 또는 '오므리 왕가의 여성'이라는 이유로 이미 그녀들은 증오와 혐오의 대상이 되었다. 남성 지도자들의 폭력적 행동은 용납되거나 이미 정당성을 부여받았다. 신명기 역사가는 여성 지도자에게 관용을 베풀지 않았다는 점에서 참으로 대조적이다.

신명기 역사가의 야웨 중심 이데올로기는 이세벨의 이방성을 강조함으로써 배척해야 하는 여성상의 표본을 만들었다. 또한 신명기 역사가의 남성 중심적 관점은 아달랴의 잔인성을 강조함으로써 그녀를 불합리한 여성 지도자로 낙인찍었다. 자신의 아들 아하시야가 예후에 의해 살해된 이후에 겪었을 왕실의 혼돈 속에서 아달랴가 발휘할 수 있는 지도력은 어느 왕보다 굳건해야 했을 것이다. 아달랴에 대한 신명기 역사가의 부정적인 평가는 여호야다가 요아스를 왕으로 세우는 일이 반역이라는 생각조차 하지 못하게 한다.

신명기 역사가의 여성 혐오주의는 가부장 사회에서 이방 여성의 바알 숭배를 배척해야 한다는 미명하에 공공연하게 성차별주의를 강화시켰다. 오므리 왕조에 대항한 쿠데타 지도자 예후는 자신의 정당성을 위해 혐오의 대상이 필요했으며, 이세벨은 그의 희생양이 되었다. 신명기 역사가는 반란으로 왕권을 잡은 예후의 지도력을 용인하였다. 한편, 섭정을 펼쳐서라도 요아스를 왕위에 올리려 한 여호야다는 아달랴를 폭력적으로 제거 하였다. 여성은 사회에서 폭력을 당해도 혐오의 대상, 배척당하는 집단에 속하였기에 정당하게 보호받지 못했다. 역사가는 여성 혐오사상을 강화시켜 강자의 역사를 전승하였다. 여성 폭력 담론과 혐오주의가 이미 드러나 있었지만 야웨주의라는 거대 담론이 여성 폭력을 무마시켰다.

오늘 한국 사회에서도 여성의 지도력이 정당하게 평가받는 공론화 장을 더 필요로 한다. 또한 보편적인 여성 혐오주의로 인해 생면부지의 남성에게 폭행, 살해당하는 상황은 종식되어야 할 것이다.

에스겔 16장의 폭력 남편 야웨

임효명

"야웨와 유다의 관계를
남녀 관계의 상징적 이야기로 읽을 때,
음행한 아내 유다보다
여성에게 무자비하게 성적, 물리적 폭력을 가하는
남편 야웨가 더욱 충격적이다."

1. 들어가는 말

상징이나 은유 등 수사적 표현은 효과적인 의미 전달의 수단이다. 로버트 프로스트(Robert Frost)의 〈가지 않은 길〉이나 토마스 스턴스 엘리엇(T. S. Eliot)의 〈황무지〉 같은 시들은 인생에 대한 심오한 의미를 상징적 언어로 수려하게 표현한다. 이 두 시에서처럼 상징 가운데는 세월이 지나도 의미가 퇴색하지 않는 것이 있는가 하면 세월에 따라 의미를 잃는 것이 있다. 예언자들은 상징적 언어로 청자와 소통한다. 포도원의 노래(사 5:1-7), 토기장이의 비유(렘 18:1-6), 마른 뼈 골짜기(겔 37:1-14) 등은 달리 대체할 수 없는 독보적인 상징들이다. 예언자들이 사용하는 상징들은 예언자들과 청중이 공유한 역사와 사회와 문화 속에 자리 잡고 있으므로 소통력을 지닌다. 시대가 바뀌고, 문화가 바뀌고, 청중이 바뀌면 예언자들의 상징 중 전부는 아니더라도 일부는 소통력을 잃어버린다. 어떤 상징은 그때는 맞고, 지금은 틀리다.

에스겔 16장과 23장, 호세아 2장 2-13절은 이스라엘을 남편 야웨를 배신한 아내로 묘사한다. 이들 예언자들이 이스라엘의 음행과 야웨의 보복을 선포한 내용은 외설적이고 폭력적이며 여성 혐오적이다.[1] 그중 에스겔 16장에서 야웨는 1인칭 서술(독백)로 예루살렘에 대해 이야기한다. 야웨는 은혜를 입은 예루살렘의 파렴치한 배신과 그에 대한 무자비한 징계를 격정적으로 읊는다. 독자들은 남편 야웨가 들려주는 이야기를 들으며 아이러니하게도 아내 예루살렘을 징계하는 야웨를 보지 않을 수 없다. 그리고 불편한 마음에 묻는다. "여자에게 저렇게 폭력을 휘두르다니! 너무 심한 것 아니야?"

에스겔 16장의 야웨라는 신적 캐릭터에 대한 비판적 분석에 불편함을 느끼는 독자들이 있을 수 있다. 분석의 대상인 야웨는 신이요 믿음의 대상이 아닌가? 그러한 독자들에게 '캐릭터'로서의 야웨와 '신' 야웨를 분리하여 볼 것을 제안한다.[2] '신' 야웨는 이스라엘의 구속사와 심판, 회복의 주체이다. 그러나 '캐릭터'인 남편 야웨는 '신' 야웨의 문화적 '재현'으로서 메시지의 효과적인 전달을 위한 '매개체'이며 시대성을 가진다. 야웨를 하나의 극 중 캐릭터로 볼 때에 야웨에 대한 분석에 대한 불편함을 유보하고 야웨 캐릭터를 비판적으로 해부할 수 있을 것이다.

2. 야웨와 예루살렘의 서사

에스겔 16장은 야웨와 유다(예루살렘)의 역사를 결혼의 상징을 사용하여 들려준다. 이야기 속의 화자인 야웨는 남편이다. 따라서 야웨가 전하는 모든 사건은 남성의 시각에서 묘사된다. 야웨(남편)와 예루살렘 (아내)의 서사는 과거, 현재, 미래를 포괄한다. 이들의 서사는 야웨와 예루살렘의 두 차례의 만남과 결혼(구속사, 과거), 예루살렘의 음행(배교와 이방과의 외교전략, 현재), 야웨의 징계와 재결합(미래)으로 구성된다. 야웨와 예루살렘의 두 차례의 만남과 결혼은 3-22절에서 알려준다. 이 관계에 갈등과 위기를 가져온 예루살렘의 음행은 23-34절에 서술된다. 둘의 갈등은 징계를 통해서 해소되는데, 아내에 대한 야웨의 잔혹한 징계는 35-43절에 묘사된다. 아내에 대한 비난과 심판에 대한 일회적 언급만으로는 부족한 듯 남편 야웨는 예루살렘의 죄악을 '언니' 사마리아와 '동생' 소돔의 죄악과 비교하면서 그 범죄의 중함을 강조한다(44-52절). 징계는 회복으로 이어진다. 야웨는 유다에 비해 '덜' 악한 사마리아와 소돔의 회복 그리고 그에 대비된 유다의 징계와 징계 후의 회복을 선포한다(53-59절). 야웨의 격정을 담은 두 차례의 죄의 규탄과 심판의 선포로 갈등은 해소된다. 극은 급선회하여 야웨의 주도적 결단에 따른 영원한 언약의 갱신으로 마무리된다(60-63절).

플롯의 구성과 별도로 예언의 형식면에서 볼 때 에스겔 16장은 죄에 대한 규탄과 '그러므로'로 연결된 심판의 선포로 구성된다. 심판의 선포는 많은 경우 희망의 메시지가 뒤따른다. 에스겔 16장에서 죄의 규탄과 심판은 35절의 '그러므로'를 중심으로 나누어진다. 심판의 선포 이후 또 한 차례의 죄의 규탄과 심판, 회복이 섞인 단락이 이어지고 희망의 메시지는 60절에서 63절로 이어진다.

1) 구속사: 만남과 결혼

장면 1. 야웨와 버려진 아기 예루살렘의 첫 만남(겔 16:3-6)

첫 장면에서 야웨는 '아모리' 사람 아버지와 '헷' 사람 어머니가 들에 버린 여자 아기 예루살렘과 우연히 마주친다(3절). 이 아기가 '이방인'의 딸이라는 사실은 히브리 성서에서 이방 여자를 유혹자, 음탕한 여자, 위험한 여자로 보는 것과 맥을 같이 한다.3 이 아기가 성장하여 음탕한 여자가 될 것임이 출생에서부터 예기된다. 아기 예루살렘은 신생아로서 최소한의 돌봄도 받지 못한 채 그대로 버려진다.4 4절은 부정어와 결합된 4개의 동사를 연속으로 사용하여 아기의 버림받은 상태를 생생하게 그린다. 아무도 이 버려진 아기 예루살렘의 탯줄을 자르지 않았고, 물로 씻어 정결하게 하지도 않았고, 소금으로 문지르지도 않았고, 강보로 싸지도 않았다. 5절 역시 아기 예루살렘의 버려진 상태를 다시 한번 강조한다. 아무도 이 아기를 동정하여 갓난아기에게 해주어야 할 최소한의 돌봄조차 베풀지 않는다. 오히려 아기는 태어난 날에 그 '생명이'5 미움을 받아 들에 버려진다. 여아유기나 살해는 우리 문화에서도 생소하지 않은데, 고대 근동에서는 원하지 않는 아기, 특히 여자아기가 버려졌다.6 이 버림받은 아기를 본 야웨는 그냥 지나친다. 야웨의 눈에 비친 아기는 그 몸에 산혈(産血)이 묻어있는 상태이다. 산혈은 흘러 일종의 웅덩이를 이루어 아기는 그 속에서 발버둥치고 있다. 이상하게도 아기는 울지 않는다. 아기의 울음이 지나가는 이의 시선을 끈 것이 아니라 야웨가 지나가다가 우연히 아기를 발견한다. 이는 이야기 내내 여성으로 묘사된 예루살렘에게 목소리가 주어지지 않는 것과 같은 맥락이다. 야웨는 피 속에서 발버둥 치는 아기에게 아무것도 하지 않는다. 다만 "너는 피투성이라도 살아있으라"(6절)고 선포할 뿐이다. 말룰(Meir Malul)은 야웨의 이 선포가 '법적 입양의 선포 양식'일 가능성이 있다고 제안한다.7 그러나 아기가 여전히 헐벗은 채 성장한 것을 볼 때(7절) 입양은 이루어지지 않았고, 아기는 버려진 채 성장한 것으로 보인다.

장면 2. 성숙한 예루살렘과 야웨의 만남(겔 16:7-14)

두 번째 장면은 아기 예루살렘이 성장하는 장면으로 시작한다. 장면 1에서 야웨는 "피투성이라도 살아있으라"(6절)는 말로 아기를 지나친다. 7절은 야웨가 아기를 들의 풀같이 무성하게 자라나게 하였다고 말한다. 아기가 성장하는 동안 야웨가 어디에 있었는지, 또 야웨가 예루살렘이 성장하는 과정에 개입하였는지는 본문에서 알 수 없다. 개역개정은 히브리 원문에 충실하게 "내가 너를 들의 풀 같이 많게 하였더니 네가 크게 자라고 심히 아름다우며…"로 번역한다. "들의 풀같이 많게 하였더니"라는 이미지는 양육자가 아이를 돌보고 보호하며 기르는 것과는 거리가 멀다. 이로 보건대 아기 예루살렘이 성장하기까지 야웨는 거리를 두고 있었던 듯하다.8 성숙한 예루살렘을 보았을 때, 야웨는 '보라'는 감탄과 함께 예루살렘이 '사랑을 할 만한 때'에 이르렀음을 알아차린다. 성년기에 이른 벌거벗은 여자의 몸은 야웨의 시선의 대상이 되며 성적 욕구를 불러일으킨 듯하다.9

린다 데이(Linda Day)는 버려진 아기 예루살렘에 대한 야웨의 동정심의 결여와 성년에 이른 처녀 예루살렘에 대한 '갑작스런' 관심을 대조하며, 야웨의 관심은 '단지 성적인 것'(clearly and solely sexual)이라 단언한다.10 처음 만남에서 버려진 아기 예루살렘을 보았을 때 야웨는 아기에게 결여된 것들이 무엇인지 일일이 열거할 수 있었다(4절). 야웨는 그 모든 결핍을 알아차렸음에도 아기를 무심히 지나친다. 다시 만난 예루살렘에 대해서는 그 몸에 관심을 드러내고 성적으로 완숙함에 이르렀음을 감지한다. "네가 크게 자라고 심히 아름다우며 유방이 뚜렷하고 네 머리털이 자랐으나 네가 여전히 벌거벗은 알몸이더라 내가 네 곁으로 지나며 보니 네 때가 사랑을 할 만한 때라"(7절). 이러한 여성의 몸에 대한 야웨의 관심은 데이의 읽기에 타당성을 부여하는 듯하다. 그러나 이 만남 이야기는 야웨 하나님이 예루살렘을 선택한 것을 남성 야웨와 여성 예루살렘의 만남과 사랑으로 상징화한 것이다. 즉 본문은 한 남자가 한 여자를 만나 그에게 이끌린 이야기를 서술한 것이다. 성숙한 남녀 간에 성적인 끌림이 있는 것이 이상한 일은 아니므로 야웨의 성적 관심을 반드시 부정적으로 볼 필요는 없다. 더구나 이스라엘은 아기 때나 성숙한 여성으로 '알몸'을 드러내고 있는 때나 그 누구의 관심도 끌지 못한다. 관심을 표하는 이는 야웨라는 남자가 유일하다. 그러나 야웨가 예루살렘이 아기일 때에 돌보지 않았다는 것 자체는 변하지 않는다. 야웨가 어린 아기에게 관심을 표하지 않는 캐릭터, 데이의 독해처럼 성적인 랑데부에만 관심을 가진 캐릭터로 구성된 이유는 무엇일까? 그것은 아마도 초기 이스라엘에 대한 이해와 관련될 것 같다.11 즉, 이스라엘의 미약한 시작, 관심을 끌지 못할 상태에 대한 은유가 아닐까.

　　야웨는 자신의 '옷자락'을 펼쳐 예루살렘의 몸을 덮고 벌거벗음을 가린다. 옷자락을 펼치는 행위에 성적인 함의가 있다는 견해를 수용한다면,12 버려진 아기 예루살렘은 성적 대상으로 성장한 후에야 야웨의 '보호' 아래 들어가게 된다. 야웨는 성숙한 여성이 된 예루살렘과 성적 관계 후 예루살렘에게 맹세하고 언약을 맺어 자신의 소유, 아내로 삼는다(8절). 가부장 사회에서 여성이 한 남성의 소유가 된다는 것은 여성의 성이 전적으로 그 남성의 것으로만 '쓰여야' 함을 의미한다. 여성이 성적 독립을 주장하는 것은 결코 용납할 수 없는 범죄행위이다.13 남성은 야곱이나 에서처럼 아내를 여럿 취할 수도 있고, 첩을 취할 수도 있으며, 유다처럼 성을 구매할 수도 있다(창 38장). 반면 여성은 여러 남편을 가질 수 없고, 예루살렘처럼 성을 매매하는 행위는 금기이다(겔 16:33-34). 이러한 기울어진 남녀 관계는 앞으로 전개될 이야기의 향방에 결정적이다.

아내로 맞은 후에야 야웨는 비로소 예루살렘을 물로 씻기고, 피를 씻어내고, 기름을 바른다. 또 옷을 입히고 신을 신기고 장신구를 걸어준다. 야웨가 제공한 모든 것으로 인해 예루살렘은 '곱고 형통하여 왕후의 지위에' 오르고 '명성이 이방인 중에' 퍼진다(13-14절). 예루살렘의 미와 지위, 명성은 모두 야웨가 베푼 것의 결과물이다.

두 번째 장면에서도 첫 번째 장면과 마찬가지로 여성 예루살렘의 목소리는 들리지 않는다. 성년기에 이른 예루살렘과 야웨의 만남을 다룬 여덟 절에서 예루살렘이 성장하는 모습을 자동사로 표현한 부분을 제외하고(7절) 예루살렘은 야웨를 주어로 하는 타동사의 목적어로만 쓰인다. 야웨는 아기 예루살렘의 몸에서 탯줄이 잘리지 않은 것, 그 몸이 물로 씻기지 않은 것, 소금을 뿌리지 않은 것을 알아차릴 정도로 자세히 본다. 성숙한 여성 예루살렘의 '알몸'을 보는 야웨는 그 '뚜렷한' 유방과 '털(음모)'을 본다.14 예루살렘의 몸은 야웨의 시선과 행위의 목적으로 대상화되어있고, 몸 너머의 인격은 보이지 않는다. 여성 예루살렘의 몸은 아기 때뿐 아니라 성징이 나타난 후에도 지나가는 모든 이들의 시선에 노출되어 있는 반면 남성 야웨의 몸은 보이지 않는다. 에스겔 16장은 캐릭터 야웨에 대한 관심을 기울이지 못하도록 구성되었다.15 야웨는 나레이터가 되어 예루살렘을 비롯한 극중 인물들을 '대상화'하고 이야기의 '뒤'에 있기 때문이다.

2) 예루살렘의 배교: 예루살렘의 부정에 의한 갈등과 위기

장면 1. 아내 예루살렘의 음행 규탄(겔 16:15-34)

성숙한 여자가 된 버림받은 아기와의 결혼 이야기는 급격한 파국으로 치닫는다. 야웨는 아내 예루살렘이 신실하지 못하다고 비난하며 음행의 장면을 생생히 묘사한다. 예루살렘은 지나가는 모든 사람과 행음하며(15절), 산당을 만들어 그곳에서 행음한다(16절). 예루살렘은 야웨가 준 아름다운 장식품과 금, 은으로 남자 우상들을 만들어 그것들과 행음한다(17절). 18절부터 21절에서 야웨는 예루살렘(유다)의 배교와 우상숭배를 은유적으로가 아니라 직접적으로 비난한다. 야웨는 예루살렘을 향해 '너에게 준 나의 떡'을 우상들 앞에 향기로운 제물로 드렸으며(19절), '나에게' 낳은 자녀들을 우상들에게 희생 제물로 바쳤다고 비난한다(20-21절). 은유가 다시 시작되면서 야웨는 예루살렘(유다)의 외교관계를 비난한다. 예루살렘은 '높은 대를 모든 길 어귀에 쌓고… 모든 지나가는 자에게 다리를 벌려 심히 음행'한다(25절). "하체(남성의 성기)가 큰… 이웃 나라 애굽 사람과도… 심히 음행하고"(26절) 그 후에도 "음욕이 차지 않아 또 앗수르 사람과 행음하고 그들과 행음하고도 아직도 부족하게 여겨… 갈대아에까지 심히 행음하되 아직도 족한 줄을" 모른다(28-29절). 예루살렘의 음행 상대는 계속 늘어가지만 그의 음욕은 채워지질 않는다.

이 상징적 이야기 속에서 야웨라는 캐릭터는 예루살렘의 음행 장면을 상세히 묘사한다는 점에서 아내 폭행자들을 연상시킨다. 아내를 폭행하는 남성들은 아내의 음행에 관한 한 모든 것을 알고 있다고 주장한다. 이러한 남성들은 자신의 상상력을 동원하여 아내의 불륜을 상세하게 묘사하며 아내를 비난하고 그것을 폭력적 징계의 이유로 삼는다.16 동일 선상에서 야웨는 아내의 상대 남성들이 누구인지를 알고, 상대 남성의 성기 크기까지 안다. 에스겔 당시의 정치 지형에서 읽을 때 음행은 앗시리아(28절)와 애굽(26절), 바벨론(29절)과의 정치 외교적 관계를 상징한다. 그러나 남편 야웨는 이들 국가뿐 아니라 '모든' 지나가는 자(25절)를 아내의 음행의 대상으로 과장하고 있다는 점에서 그의 주장이 아내 폭행자처럼 상상에 의한 과장으로 보인다.

장면 2. 사마리아와 소돔과의 비교(겔 16:44-59)

예루살렘의 죄가 사마리아와 소돔의 것과 비교되는 이 단락은 죄의 규탄, 심판, 회복이 섞여 있다. 사마리아와 소돔은 모두 여성으로 상징화되며, 사마리아는 예루살렘의 언니로, 소돔은 동생으로 묘사된다. 세 자매의 어머니는 이방인인 헷 사람으로 '그 남편과 자녀를 싫어한 어머니'이다(45절). 어머니와 세 딸과 세 딸들의 딸들—사마리아의 딸들(46절), 예루살렘의 딸(48절), 소돔의 딸들—인 삼대(三代)의 여성은 모두 부패하고 죄를 범한다.

사마리아와 소돔의 범죄는 상징화되지 않고 직접적으로 표현되므로 예루살렘의 죄처럼 '충격적'이지 않다. 소돔의 죄는 "교만함과 음식물의 풍족함과 태평함… 가난하고 궁핍한 자를 도와주지 아니하며 거만하여 가증한 일(토에바, תועבה)을" 행한 것이다(49-50절).17 사마리아의 죄는 '가증한 일(토에바)'로 간단하게 표현된다(51절). 소돔과 사마리아의 죄로 언급된 '토에바'는 우상숭배와 관련된 것으로 예루살렘의 경우 '음행'으로 불리며 충격적인 드라마로 재현되지만, 소돔이나 사마리아의 경우는 평이한 언어로 짤막하게 제시된다. 수사학적인 측면에서 볼 때 극적으로 연출된 예루살렘의 죄는 평이한 언어로 표현된 두 도시의 죄악보다 훨씬 중대하고 가증스러워 보인다. 야웨는 예루살렘에게 "네가 그들보다 더욱 가증한 죄를 범하므로 그들이 너보다 의롭게 되었나니 네가 네 형과 아우를 의롭게" 하였다고 선포한다(52절). 그러나 실상은 야웨가 화자로서 선택한 수사학적 전략이 동일한 범죄를 저지른 '언니'와 '동생'을 예루살렘보다 의롭게 보이게 한다. 예루살렘에 비해 의롭게 된 소돔과 고모라는 회복될 것이며, 예루살렘 역시 죄를 담당하고 회복될 것이다.

3) 심판: 징계에 의한 갈등의 해소(겔 16:35-43)

예루살렘에 대한 은유적 이야기를 통한 죄의 규탄은 35절부터 징계의 선포로 전환한다. 야웨의 징계는 야웨 자신의 직접적인 징계와 대리자를 통한 간접적 징계로 구성되며 정신적, 신체적 징계를 포함한다. 야웨는 아내 예루살렘의 몸을 벌거벗기어 공개적으로 전시함으로 수치심을 주고(직접적 징계),18 야웨가 불러 모은 형 집행 대리인들은 예루살렘의 몸에 잔혹한 폭행을 가한다(간접적 징계). 마치 폭력배나 살인청부업자를 고용하는 것처럼 야웨는 예루살렘을 '블레셋 여자'에게 넘기기도 하고(27절), 그의 "즐거워하는 정든 자와 사랑하던 모든 자와 미워하던 모든 자를… 사방에서 모아"(37절) 그들에게 예루살렘을 넘겨줄 것이다. 예루살렘에 대한 징계를 '대신' 집행할 자들(예루살렘의 정부(情夫)들)을 야웨가 직접 불러 모을 것이다. 야웨는 예루살렘의 벗은 몸을 (강제로) 드러내어 그들이 다 보게 할 것이다. 이것은 야웨가 저지르는 명백한 '성폭력'이다. 디지털 시대 버전으로는 헤어진 연인이 변심한 애인을 징계하기 위해 성관계 동영상이나 노출 수위가 높은 사진을 사이버 공간에 유포하는 것과 다를 바 없다. 야웨의 성폭력에 이어 예루살렘의 '정부들'의 폭력이 가해진다. 이들은 예루살렘이 세운 누각과 높은 대를 부수고 예루살렘의 옷을 벗기고 보석을 가져가며 벌거벗은 채로 남겨둘 것이다(37, 39절). 폭력은 여기서 그치지 않는다. 그들은 수많은 무리를 몰고 와서 예루살렘을 돌로 치고 칼로 찌를 것이다(40절). 폭력은 그들이 저지르지만 그 배후에는 그들을 불러온 야웨가 있다. 그들이 예루살렘에게 가하는 폭력은 남편 야웨의 폭력이다.

레위기 20장 10절과 신명기 22장 22-24절은 음행에 연루된 남녀를 둘 다 죽이도록 규정한다. 이에 반하여 '음녀' 예루살렘은 홀로 음행으로 비난받고, 돌로 쳐 죽임을 당하고, 칼에 찔리는 형벌과, 알몸이 전시되는 수치를 당한다. 예루살렘의 음행 상대자였던 남성들은 아무런 형벌도 받지 않는다.19 남편 야웨는 음행에 대한 책임을 전적으로 아내 예루살렘에게만 묻고, 음행의 상대자인 "너의 즐거워하는 정든 자와 사랑하던 모든 자와 미워하던 모든 자"를 오히려 아내에 대한 징계의 집행자로 소집한다(37절). 이야기 세계 속에서 음행한 남녀에 대한 징계의 '형평성'은 깨어지고, 예루살렘은 '음녀'로서 홀로 징계를 받는다. 징계받아야 할 당사자인 남성들이 징계자 야웨의 대리인이 되는 기이한 형태는 여성에 대한 가학적인 면을 보여준다. 예루살렘에 대한 징계는 무자비한 폭력을 전시하며, 여성에 대한 폭력을 경시하게 한다.

아내 예루살렘의 징계는 '여러 여자들의 목전'에서 행해진다(41절). 이는 예루살렘으로 음행을 그치게 하려는 것으로(41절) 통제가 목적이다. 가부장 사회에서 여성의 성은 남편에게만 속한다. 그런데 자신의 성을 다른 남성들에게 개방하고 다른 남성들의 성을 매수한(34절) 여성의 종말이 어떠한 것인지를 보여줌으로써 그를 보는 다른 여성들에게 공포심을 유발하여 '행실'을 조심하게 하는 것이다. 에스겔 23장 48절은 이러한 의도를 보다 명확히 표현한다. 음행한 두 자매 오홀라(사마리아)와 오홀리바(예루살렘)에 대한 참혹한 징계는 그것을 본 '모든 여자들이 정신을 차려' 그들의 '음행을 본받지 않게 하는 것'이 목적이다. 본보기로 보여주기 위한 징계의 경우 공포심을 불러일으키고 충격을 줄 정도로 혹독하고 잔인한 징계여야 효과적이다. 예루살렘의 징계는 본보기이기 때문에 더욱 가혹하게 묘사된다.

이 상징적 이야기에서 아내 예루살렘은 남녀를 포함한 유다 전체를 의미한다. 그러나 야웨와 예루살렘의 상징적 이야기는 16장 41절과 23장 48절에서 대표적 남편과 대표적 아내의 이야기로 변한다. '백성' 예루살렘은 대표적 '아내'가 되고 그 아내에 대한 남편의 징계는 아내들 전체에 대한 교훈적 징계와 통제가 된다. 유다 남성들은 '여성' 예루살렘으로 상징화되어 있었지만, 잠시 야웨와 유다 남성들은 남성으로서의 연대를 형성한다. 예루살렘이 '여성'이고 '이방인'이라는 점에서 '젠더와 민족'의 요소는 야웨와 남성 청중이 연대감을 형성하는 데 기여하였을 것이다.[20] 그들은 야웨의 가정사를 들으며 은연중 남성으로서 남편 야웨와 동일시하여 감정적으로 반응하면서 처벌을 지지하게 되고, 다윗(삼하 12장)처럼 그들은 역설적으로 스스로를 기소하게 되었을 것이다.[21] 가부장적 사고를 내면화한 여성들은 음행한 여인에 대한 끔찍한 처벌을 가부장제라는 시스템 안에서 '당연한' 것으로 받아들이며 동시에 공포에 떨었을 것이다. 결과적으로 상징적 이야기가 아내에 대한 남편의 폭력적 통제와 징계를 남성의 특권으로 인정해주며 가정폭력을 묵인하고 조장할 수 있는 이야기가 되는 것이다.[22]

에스겔 16장은 신적 캐릭터인 '야웨'의 목소리로 전달된다. 신적 캐릭터가 갖는 권위는 아내 예루살렘의 범죄에 대한 주장들과, 남편의 질투와 분노, 도를 넘는 폭력적 징계에 대해 누구도 감히 이의를 제기할 수 없게 한다. 여성의 몸과 성은 남성의 소유라는 이데올로기는 야웨의 목소리로 재현된다. 폭력 장면은 가해자의 시점에서 전달된다. 가정폭력에서의 시나리오와 마찬가지로 잘못은 전적으로 아내에게 있다. 남편의 분노와 폭력은 아내가 자초한 것이다.

종교적 상징은 현실로부터 구성되기도 하고, 역으로 현실을 구성하기도 한다. 종교적 상징체계는 현실적 권력 관계를 반영한다. 남편 야웨와 아내 예루살렘의 이야기는 에스겔의 청중들이 경험하는 부부간의 권력의 불균형과 여성의 권력에서의 소외를 반영한다. 역으로, 이 종교적 상징체계는 성서를 규범으로 삼는 공동체에서 남편과 아내의 관계를 재구성한다. 따라서 에스겔의 상징적 이야기는 가부장제 이데올로기를 견고히 하는 정치적인 성격을 지닌다.

4) 회복: 재결합(겔 16:60-63)

야웨는 예루살렘에게 무자비한 폭력을 쏟아놓은 후에야 분노가 그치고 질투가 떠나고 마음이 평안하여 다시는 노하지 않을 것이다(42절). 야웨와 예루살렘의 재결합은 예루살렘의 캐릭터 변화에 근거한 것은 아니다. 예루살렘의 캐릭터 발전은 찾아볼 수 없다. 예루살렘이 회개하였다는 단서는 어디에도 없다. 야웨는 자의적 결단에 따라 예루살렘과 영원한 언약을 맺을 것이다(60절). 아내를 폭행하는 남자들이 한 차례의 격렬한 폭행 에피소드 후 사과를 하고 용서를 빌며 선물 공세를 하는 것처럼, 야웨는 아내 예루살렘을 무섭게 징계한 후 다시 연합한다. 그러나 용서를 받고 다시 야웨의 파트너가 된 예루살렘은 부끄러움에 결코 입을 열지 못하게 될 것이다(63절). 아기 때도, 성장한 때도, 구애를 받은 때에도, 결혼 생활에서도, 폭행과 수치를 당하는 중에도, 재결합 후에도 예루살렘의 목소리는 끝내 들리지 않는다. 이러한 재결합의 전망은 감사함과 희망보다 섬뜩함을 느끼게 한다.

3. 상징적 이야기의 기능과 문제점

1) 예루살렘의 죄악의 효과적 고발

히브리 예언자들은 심판을 선포하기 전에 이스라엘의 죄악을 고발한다. 그들은 이스라엘의 죄악상을 밝히고, '그러므로'로 연결하여 심판을 선포한다. 이러한 예언자의 선포 양식에서 선포되는 심판이 설득력을 갖기 위해서는 청중의 언어로 그들의 정서에 정조준하여 그들의 죄악의 극악함을 고발할 필요가 있다. 나단의 우화의 경우 비유라는 장치는 다윗의 죄악을 효과적으로 드러낸다. 다윗은 부지중에 이야기 속의 부자가 사형에 마땅한 죄를 저질렀음을 선포함으로 자신의 죄에 심판을 선언한다(삼하 12:1-46). 선지자 나단의 기소가 효과적인 것은 이야기를 사용하기 때문이다. 이야기는 청자나 독자의 상상력을 자극하고 그들로 하여금 이야기의 세계 속에 뛰어들어 감정이입을 하게 하고 편들기에 초청한다. 다윗처럼 청자나 독자는 극중 인물(들)과 자신을 동일시하여 그 인물의 관점에서 이야기를 바라보고 선악간 판단을 하게 된다. 그래서 이야기 속에 전개되는 일들에 대해 독자는 보다 감정적으로 반응하게 된다.

이야기는 예언자들이 종종 사용하는 방법이다. 예언자들은 이스라엘의 죄악을 직접적으로 열거하기도 하지만 상징적인 이야기나 행동으로 선포하기도 한다(사 5:1-4; 7:14-16; 렘 13:1-7; 18:1-4; 겔 4:1-17; 5:1-4). 예언자들은 야웨 하나님과 이스라엘의 관계를 종종 결혼관계로 비유한다. 고대 이스라엘의 가부장제에서 여성에게 요구되는 남편에 대한 배타적인 사랑과 정절의 요구와 남편의 아내에 대한 통제가 이스라엘에 요구되는 하나님에 대한 배타적인 충성을 그리는데 적합한 재료를 제공하기 때문이다. 남성이 여성을 지배하고 소유하며, 여성의 성을 통제하는 위계구조는 에스겔의 청중들이 야웨의 분노에 공감하고 야웨의 징계를 지지할 수 있는 '결혼'이라는 문학적 장치가 작동할 수 있는 기본적인 장이 된다. 부부 관계를 상징으로 사용할 때 배신당한 남편의 불같은 질투와 분노, 그에 상응하는 징계를

'자연스럽게' 묘사할 수 있다. '사랑의 이름'으로 징계가 가해지고, 징계 후 회복을 바라보게 하는 것이다. 그러나 이 '회복'은 누구의 시각에서 본 것인가.

2) 하나님의 심판의 정당화

상징은 그 상징에 대한 독자의 선지식을 기반으로 작동한다.[23] 유다의 죄악의 규탄과 심판의 선포가 상징적 이야기로 전달될 때 현실과 상징이 상응하여야 한다. 즉 독자들이 상징의 의미를 어렵지 않게 파악할 수 있어야 하고 동의할 수 있어야 한다. 만일 에스겔의 청자가 그 언어와 이미지에 충격을 받고, 강한 반감을 드러냈다면 이 상징적 이야기는 그 목적을 상실했을 것이다. 에스겔이 전하는 예루살렘과 야웨의 결혼 이야기는 '계약관계'와 '결혼'이라는 두 의미 영역에 대한 청자의 개념적 이해를 기반으로 한다. 상징과 현실이 의미 영역에서 완벽하게 상응하지는 않는다. 대개 일부 특정한 부분만 의미의 상응이 이루어진다.[24] 에스겔 16장의 상징적 이야기에서는 관계의 배타성과 이 배타성이 깨어졌을 때의 징계가 상징화의 핵심이다. 결혼한 여자에게 남편 외에 다른 남자가 있어서는 안 되는 것처럼 유다는 야웨 외에 다른 신을 둘 수 없으며, 야웨가 아닌 이방 세력을 의지하는 것도 용납될 수 없다.[25] 결혼이라는 배타적 관계가 깨어졌을 때 깨뜨린 사람은 죽음에 처하게 된다.[26] 이에 상응하게 하나님을 떠나 다른 신을 섬기고, 이방과의 동맹을 의지하는 유다는 하나님의 엄중한 심판을 받게 된다. 결국, 네 부분으로 이루어진 에스겔 16장의 이야기는 유다가 야웨와의 배타적인 관계를 깨뜨리고 제의와

외교라는 두 영역에서 '음행'함으로 심판을 자초하였다는 메시지로 하나님의 심판을 정당화하고 있다.27

이야기의 관점 역시 유다의 죄악을 고발하는 데 효과적으로 작용한다. 에스겔 16장의 상징적 이야기는 야웨의 말씀으로 시작한다. "인자야 예루살렘으로 그 가증한 일을 알게 하여 이르기를…" 이어지는 예루살렘과 야웨의 가정사는 야웨의 일인칭 진술로 전달되어 야웨의 시점 곧, 남편(남성)의 시점을 대변한다. 이야기의 어느 곳에서도 여성이며 아내인 예루살렘의 시점이나 제삼자의 시점은 등장하지 않는다.28 야웨의 음성으로 진술된 이야기는 말하는 사람이 '야웨'이기 때문에 그를 이야기 속의 캐릭터가 아닌 절대적인 '신'으로 받아들이는 독자에게 그 진위를 의심할 수 없게 한다.29

3) 가부장제 내의 '결혼'이라는 상징의 문제점

에스겔의 상징적 결혼 이야기는 유다의 죄악을 고발하고 심판을 선포하기 위한 장치로서 가부장적 사고를 내면화한 청자나 독자들에게 설득력을 가질 것이다. 그러나 가부장제도 내의 결혼 제도는 여성과 남성의 현저한 권력의 불균형으로 인한 문제들을 다수 포함한다.30 전통적인 가부장제 내에서 여성과 남성의 권력의 불균형과 여성에 대한 남성의 권력과 통제는 여성에게 가해지는 폭력을 정당화할 수 있다. 여성은 남성의 소유물로 간주되고, '몸'으로 대상화되며, 여성의 욕망은 죄악시되고(남성에게는 '음행죄'가 없다), 여성의 성적 욕구는 남성의 통제의 대상이 된다. 여성을 대상화하고, 무자비하게 폭력을 가하는 것은 오늘날도 낯설지 않다. 그러나 범죄한 유다와 이스라엘에 대한 야웨의 징계를 아내의 음행에 대한 남편의 '징계'로 상징화하여 여성에 대한 남성의 폭력을 당연시하는 예언서 본문들은 당혹스럽다.

성서의 일부로 본문을 읽는 현대 독자에게 불편함을 주는 것은 이 폭력의 주체가 남편으로 상징화된 야웨이고 폭력의 희생자인 예루살렘이 여성이자 아내로 상징화되었다는 점이다. 야웨와 예루살렘의 서사는 한 편의 가정 폭력사 혹은 데이트 폭력과 유사하다. 배신당한 남자가 배신한 여자의 벗은 몸을 공공연히 전시하고, 다른 남자들에게 폭행하도록 하는 것은 온-라인 상에서 이루어지는 디지털 성폭력[31]이나 특정 여성에 대한 사회관계망(SNS) 내의 성폭행 모의를 연상시킨다. 이 과정에서 여성의 인격은 말살되고 여성은 물건이 된다. 가부장적 사고를 내면화한 에스겔의 청자에게는 남편 야웨의 행동이 '자연스럽고', '당연한' 반응으로 비쳐졌을 수 있다. 그러나 가부장제에 대한 해석과 가정 폭력에 대한 정서가 바뀜에 따라 야웨를 가부장제 속의 권위적이고 폭력적인 '남편'으로 묘사하는 것은 불편함과 반감을 일으킨다. 과거에 자연스럽고 당연하였던 것이 더 이상 자연스럽지도, 당연하지도 않게 되었다. 가정 폭력이나 데이트 폭력의 생존자들은 이 장면을 읽으면서 그 생생하고 자극적인 표현에 과거의 트라우마를 재경험할 수도 있다.

4. 나가는 말

에스겔 16장을 읽는 현대 독자의 불편함은 예루살렘의 극악한 죄와 그 심판의 엄중함을 각인시키기 위해 사용된 문학적 장치가 현대의 정서에 배치(背馳)되는 데서 온다. 예언자가 상징을 통해 유다와 야웨의 관계를 표현해낸 것은 상징을 만들어내고, 상징을 통해 현실을 표현하는 인간의 특성상 자연스러운 것이다. 특히 표현하고자 하는 그 대상이 '신'이거나 신과 인간의 관계일 때 상징적 언어 외에 다른 표현 수단이 없다. 표현할 수 없는 대상을 표현하려는 시도와 무한한 존재를 유한한 수단을 빌어 표현하려는 노력은 표현하려는 대상과 표현 사이의 필연적인 간극을 만들어낸다. 어떠한 경우에도 상징적 언어로 만들어낸 이미지는 그 상징이 가리키는 대상을 완벽히 구현해내지 못한다.

문학적 장치로 생성된 이미지가 야웨의 실존을 대변한다고 볼 수는 없다. 상징은 그 시대의 문화와 청중에 맞춰진 것으로 시대에 따라 깨어지고 새롭게 구성될 필요가 있다. 신실하지 못한 아내에 대한 남편의 징계가 에스겔 시대에는 당연하고 자연스러운 것으로 받아들여졌을지 모르나, 데이트 폭력, 가정 폭력, 여성의 대상화에 민감한 현 세대에게 아내를 폭력적으로 징계하는 남편 야웨의 상은 호소력을 가질 수 없다. 현대의 독자는 유다의 죄에 대한 충격보다 죄를 징계하는 야웨의 이미지에 더욱 충격을 받게 된다. 레이코프(George Lakoff)와 터너(Mark Turner)는 "기본적인 상징들은 개념적 자원들(conceptual resources)이다. 이 상징들은 한 문화의 구성원들이 세상을 이해하는 방법의 일환이다"라고 말한다.[32] 즉 상징과 문화는 뗄 수 없는 관계에 있으며, 문화가 바뀌면 상징도 바뀔 수밖에 없다. 그런 의미에서 에스겔 16장의 야웨 캐릭터를 신의 실존과 동일시한다면 그것은 앤드류 마인(Andrew Mein)이 지적한 것처럼 '본문의 우상

숭배'(textual idolatry)이고 '문학적 우상'(literary idol)을 세우는 것이다.33 부어 만든 상이나 깎아 만든 상처럼 문학적 상징은 보이지 않는 하나님의 모습을 구체적으로 제시한다는 점에서 '우상'을 제공한다. 상징적 언어가 만들어낸 이미지가 신의 이미지로 고정된다면 그 이미지가 곧 우상이 되는 것이다. 에스겔 16장에서 결혼의 상징은 유다의 이방신 숭배와 이방과의 외교관계에 대한 의존이라는 죄를 기소한다. 또 유다의 죄에 대한 앗시리아와 애굽과 바벨론 등 주변 국가를 통한 하나님의 징계를 선포하기 위해 사용된다. 야웨와 유다의 관계를 재현한 결혼이라는 상징에 대한 재고와 시대에 적합한 상징의 모색이 필요하다.

성폭력의 피해자, 유딧

채은하

"홀로페르네스를 받드는 보좌관과 그의 시종들이 나와서
유딧을 천막으로 데리고 들어갔다.
홀로페르네스는 진홍포와 금과 에머랄드와 보석으로 장식된
휘장으로 둘러싼 침대 위에 누워 있었다"

(유딧 10:20-21).

1. 들어가는 말

일반적으로 성경 저자들은 여성에 대하여 길게 말하는 것을 선호하지 않는다(예외적으로 드보라, 에스더 등). 그런데 구약외경(제이 정경)은 다양한 여성들의 등장과 활동, 특히 영웅적 행동에 많은 지면을 할애한다. 마카비서(1-2서)에 등장하는 익명의 용감한 여성들(순교자들)과 수산나와 에스더(에스더 부록에 등장하는 에스더) 그리고 특히 유딧 이야기는 이스라엘의 국가적 위기로 인한 절체절명의 순간에 민족의 신앙과 정체성을 지켜낸 여성의 영웅담이다. 그런데 유딧 이야기는 미투 운동에서 보여주었던 것과는 다른 측면을 보여준다는 점에서 주목할 필요가 있는데, 유딧이 성폭력의 자리를 스스로 마련한 점이다. 그녀의 명분은 베툴리아 성읍을 앗시리아의 위협으로부터 구출하기 위한 일이었는데 그 방법은 적장(홀로페르네스)의 살해를 목표로 성폭력의 위험에 자신을 자발적으로 노출시킨다. 유딧 자신이 스스로 선택한 일이었지만 그녀가 겪었을 성폭력의 두려움과 수치와 실패할지도 모를 불안감을 혼자 견뎌냈던 부분은 적장의 죽음과 베툴리아의 승리와 환호성에 그냥 묻힌다. 아마도 유딧기의 원래 의도가 이스라엘의 승리와 신앙 보존에 초점이 있기 때문일 것이다.

실제로 유딧기 저자를 비롯하여 이 책과 관련된 여러 주석서와 논문들은 유딧의 성폭력 문제를 거의 간과한다. 그러나 유딧은 자신의 외모를 무기로 적장을 살해하는 데 성공했으나 성폭력을 감수했다는 점은 유딧 인생에서 결코 무시할 수 없는 부분이다. 따라서 필자는 민족과 신앙의 보존을 위해서 성폭력의 위험에 자신을 노출시킨 유딧의 삶을 상상하면서, 그런 유딧을 묵인하거나 도외시하는 유딧기 저자와 베툴리아의 남성 지도자들(여성 포함, 10:10)의 잔인함을 고발하고 나아가 미투 운동과 이와 유사한 일로 가슴앓이를 하고 있는 남녀 모든 이들의 고통에 공감하고 위로의 마음을 전하려고 한다.

2. 유딧기의 배경, 구조와 내용

유딧기는 신구약 중간시대에 유대 사회가 외부(헬라)의 침략에 의해 존립이 위태로운 시대의 작품으로서 이 위기를 극복하기 위한 교훈적인 역사 소설이다.[1] 이 당시 유대 사회는 국왕이 없는 가운데 예루살렘을 중심으로 대제사장 요야킴과 원로들(시므온 지파 미가의 아들 우찌야, 고토니엘의 아들 카브리스, 멜키엘의 아들 카르미스[6:15; 8:10])의 지도 아래 살았던 신정 공동체였다(4:6-8). 또한 더렵혀졌던 성전과 기물과 제단을 정화한 사건이 불과 최근의 일이라고 언급한 것(4:3)은 마카비 집안의 대대적인 투쟁과 주전 164년 마카비 전쟁의 승리로 잠시 독립을 얻을 수 있었던 상황을 반영한다. 유딧기가 설정하고 있는 역사적 상황을 문자 그대로 받아들이기는 어렵지만 포로 이후 또 다시 이어진 외부 침략(헬라)으로 어려워진 위기 상황이 이 책의 저작 시기이고 저작 이유로 봐야 할 것이다.

유딧기는 크게 세 부분2으로 구분할 수 있다: 1) 제1부: 느부갓네살 왕의 승승장구(1-6장); 2) 제2부: 베툴리아의 위기와 무력한 지도자들(7장); 3) 제3부: 유딧의 성폭력과 퇴장(8-16장). 사실 1-6장은 느부갓네살의 성공 사례를 장황하게 설명할 뿐 유딧과는 간접적으로만 연결된다. 제2부가 시작되는 7장에 가서야 베툴리아의 위기 상황이 고조되면서 유딧이 등장한다. 특히 물줄기 봉쇄로 인해 마을의 항복을 5일 동안 유예하자는 우찌야의 무책임한 결정으로 유대 지도자들의 무능이 알려진다. 제3부에서 드디어 유딧이 정면으로 나서게 되고 그녀의 전략과 성공으로 유대의 승리와 무사 귀환, 그러나 그녀의 퇴장과 침묵으로 끝을 맺는다. 따라서 이 글은 유딧이 등장하는 7장부터 16장을 중심으로 유딧의 성폭력 계획과 실행하는데 이것은 유딧기 저자와 남성 지도자들의 무시와 그녀의 퇴장에 맞춰져 있다.

3. 유딧(의 저자)은 (反?) 페미니스트인가?

미투 운동3은 우월한 직위를 남용한 다양한 형태의 성폭력을 고발하는 것이다. 하지만 유딧은 성폭력의 위험에 자신을 스스로 노출하였기 때문에 성폭력의 피해자라고 단정하기 어렵다. 오히려 어떤 면에서 홀로페르네스를 비롯하여 주변 남자들의 부담스런 시선을 조롱하듯이 미모를 활용해서 자신과 유대 민족의 승리를 이끌어냈으므로 성폭력의 피해와는 거리가 있을 수 있다. 이를테면 그녀는 성폭력의 현장에 자발적으로 찾아가서 용감하게 적장을 살해한 만큼 유딧의 피해나 상처는 거의 없는 것처럼 보인다. 실제로 유딧기 저자는 이 문제의 심각성을 전혀 드러내지 않으며 오히려 여주인공 유딧의 용기, 적장의 살해와 결과적으로 유대의 승리에 집중한다.

때문에 많은 학자들은 유딧에게서 매우 긍정적이고, 강한 페미니스트적 요소들을 발견한다. 대표적으로 유딧에 대한 긍정적인 평가는 니켈스버그(G. W. E. Nickelsburg)와 무어(C. Moore)에게서 나온다. 니켈스버그는 유딧기의 주인공이 여성이라는 사실을 페미니스트의 중요한 요소로 본다. 유딧은 그녀와 연관된 남자들, 즉 우찌야와 원로들, 아시리아 군대나 그들의 사령관보다 우월하게 묘사된다. 앗시리아 군대의 바고아는 "히브리 여자 단 한 사람이 느부갓네살 왕국에 욕을 보였다"(14:18)고 감탄할 만큼 유딧을 높인다. 유딧의 용기, 신앙과 지혜가 유딧기에 등장하는 모든 남성들에게서 결여되어 있다. 이스라엘의 대제사장 요야킴과 예루살렘의 모든 주민들도 "당신(유딧)은 예루살렘의 영광이요 이스라엘의 영예이며 우리 민족의 자랑입니다"(15:9)라는 칭송을 아끼지 않는다. 니켈스버그는 그녀의 속임수는 남성의 약점에 적합한 무기이기에 유딧을 어떤 남성보다 우월한 페미니스트로 본 것이다.[4] 이와 유사하게 유대 공동체를 구출한 유딧은 작은 출애굽 사건처럼 해방의 모범이 된다고 평가하기도 한다.[5] 그런 점에서 유딧은 모든 편견과 차별을 뛰어넘으며 진정한 의미에서 인간 해방을 몸소 실천한 여성이라고 주장한다.[6] 이렇게 업적의 관점에서 유딧을 영웅으로 대우할 수는 있지만 사실 그녀가 페미니스트라는 논점은 너무 단순해 보인다. 왜냐하면 주인공 혹은 결과의 기준에 따라 에스더나 룻을 페미니스트라고 하기 어려운 것과 같은 이치이기 때문이다. 대부분의 경우 여성의 지도력은 극도의 위기 상황, 이를테면 국가의 위기나 남성 지도력의 부재와 같은 상황에서만 발휘될 뿐 그 상황이 종료되면 여성은 이전의 자리로 돌아가게 된다.7

한편 무어(C. Moore)가 발견한 유딧의 페미니스트적인 요소는 특이하다. 유딧은 남성성과 여성성이 혼재되어 있기 때문에 그녀에게는 성(性)이 없다고 한다. 유딧은 베툴리아에서 원로들과 함께 남성으로 활동하고, 또 앗시리아 진영에서도 홀로페르네스의 머리를 자르고 앗시리아 군대가 패배할 때까지 남성처럼 행동한다. 그런 후 유딧은 다시 여성으로 되돌아간다. 그렇다면 유딧은 어느 한 역할에 국한하지 않고 성별의 경계를 뛰어넘는 여주인공이므로 그녀는 분명 페미니스트라고 한다.8 유딧은 저자가 살던 시대 문화의 성차별을 뛰어넘는 여주인공이라고 무어는 결론짓는다.9 그러나 페미니즘은 "생물학적인 성으로 인한 모든 차별을 반대하고 양성평등을 근거로 여성의 지위-역할에 변화를 일으키려는 여성운동"10이라는 일반적 정의를 적용할 때 기존의 남녀 역할의 공존을 페미니즘과 동일시하는 무어의 이해는 지나쳐 보인다.

이처럼 유딧의 페미니스트적인 요소를 찾는 사람들은 유딧이 주인공이라는 점과 유딧의 여성성과 남성성의 동시성을 높이 평가한다. 그러나 유딧은 유대 공동체의 운명을 승리로 이끄는 데 결정적 역할을 한 영웅으로서 또한 남성 위주의 가부장 사회에서 여성의 소리를 들려준다는 점11은 주목할 만하지만 그 시대의 가부장적 가치에 어떤 변화도 여성의 위치나 변화도 이끌어내지 못했다는 점에서 그녀를 페미니스트로 보는 것은 지나치다.

    이와는 반대로 유딧 혹은 유딧기의 저자는 위험할 정도로 가부장적일 뿐만 아니라, 오히려 가부장적인 요소를 지지하고 있다고 주장하는 견해가 있다. 유딧을 결코 페미니스트로 볼 수 없을 뿐만 아니라 오히려 이에 역행한다는 것이다. 대표적인 학자로 밀네(P. Milne)를 꼽을 수 있다. 그녀에 따르면 페미니즘은 여성이 남성 지배의 세계에서 겪은 억압에 대한 구체적인 경험을 인정하고, 여성에 대한 형평성을 주장해야 한다. 또한 페미니스트 이야기는 여성의 품위를 높여야 하며, 여성 중심적이고 여성 정의가 있어야하기에 유딧이 결코 페미니스트이거나 그런 요소가 있다고 말할 수 없다고 한다.[12] 오히려 가부장적인 가치관이 유딧에게 그대로 보존되어 있다. 그녀는 영웅적 사건을 완성한 후 원래의 자리, 과부의 모습으로 서둘러 돌아간다. 그녀의 진정한 능력인 지혜, 경건, 헌신과 용기는 묻혀버리고 만다. 그러므로 그녀는 자신의 성적인 매력을 이용한 남자의 여자(man's woman)로서 단지 조력자일 뿐이라고 한다. 그녀는 시므온과 세겜 지역의 복수를 기억하지만 성폭력의 희생자인 디나와 세겜 지역의 여성들의 곤경을 외면하고 있기에 유딧은 여성 정체성의 정반대라고 주장한다. 유딧은 오히려 여성은 열등하고 부차적이라는 가부장적 이념을 효과적으로 강화시키고 있다고 한다. 비록 그녀가 자신의 민족을 앗시리아 군대로부터 해방시켰지만, 유딧은 자신이나 그녀의 동족들이 가부장적인 성 이데올로기를 그대로 유지하는 일에 동조했음을 부인할 수 없다[13]고 한다.

    마찬가지로 키스(H. Efthimiadis-Keith)도 유딧은 주인공은 될 수 있지만 페미니스트는 아니라고 한다. 유딧은 단지 가부장적 힘을 가진 도구로 사용되었을 뿐이다. 유딧은 해방된 여자도 아니고 눈에 띄는 자리에 오르지도 않는다. 오히려, 그녀는 자신의 사적인 자리로 돌아오고 남성중심적인 유대 사회에 깊숙이 묻힌다. 이것은 유딧이 가부장적인 사회에서 여성의 전형적인 종속적 역할과 모델이 되었음을 선언한 것이라고 한다.14 레빈(A-J. Levine) 역시 페미니스트적인 유딧을 거부하는데, 그 이유는 이렇다. 유딧이 모든 일을 성공적으로 마친 후 백성들 앞에 공적으로 나선 때는 그녀가 무덤에 묻혔을 때뿐이다. 살았을 때나 죽음의 자리에서나 유딧은 아내로서의 전통적인 역할에 철저히 순응하면서 살아간다. 그녀가 지켜야 할 자리는 남성이 지배하는 자리 밖에 머물러야 한다는 메시지가 강하게 드러나 있다.15 유딧은 가부장적인 유대 사회에 그대로 순응하고 어떤 변화도 이끌어내지 못한 여성이다. 어쩌면 이런 그림은 유딧 자신의 문제가 아니라 여성의 몸은 언제라도 무기로 사용될 수 있고, 이것은 필요에 따라 용납될 수 있다는 저자 및 그 시대의 사회적인 분위기 때문일 것이다.

이렇게 유딧은 여러 학자들에 의해 페미니스트적인 혹은 그와는 정반대로 반페미니스트적인 요소로 설명되곤 한다. 하지만 아쉬운 것은 이들 모두 유딧이 겪었던 성폭력 문제는 그대로 간과한다는 점이다. 유딧 이야기에서 가장 극적으로 전개되고 있는 유딧의 유혹과 성폭력, 그러나 이 문제를 다루는 이는 거의 없다. 사실 유딧 이야기의 상당 부분은 유딧과 그녀가 만나는 남자들이 던지는 그녀의 미모 칭찬과 그와 관련된 성적 호기심에 있다. 그러므로 간과할 수 없는 한 가지 사실은 유딧은 영웅적 인물이지만 평생 '성폭력의 피해자'였다는 점이다. 유대의 승리와 기쁨에 취한 나머지 유딧이 겪어야 했던 성폭력의 고통과 기억에 대하여 저자나 독자들은 모른 척한다. 필자는 유딧의 이야기를 '성폭력'의 관점에서 들여다보려고 한다.

4. 유딧의 등장과 성폭력

1) 유딧이 등장하다

유딧의 족보에는 구약성경(외경포함)에 등장하는 여성들 가운데 가장 긴 족보, 무려 부친 므라리의 15대에 걸친 윗세대가 차례로 나열된다(8:1). 이 조상들의 이름이 유딧기의 저작 장소와 기원의 근거가 되기도 하지만[16] 특이한 사실은 유딧이 여성임에도 그녀의 조상들이 소개되고 있다는 점이다. 이것은 유딧은 훌륭한 업적을 남긴 사람이라는 것을 가장 분명하게 보여주는 부분이다. 또한 유딧의 과부 인생을 소개하는 데서 유딧기 저자의 영리한 계산법을 찾을 수 있다.[17] 유딧이 대중 앞에 자신의 모습을 나타내기 이전 3년 4개월(40개월) 동안 과부로 살았다(8:4)고 하는데, 이것은 이스라엘의 광야 생활 40년을 연상시킨다. 그녀가 과부로 살았던 40개월이 이스라엘의 광야 생활처럼 무의미한 것이 아니라는 뜻이다. 40년 세월이 이집트의 히브리 노예를 하나님의 백성으로 탄생시킨 기간이 되었던 것처럼 유딧의 과부 생활 40개월 역시 영웅의 태동기라는 것을 암시하는 듯하다. 또한 베툴리아가 포위된 지 34일(7:20)이라고 한 수 3과 4는 유딧이 과부된 지 3년 4개월의 수와 일치한다.

주인공 유딧에 관한 저자의 서술에서 여성에 관한 당시의 이상형을 엿볼 수 있다. 유딧은 므낫세라는 남편을 일찍 잃은 아마도 젊고(?) 아름다운 과부이지만 금은보화와 종들과 가축과 토지를 소유하고 혼자 관리할 수 있는 유능한 여성이다. 그럼에도 유딧은 자기 집 옥상의 천막에서 베옷과 과부 옷차림으로 정결한 음식(12:19)과 철저한 금식(8:6)과 기도(9장)에 충실한 하나님을 경외하는 여성이었다. 그녀의 금식 생활은 "안식일 전날과 안식일과 그믐날과 초하룻날과 이스라엘 사람들의 축제일과 경축일을 제쳐놓고는 하루도 빠짐없이 단식"(8:6)할 만큼 철저하다. 유딧의 이런 생활은 모두 하나님을 경외하는 데서 온 것이었는데, 이것 때문에 유딧은 공적인 활동을 시작하기 이전에도 아무도 비난하지 않았다는 평가를 받는다(8:8). 금식과 기도는 신구약 중간시대의 전형적인 경건 생활이다.[18] 그러므로 유딧은 그 시대의 가장 이상적인 인물이었고, 거기에 아름답고 부족한 것이 없는 유능한 여성이다(잠 31장을 연상시킨다). 저자는 고대와 현대의 모든 독자들에게 위기 극복을 위해서는 유딧의 이런 모습을 본받을 것을 의도하는 듯하다. 이렇게 훌륭하고 부족한 것이 없는 유딧이지만 그녀는 공동체가 위기에 처할 때 성폭력의 위험에도 선뜻 나선 희생적 여성이라는 사실이 강조된다. 그러나 유딧은 남성 지도자들의 묵인 아래 성폭력의 자리를 견디게 되는데 그 과정을 찾아보기로 한다.

2) 유딧이 성폭력을 계획하다

(1) 남성 지도자들이 묵인하다

국가는 국민을 보호해야 할 의무를 갖는다. 국가가 이 의무를 잘 수행하면 백성은 안전하고 자유롭게 개인의 삶을 영위할 수 있다. 하지만 유딧은 그런 평범한 삶을 이어갈 수 없게 되었다. 그것은 자신의 고향 베툴리아가 곧 적군에게 내어줄 수밖에 없는 위태로운 상황, 물줄기의 봉쇄 작전으로 그들의 최고 지도자 우찌야가 앞으로 5일 내로 비가 오지 않으면 적군 앗시리아에게 그 도성을 내주겠다고 백성들에게 약속한 사실을 듣게 되었기 때문이다.

유딧은 먼저 자기 집의 재산 관리자에게 그 도성의 남성 지도자들, 우찌야를 포함하여 카브리스와 카르미스를 자기 집으로 불러와서 그들을 대면한다(8:10, 28). 그들에게 유딧은 자신의 신앙과 신념을 소신있게 밝힌다(8:11-27). 한낱 과부가 그 마을의 남성 지도자들을 자기 집으로 소집할 수 있는 정도라면 유딧의 사회적 위치나 평판이 탁월했을 것이다. 유딧은 이들에게 지금 베툴리아가 겪고 있는 위기는 단지 '하나님의 시험'(8:25; 신 8:5; 시 94:12)일 뿐 하나님께서 결코 망하게 하지는 않으실 것이라고 이들의 결정에 도전한다. 이에 우찌야는 그 결정의 불가피성을 호소하고 유딧의 기도라면 비가 와서 도성이 망하지 않을 것이라는 희망으로 그들의 무능을 합리화한다. 나아가 이들은 유딧이 자신의 화려한 외모를 무기로 장군의 유혹자가 되어 성폭력의 위험을 감수할 것을 관망하는 자세로 그 은밀한 계획, 즉 '성폭력의 자리'를 묵인하는 듯하다.[19] 이것은 다음의 대화에서 엿볼 수 있다.

유딧: "내 말을 들으시오. 우리 후손대에 길이 남을 만한 한 가지 일을 이루어놓겠습니다…. 그러나 내가 하려고 하는 일에 대하여 아무 말도 묻지 마십시오. 내가 하는 일을 다 끝낼 때까지는 여러분에게 알려드리지 않겠습니다"(8:32-34, 공동번역개정).

우찌야와 다른 원로들: "안녕히 가십시오. 주 하나님께서 당신과 함께 계셔서 우리 원수들을 벌해 주시기를 빕니다"(8:35, 공동번역개정).

이렇게 유딧은 이 남자들에게 "우리 후손대에 '길이 남을 만한 한 가지 일'"을 이룰 것이니(8:32) 그것이 무엇인지 묻지 말아달라고 부탁하는데 이 남성 지도자들이 정말 유딧의 계획을 몰랐을지 의심스럽다. 그 '일'이란 헬라어 tēn praksin을 번역한 것인데 그 의미는 "행동 혹은 부끄러운 행동"[20]을 뜻한다. 하지만 이 남자들은 '그 일'을 모른 척한다. 묻지 말라고 한 것은 이 원로들이 유딧의 계획과 의도를 간파하고 있다는 것을 유딧이 알고 있다는 것을 의미한다. 더욱이 이들은 유혹자의 모습으로 화려하게 변신한 유딧이 베틀리아 성문을 빠져 나와 적진으로 들어갈 때 환송하면서 "당신의 계획이 이루어지게 해달라"(10:6, 8)는 말까지 보탰던 것을 보면 이들은 결코 유딧의 '그 일'을 모를 리 없다. 유딧기 저자는 지도자들도 몰랐던 일인 것처럼 동시에 독자들도 그렇게 생각하도록 이끌어가고 있지만 수없이 반복하는 찬사, '이 아름다운 유딧'(8:7, 10:4, 7, 14 등)이 적진에서 할 수 있는 일이란 자신의 외모를 무기로 유혹자가 되는 일 외에 다른 방법이 없을 것이라고 상상하는 일은 어렵지 않다.

유딧이 말하는 '길이 남을 만한 한 가지 일', 바로 '성폭력의 자리'를 만들어 자신이 유혹자요 동시에 피해자가 되어서 적장을 죽여 민족을 구하는 일이었다. 이들은 그 일을 단지 아는 체 할 수 없는 은밀한 거래, 즉 성폭력의 자리라는 것을 묵인하면서 유딧의 모험과 고통을 외면했고, 또 그 공동체의 운명을 유딧에게 전가하는 비겁한 남성 지도자들이었다. 이들은 유딧의 계획이 성공하면 덕분에 국가의 위기를 넘긴 유능한 지도자가 될 것이고, 실패를 한다 해도 유딧에게 그 책임이 돌아갈 것이기 때문이다.

(2) 유딧이 기도하다

남성 지도자들을 만난 후 유딧은 전형적인 참회의 모습으로 땅에 엎드려 머리에 재를 뿌리고 베옷을 밖으로 드러내면서 기도한다(8:5, 9:1). 성폭력의 주제가 이 기도의 주요 요소이다. 가장 분명한 언급은 유딧이 하나님을 "내 조상 시므온의 하나님"으로 부른 데서 시작된다(9:2). 이 기도에서 유딧은 야곱의 딸 디나를 직접 언급하지 않았지만 그녀가 당한 강간과 이것을 복수한 시므온(과 레위)의 세겜인 학살(창 34:25-31)을 상기시킨다. 유딧은 "욕을 보이고, 아랫도리를 드러나게 하고 모욕을 주고 태를 범하여 수치를 보게 한 일"(9:2)이라고 디나의 성폭행을 묘사한다. 따라서 시므온에 의한 세겜인의 학살처럼 유딧은 자신의 복수를 정당화시킨다. 유딧은 베툴리아의 함락을 디나의 성폭력과 동일시하고, 이를 복수하기 위하여 앗시리아 적장의 암살 성공을 간절히 기도한다: "하나님, 나의 하나님, 이 과부의 말을 들어 주소서"(9:4), "내 기도를 들어주소서!"(9:12) 이것에 대하여 레빈은 유딧은 유대 공동체를 대표하고, 디나의 성폭력과 베툴리아의 포위를 동일시하고 있다고 한다. 더욱이 처녀라는 의미의 히브리어 베툴라(בתולה)와 베툴리아(Bethulia)라는 이름 사이의 유사성은 저자의 의도가 치밀하게 반영된 것21을 보여준다. 그녀가 앗시리아 군대와 맞서고 적장을 죽였다는 점에서 유딧을 군사적 영웅으로 간주하지만 그녀의 방법은 지극히 비군사적 무기이다. 자신이 마련한 성폭력의 자리를 통해 하나님께서 저들을 복수해달라고 유딧은 기도한다. 9장 4절에서 유딧은—창세기 34장에는 생략— 세겜인의 아내들과 딸들이 강간을 당하는 복수를 언급한다. 이것을 볼 때 유딧은 자신에게 닥칠 성폭력의 위험을 강하게 의식하고 있음을 짐작케 한다. 이처럼 유딧의 기도는 자신이 겪게 될 성폭력의 노골적인 암시와 정당한 복수와 민족의 생존과 하나님의 승리에 집중되어 있다.

(3) 유딧이 성폭력을 견뎌내다

유딧은 과부 옷차림을 벗고 남자를 유혹할 만한 장신구와 화려한 옷과 향유와 머리를 빗고 그 위에 '처네'(hair ribbon)와 고운 천으로 치장함으로써 유혹자의 모습을 갖춘다. 모든 남자들(유대 지도자들, 성문 경비병들, 군인들 등)과 마주서는 유딧, 이들은 그녀의 미모에 넋을 잃는다. 그녀는 미모와 말재주로 적장 홀로페르네스를 만나고 유혹하는 데 성공한다. 그런데 그녀가 마련한 자리는 바로 성폭력이 난무한 무대인데 유딧은 화려한 치장과 유창한 거짓말과 계획적인 기만으로 이 일을 성사시키려 한다. 에슬러(P. Esler)는 유딧이 이렇게 할 수 있는 것은 고대 지중해의 집단주의적 문화적 환경 때문이라고 한다. 즉 외부인, 특히 내부 집단의 안전을 위협하는 타인들에게 계략과 회유를 사용하는 것은 집단 충성의 표시라고 한다. 거짓말 역시 전략가의 무기로 받아들일 수 있는 합법적 요소이다. 억압자와 맞설 수 있는 힘이 부족한 집단이 속임수를 사용해서라도 억압 상태를 전복시키는 일은 소중한 요소가 된다고 한다.[22] 그런 문화권이기에 유딧은 공동체의 위기 탈출을 위해 거짓말, 기만과 아첨과 성폭력 그리고 살인과 같은 폭력적 행위도 불사한다.

이제 유딧이 그 자리에서 겪었을 그녀의 경험에 대한 합리적 상상이 필요하다. 유딧이 마련한 성폭력의 자리, 그러나 저자와 독자들은 유딧이 마지막 날 밤에 펼친 잔치에서 홀로페르네스와 단독으로 대면한 가운데 그의 목을 치는 대담한 용기에만 집중한다. 하지만 유딧이 적지에서 다양한 형태의 성폭력을 겪었음을 간과해서는 안 된다.[23] 유딧과 적장이 만났던 그 자리, 홀로페르네스가 건넨 다음의 말을 보면 그 곳은 성폭력의 자리였음이 분명하다.

> 네(바고아) 책임 하에 있는 저 히브리 여자에게 가서 우리에게로 와서 우리와 함께 먹고 마시자고 타일러라(12:11b). 그런 여자와 한 번도 놀아보지 못하고 그대로 돌려보낸다는 것은 우리의 수치다. 데려오지 않는다면 도리어 그 여자가 우리를 비웃을 것이다"(12:12); 자, 어서 잔을 드시오. 우리와 함께 즐깁시다(12:17).

홀로페르네스의 이런 말들, 이것은 강도 높은 성희롱을 넘어서 유딧과의 성관계를 기대한 데서 나온 것이다. 더욱이 옆에 있던 바고아는 그와 유딧과의 성관계를 암시하면서 그녀를 충돌질한다: "어여쁜 아가씨, 조금도 주저하지 말고 장군님 앞에 들어가 장군님과 함께 영광을 누리십시오. 그리고 우리와 함께 포도주를 마시며 즐깁시다. 이날은 느부갓네살 궁전에서 시중드는 아시리아의 딸처럼 되십시오"(12:13). 그러자 유딧은 그 분위기에 맞춰서, "그럼 마시겠습니다, 장군님. 세상에 나온 이후로 오늘이 내 생애에 있어서 그 어느 날보다도 더 영광스러운 날입니다"(12:20)는 말로 자신의 속내를 감추고 그를 안심시킨다. 그리곤 바고아는 그 천막을 떠나 밖에서 잠가 버리고 침실에는 어떤 시종들도 없이 홀로페르네스와 유딧만 남긴다.

여기서 우리는 상상한다. 저자는 우리에게 홀로페르네스는 단지 술에 너무 취해서 어떤 짓도 할 수 없었을 것이고 유딧은 자신의 몸을 순결하게 지킬 수 있었을 것이라는 느낌을 전해준다. 실제로 저자는 유딧으로 하여금 이렇게 고백하게 한다: "내 얼굴이 그를 유혹하여 그를 죽게 했을망정 그는 나를 범하여 더럽히거나 욕을 보이지는 못했습니다"(13:16b). 그러나 그 술자리가 그렇게 끝날 수 있는 자리인가?! 홀로페르네스는 유딧과의 단독 만남을 위해 3일을 기다렸던 만큼 온갖 음담패설과 선정적인 몸짓과 시선 강간을 유딧은 겪었을 것이라는 상상은 지나치지 않다. 말하자면 유딧은 거사(?)를 위해 마련한 온갖 종류의 성폭력(13장 16절에서 그녀가 고백한 것처럼 강간까지는 아니더라도[24])을 견뎌야 했기 때문에 어찌 성폭력의 피해자가 아닐 수 있는가! 유딧이 적장의 목을 치기까지 홀로페르네스를 비롯한 여러 남자들의 고약한 시선과 자신의 계획이 탄로 날 것에 대한 조바심과 두려움과 불안 그리고 그녀에게 닥칠(친) 강제 추행과 강간에 대한 불안과 고통은 결코 적지 않았을 것이다. 이처럼 저자는 유딧의 미모와 순결을 강조하면서 동시에 그녀의 정결법 준수와 기도와 금식의 힘을 통해 그 시대의 이상적인 여성상을 채색하지만 성폭력의 흔적은 감춘 채 승리의 세계만 강조한다. 유딧 자신이 계획한 성폭력의 위험, 그러나 남성 지도자들의 묵인 내지 은밀한 동조 아래 이루어진 성폭력을 견뎌야 했을 것이다! 유딧은 베툴리아 성읍이 패한다면 더 많은 여성들이 겪었을 온갖 폭력을 알기에 혼자라도 나설 수밖에 없었을지 모른다.

3) 유딧이 퇴장되다

온 마을은 유딧의 무사귀환으로 승리의 기쁨으로 가득하고, 하나님을 찬양하고 그녀의 공로를 한껏 치하한다. 이제 대제사장 요야킴도 정면에 나서고, 이스라엘의 모든 여자들은 춤으로 이 승리를 축하하고 남자들도 이들을 뒤쫓으면서 유딧과 마을의 승리를 기뻐한다. 주민들은 무려 석 달 동안이나 예루살렘 성전에서 축제를 벌였고, 유딧도 이들과 함께 머문다.

하지만 이후 저자는 유딧을 무대 밖으로 사라지게 한다. 저자는 유딧이 사람들의 입에 오르내리는 유명세를 탔다고 하지만 105세에 죽을 때까지 혼자 살면서 어떤 남자와도 관계를 맺지 않았다고 한다. 유딧의 독신 고집은 초기 기독교회(터틀리안, 암브로즈, 제롬 등)에서 순결의 상징으로 사용된다.[25] 이렇게 저자는 유딧의 독신을 이상화하는데, 유대 전통에 따르면 랍비들은 과부의 재혼을 독려하기 위하여 장애 요소를 가능한 제거했기에 오랜 기간 과부로 살았던 여성은 많지 않았다[26]고 한다. 유딧은 생전에 여종들을 해방하였고 친척들에게 재산을 분배한 후 남편 므낫세의 무덤에 합장되었다(16:18-25)고 전해줄 뿐이다. 이처럼 저자는 유딧을 그녀의 이름만 남기고 완전히 퇴장시킨다.27 유딧은 단지 그녀의 미모가 필요할 때 사용되었을 뿐 철저히 가부장적인 사회의 여자로 돌아간다.

5. 유딧은 성폭력의 그 자리를 잊지 못한다!

성폭력에 대하여 다음과 같이 정의한다.

성폭력(性暴力, sexual violence)은 한 사람이 다른 사람에게 행하는 성적 폭력을 묘사하는 폭넓은 행위 범주로서, 거기에는 강간, 어린이 성적 학대, 성적 괴롭힘 등이 내포된다. 거기에는 희생자의 의지를 거슬러서 혹은 진정한 동의가 가능하지 않은 상황에서 신체적이거나 음담패설 혹은 성과 관련된 행위가 내포될 수 있다.28

이 정의에 따르면 유딧의 행동은 성폭력의 위험을 알면서도 스스로 그 상황을 만든 공범에 가깝다. 유딧은 스스로 성폭력의 자리를 마련하였고 자신이 피해를 입었다. 그런데 그녀는 이 부분에 대해서 아무 말도 하지 않는다. 또한 저자 역시 이 점에 대해서 침묵하고 있다.

성폭력 피해자의 고백을 읽은 적이 있다. "…가해자에게는 이 일이 끝난 일인지 모르겠다. 하지만 피해자인 나에게 이 일은 끝나지 않았다. 처음 이 일을 겪고서는 망각의 동물답게 시간이 지나면 잊을 줄 알았다. 다른 경험들을 하면 지나간 괴로움은 잊히겠거니 생각했다. 잊을 수 없는 일을 잊을 수 있으리라고 생각하는 것도 일종의 희망 고문이다. 나는 이 사실을 깨닫는 데만 몇 년이 걸렸고 그렇게 오랜 시간이 지나서야 나는 이 일을 잊기를 포기했다…."29

유딧이 겪은 이 사건은 그녀가 몇 살 때였을까? 그녀에게 자식이 없었고 모든 남자들마다 그녀의 미모를 칭찬하는 것을 보면 아마도 그 당시의 기준으로 볼 때 20-30대를 넘지 않았을 것 같다.30 그렇다면 그녀는 105세, 그녀가 죽을 때까지 그 긴 시간을 이 기억과 함께 살아야 했을 것이다.

독자들은 유딧의 용단과 신앙과 결단력과 지도력과 지혜와 그 결과를 보고 다양한 칭호를 붙여준다. 페미니스트, 친페미니스트 혹은 그와는 정반대로 반페미니스트와 같은 어떤 호칭이 붙더라도 유딧이 민족의 영웅임에 분명하다. 그러나 유딧은 성폭력의 피해자 혹은 미투 운동이라는 단어조차 없었던 지극히 가부장적인 사회에서 민족과 신앙을 지키려는 결단으로 성폭력을 견뎌야 했다. 유딧기 저자 혹은 독자들은 유딧의 이런 점을 간과한다. 유대 민족의 승리를 3개월 동안 다함께 축하한 유딧은 이후 베틀리아의 '남편 집'31으로 숨겨지고 모든 남자들과 분리된다.32 당대에 유명세를 탔다고 하지만 그녀는 누구하고도 관계하지 않았다고 한다. 저자는 그녀로 하여금 자기 재산들을 친척들에게 나누어주고 여종에게 자유를 주는 등 모든 것을 털어버린다. 하지만 유딧은 성폭력의 그 자리와 그 일을 결코 잊지 못했을 것이다. 저자는 유딧이 민족의 영웅이요 훌륭하고 경건하고 순결하며 유능하고 희생적인 여성이었다는 사실만을 기억해 주기를 바란다. 독자들 역시 저자의 그런 의도를 잘 따라간다.

6. 나가는 말

유딧은 자식도 없이 혼자 남은 과부이지만 유대의 전형적인 과부이거나 약하거나 보호를 필요로 하는 사회적 약자로 그려지지 않는다. 그녀는 가장(家長)으로서 집안을 운영했고 또한 자신의 족보까지 갖는다(8:1). 이렇듯 그녀의 개인적 성취는 조상들, 특히 시므온 가계(家系)마저 보존하고 드러낼 만큼 대단하다.33 또한 마을의 승리까지 이끌었으니 이런 유딧에게 온갖 찬사를 붙여도 지나치지 않다. 그렇다고 이런 찬사가 개인적으로 그녀가 겪었던 성폭력의 기억과 고통을 잊을 수 있게 했을까? 유딧은 자신이 원치 않는 유혹자로서 남성 지도자들의 묵인 혹은 은근한 바람 아래, 급기야 적장의 목을 베고 그 성폭력의 자리에서 받은 불쾌감과 수치와 혐오를 겪는다. 때문에 그 당시의 사회적 제도와 분위기 역시 그녀의 공적인 자리를 허락하지 않았을 것이고34, 본인 역시 그 분위기 때문에 자신의 집 안으로 들어가 재혼도 하지 않은 채 혼자 살아야 했을 것이다. 어쩌면 유딧기 저자는 유딧의 이런 모습을 통해 가부장적인 사회를 더욱 강화시키고 여성의 희생을 은근히 조장하는 효과를 기대했을지 모른다.

유딧의 이야기는 오래전의 성경 이야기로만 끝나지 않는다. 다양한 종류의 성폭력 역사는 지금도 계속되고 있지 않는가! 한때 국가가 너무 약해서 불과 10대라는 어린 나이에 비참하게 강제 동원되었던 위안부 어머니들, 가정 형편상 떠밀려서 범죄의 딱지와 함께 고통스럽게 자신을 희생하는 성매매 여성들, 지금도 세계 곳곳의 전쟁터에서 다양한 성폭력에 신음하는 여성들, 여러 이유로 미투 운동에 차마 나서지 못하는 남녀 모든 이들의 아픔과 고통과 위로가 필요한 사람들이 이 땅에서 여전히 살아간다. 이들은 익명의 사람들로 살아가지만 그들이 받은 성폭력의 상처를 쉽게 지우지 못한다. 이들의 처지와 명분은 서로 다르지만 유딧이 죽을 때까지 혼자 외롭게 견뎠을 그 아픔과 고통처럼 이들 모두의 슬픔과 한(恨)을 기억하면서 이 글을 마친다.

주註

성폭행, 개인의 문제인가, 사회적 문제인가? | 박유미

1 이 글에서는 사건의 명칭을 피해자의 이름 대신 가해자의 이름으로 부르고자 한다.
2 이 단어는 '부끄러운 일'(창 34:7, 개역개정, 새번역), '망령된 일'(삿 19:23, 개역개정), '수치스러운 일'(삿 19:23, 새번역), '어리석은 일'(삼하 13:12, 개역개정), '악한 일'(삼하 13:12, 새번역)로 번역된다.
3 Alice A. Keefe, "Rapes of Women/ Wars of Men," *Semeia* 61 (1993), 82.
4 니디치(Niditch)는 이런 레위인과 노인의 행동에 대해 여성들을 이용한 후 버릴 수 있는 존재로 여기거나 대체 가능한 존재로 여기는 세계관이 함축되어 있으며 이 남성들은 비겁하고 여성에 대한 성폭력과 살해에 공모하고 언약을 파기한 것이 분명하고 비난받을 만하다고 평가하였다. Susan Niditch, *Judges: a Commentary* (Louisville: Westminster John Knox Press, 2008), 193.
5 김호경, "[성서와 설교: 왜 그 여자와 이야기하십니까] 낮은 목소리-다말", 「기독교사상」 48권 7호 (2004년 7월), 120.
6 김이곤, "다윗의 딸 다말 애도송 -지혜를 능욕하는 왕권을 고발하며", 「기독교사상」 통권 제335호 (1986년 11월), 105-106.
7 김이곤, 윗글, 110.
8 Caroline Blyth, "Terrible Silence, Eternal Silence: A Feminist Re-Reading of Dinah's Voicelessness in Genesis 34," *Biblical Interpretation* 17 (2009), 505.
9 그는 신명기의 성폭행법에 깔려 있는 전제와 가치에 대해 다음과 같이 네 가지로 설명한다. 1. 여성의 성폭행은 남성의 법적 사회적 권리에 대한 침해이다. 2. 여성의 죄 혹은 무죄는 중요한 쟁점이다. 3. 강간당한 여성 혹은 소녀는 손상된 상품이다. 4. 그리고 모든 것의 밑바탕에는 여성의 성은 남성의 재산이다. Carolyn Pressler, "Sexual Violence and Deuteronomic Law," in *A Feminist Companion to Exodus-Deuteronomy* (Sheffield, England: Sheffield Academic Press, 1994), 112.
10 캐롤 A. 뉴섬 · 샤론 H. 린지/이화여성신학연구소 옮김, 『여성들을 위한 성서주석 - 구약편』 (서울: 대한기독교서회, 2015), 162. 원서: *Women's Bible Commentary*, Expanded Edition, ed. Carol A. Newsom and Sharon H. Ringe (West- minster: John Knox Press, 1998).
11 김이곤, 윗글, 107.

12 고든 웬함/윤상문 · 황수철 옮김,『창세기 16-50』(서울: 솔로몬, 2001), 551. 원서: Gorden J. Wenham, *Word Biblical Commentary Vol. 2 Genesis 16-50* (Waco Texas: Word Books, 1987).

13 이희학은 레위인이 주로 "그녀의 남편", "그의 사위", "그 사람", "주인", "나그네", "이 사람" 등으로 칭해지며 이것은 레위인이 주인공이 아닌 부차적인 인물로 간주되기 때문으로 보았다. 이희학, "사사기 17-21장과 친왕권적 신학",「구약논단」 22권 4호 (2016년 12월), 273.

14 우리말 성경에는 사사기 19장 28-29절에 "시체"라는 단어를 넣었지만 히브리어 본문에는 이 단어가 없다. 즉, 레위인의 첩이 어느 시점에서 죽었는지 본문은 분명하게 밝히지 않는다.

15 여기서 '토막내다'(나타흐)는 동사는 제사를 드리기 위해서' 각을 뜨다'는 동사와 동일하다(왕상 18:23). 그리고 '칼'(마아켈레트)도 짐승을 잡는 칼로 이삭을 잡으려고 했던 종류의 칼이다(창 22:6, 10). 전체적으로 레위인이 첩을 토막 내는 모습은 짐승을 잡는 것과 같다.

16 박유미,『내러티브로 읽는 사사기』(서울: 새물결플러스, 2018), 349.

17 다말의 이야기는 암논과 압살롬의 왕위 쟁탈을 비추는 조연이며 정치적 희생양이라고 보며 이 부분은 암논과 압살롬의 왕위 쟁탈의 측면에서 해석해야 한다는 주장은 이런 해석을 지지한다. 손종희, ""אני אמרך"-다윗 왕위 계승 순서의 뒤틀림",「구약논단」 22권 2호 (2016년 6월), 104.

피해자의 관점에서 읽는 디나의 성폭력이야기(창 34장) | 이영미

1 도형진에 의한 권영미의 성폭행 사건 재판은 드라마 <저스티스> 제1회 상영 동영상에서 05:00-21:00 시간대에 나온다. http://program.kbs.co.kr/2tv/drama/justice/pc/ 참조하라.

2 권김현영, "성폭력 2차 가해와 피해자 중심주의의 문제", 권김현영 엮음,『피해와 가해의 페미니즘』(교양인, 2018), 45.

3 "이들은 밧단아람에서 레아와 야곱 사이에서 태어난 자손이다. 이 밖에 딸 디나가 더 있다. 레아가 낳은 아들딸이 모두 서른세 명이다"(창 46:15).

4 "Dinah," Encyclopedia Britannica. www.britannica.com/biography/Dinah-biblical-figure.

5 직역은 수사비평을 위해서 한글 어순이 어색하더라도 히브리 어순에 따라 번역하였다.

6 마크 셰리든 엮음/이혜정 옮김,『교부들의 성경주해. 구약성경 2: 창세기 12-50』(분도출판사, 2014), 365에서 재인용. 원서: Mark Sheridan, *Genesis 12-50. Ancient Christian Commentary on Scripture. Old Testament II* (Inter Varsity, 2002).

7 존칼빈성경주석편찬위원회, 『칼빈성경주석 2』(서울: 성서교재간행사, 1990), 266.
8 매튜 헨리, 『매튜 헨리 주석 -창세기』(고양: 크리스챤다이제스트, 2008), 543.
9 Nahum M. Sarna, *Genesis, The JPS Torah Commentary* (Philadelphia: Jewish Publication Society, 1989), 233; David W. Cotter, *Genesis* (Collegeville: The Liturgical Press, 2003), 252-53; 정일승, "원인론적 관점에서 읽는 디나 이야기", 「성경원문연구」 제37호 (2015.10.), 37에서 재인용.
10 Dina Coopersmith, "Women in the Bible #5: Dinah - The Power to Transform Evil," https://www.aish.com/jl/b/women/Women-in-the-Bible-5-Dinah.html (2019년 4월 9일 접속).
11 Alice Ogden Bellis, *Helpmates, Harlots, Heroes: Women's Stories in the Hebrew Bible* (Louisville: Westminster/John Knox, 1994), 87; 윌로이스 미리암 윌슨/조최경자 옮김, 『흔히 들을 수 없는 성서의 여성이야기 2』(한국여신학자협의회 여성신학사, 2003), 135에서 재인용.
12 '2차 피해'란 성폭력 사건(1차 피해) 발생 이후에 사건을 조사하거나 해결해가는 과정에서 생기는 일련의 문제들을 지칭하기 위해 만들어진 개념이다. 권김현영은 "형사사법 절차 과정에서 경찰이 피해자의 말을 성통념에 의거해 불신하거나 피해자가 가족 등의 조력을 받을 수 없는 상황에서 소외나 배제를 경험하는 일, 법정에서 판사가 가해자의 미래를 걱정하고 피해자의 행실을 비난하는 일 같은 것이 대표적인 2차 피해"라고 지적한다. 권김현영, "2차 가해라는 개념이 오용되는 문제에 대해", https://www.huffingtonpost.kr/hyunyoung-kwonkim/story_b_15352452.html (2020년 1월 15일 접속).
13 한글성경 중 새번역이 '데리고 가서'로 번역하였다.
14 Joseph Fleishman, "Shechem and Dinah in the Light of Non-Biblical and Biblical Sources," *Zeitschrift für die alttestamentliche Wissenschaft* 116 (2004), 31.
15 Ellen van Wolde, "Does 'inna Denote Rape?: A Semantic Analysis of a Controversial Word," *Vetus Testamentum* 52 (2002), 528-44.
16 일제 뮐너, "구약성서에 나타난 성폭력", 울리케 아이힐러 외 편저/김상임 옮김, 『깨어진 침묵: 성폭력에 대한 여성신학적 응답』(한국여신학자협의회 여성신학사, 2001), 49.
17 Tikva Frymer-Kensky, "Law and Philosophy: The Case of Sex in the Bible," *Semetics* 45 (1989), 93. 뮐너, "구약성서에 나타난 성폭력", 49에서 재인용.
18 뮐너, 윗글, 50.
19 린 베크텔(Lynn Bechtel)은, 샤카브는 강간보다는 일반적인 성관계를 묘사하는 데 쓰이는 동사라고 지적하면서, 강간이 아닌 합의된 성관계, 혹은 데이트 성폭력의 가능성도 염두에 두고 있다. Lyn M. Bechtel, "What If Dinah Is Not Raped? (Genesis 34)," *Journal for the Study of Old Testament* 62 (1994), 23.
20 윌슨, 윗글, 135에서 재인용.

21 Susanne Scholz, *Scared Witness: Rape in the Hebrew Bible* (Minneapolis: Fortress Press, 2010), 34.
22 Susanne Scholz, *Rape Plots: A Feminist Cultural Study of Genesis 34* (Peter Lang, 1998), 171.
23 Caroline Blyth, "Redeemed by His Love?: The Characterization of Shechem in Genesis 34," *Journal for the Study of Old Testament* 33 (2008), 13.
24 성폭행 사건 처리 과정에서 발생하는 '2차 가해'의 의미에 대해서는 미주 12를 참조하라. 2차 가해는 피해자에게 책임 씌우기, 피해자 신상 유포, 사건을 가십거리로 삼는 행위, 언어적인 폭력, 정신적인 협박이나 물리적 강압, 집단적인 따돌림, 괴롭힘, 사건과 관련 없는 피해자의 과거 경력이나 행동, 성격 등을 문제 삼는 행위, 피해자나 지지자, 조력자가 속한 공동체에서 불이익을 주는 행위, 피해자의 지지자나 조력자를 음해하거나 공격하는 행위 등이 포함된다. 한국기독교장로회 양성평등위원회, 『정의롭고 평등한 공동체를 꿈꾸며 -성폭력 예방과 처리 지침서』(한국기독교장로회, 2019), 30.
25 Danna N. Fewell and David M. Gunn, "Tipping the Balance: Sternberg's Reader and the Rape of Dinah," *Journal of Biblical Literature* 110 (1991), 197.
26 이 해석은 기독교반성폭력센터에서. 2019년 4월 12일에 필자가 진행한 "성서가 들려주는 성폭력, 새롭게 읽기" 세미나에서 키키(닉네임)님이 제시한 의견이다.
27 Caroline Blyth, *The Narrative of Rape in Genesis 34: Interpreting Dinah's Silence* (Oxford: Oxford University Press, 2010).
28 김혜령, "#Me too의 시대 성폭력의 범죄성과 기독교 성윤리의 새 기준",「한국기독교신학논총」111 (2019), 282.
29 이스라엘 신앙전통에 있어서 야곱의 부족은 이스라엘 민족공동체의 시조로 고백된다. 김정준, "이스라엘 신앙과 민족공동체",「신학연구」14 (1973.6.), 7-44.
30 사사기 19장에서의 네발라에 대해서는 A. Keefe, "Rapes of Women/ Wars of Men," *Semeia* 61 (1993), 79-97; 박유미, "성폭력, 개인의 문제인가 사회적 문제인가? 구약의 '여성 성폭력-전쟁'의 패턴에 관한 연구",「구약논단」24/4 (통권 70), 125-52; 이영미, "공정한 환대를 위한 열린마당(레호브)으로서의 교회: 구약성서신학적 고찰",「신학연구」73 (2018.12.), 137-61 등을 참조하라.
31 Keefe, 윗글, 82.
32 '조나'는 구약성서에서 창 34:31; 38:15; 레 21:7, 14; 신 23:19[18]; 수 2:1; 6:17, 22, 25; 삿 11:1; 16:1; 잠 6:26; 7:10; 23:27; 사 1:21; 23:15, 16; 렘 2:20; 3:3; 5:7; 겔 16:30, 31, 41; 23:44; 욜 4:3; 미 1:7*2; 나 3:4에 나온다. (Bible Works 9에서 검색한 결과에 근거함.)
33 공동번역은 이를 성전에서 몸을 파는 여자와 남자로 번역한다.
34 고든 웬함/황수철 옮김,『창세기 16-50』(솔로몬, 2001), 562-563 참고. 원서: Gordon J. Wenham, *Genesis 16-50*, WBC 2 (Dallas: Word, 1994).
35 권김현영, "그 남자들의 '여자문제'," 정희진 엮음,『미투의 정치학』(교양인,

2019), 68.

36 한채윤, "춘향에겐 성적 자기결정권이 필요했다", 정희진 엮음, 『미투의 정치학』 (교양인, 2019), 138.

'선녀와 나무꾼', 사사기 21장, 버닝썬클럽과 해체적 읽기 | 유연희

1 이의준, "'여성경제시대'는 오고 있는가", http://www.asiae.co.kr/news/view. htm?idxno=2018100111331490331. 2019년 변호사 시험 합격자의 44.7%가 여성이고(박승주, "8회 변호사시험 합격자 1691명… 합격률 50.8%", https://www.news1.kr/articles/?3607834), 의사 국가고시 합격자의 39.1%가 여성이다. 박대진, "대한민국 여의사 사상 최대. 4명 중 1명", http://www.dailymedi.com/detail.php?number=832200&thread=22r02 (2020. 10 접속).

2 통계청, "여성들의 삶은 어떻게 변했을까?", https://m.post.naver.com/viewer/postView.nhn?volumeNo=22543308&memberNo=608322&vType=VERTICAL; 곽상아, "세계 최초로 '페미니스트 정부' 표방한 나라의 장관이 한국인에게 전한 말," https://www.huffingtonpost.kr/entry/sweden-3_kr_5dae9136e4b08cfcc3210dd6? (2020. 1. 10 접속).

3 예를 들어, 최근 변호사시험 합격자 중 여성 비율은 거의 절반이지만, 일터에서 형사사건보다는 가사사건을 맡기기 외에도 채용 차별, 성희롱, 임금 차별, 출산 등으로 인한 경력단절 등 성차별 관행은 여전하다. 유설희 · 이혜리 · 윤지원, "(1)그 많은 여성 변호사 어디 갔나", http://news.khan.co.kr/kh_news/khan_art_view.html?artid=201908120600045&code=940100 (2020. 1. 10 접속).
또한 의과대학 입학 때도 여학생이 미래에 임신, 출산할 것을 고려하여 여학생을 받는 과가 있고, 이는 여의사가 내과, 소아과, 가정의학과, 산부인과 등 특정 분야에 몰린 현상(56.8%)을 지속시킨다(박대진, 윗글).

4 여성가족부, "2019 통계로 보는 여성의 삶", https://blog.naver.com/mogefkorea/221678341598.

5 이지원, "서울 여성 1인 가구 상위 5곳, 여성 관련 범죄 30.8% 발생… 대책 마련은?", http://www.dailypop.kr/news/articleView.html?idxno=41705 (2020. 1. 10 접속).

6 '선녀와 나무꾼'은 시중에서 '전래동화'로 출판된다. 그러나 일부 학자들은 '전래동화'라는 용어 말고 '설화'나 '옛이야기'라 지칭해야 한다고 주장한다. 현재 전래하는 것도 아니고 원래 '동화'도 아니었기 때문이다. 오세정, "한국설화에 나타난 설화 다시 쓰기의 문제", 「한국문학이론과 비평」 18권 4호 (2014년), 12. 이 설화의 주인공은 나무꾼이고 보통 제목도 '나무꾼과 선녀'로도 쓰인다. 이 글에서는 자료를 직접 인용할 때를 제외하고 '선녀와 나무꾼'이라고 부르기로 한다.

7 김환희는 '천상시련 극복형'이 가장 빈번히 전래되었지만 일제 관변학자 다카하시 도오루가 한국 학자들에게 미친 영향 때문이라고 지적한다. 곧, 나무꾼이 끈기,

패기, 용기를 발휘하여 자신의 주권을 찾거나 새 세계 살면서도 어머니와 모국을 그리는 구성을 일제가 못마땅해 했을 것이라고 한다. 참조. 김환희, "'나무꾼과 선녀' 전승이 가르쳐 준 뼈아픈 교훈", 「창비어린이」 13권 2호 (2015년), 193-213. 또한 박현숙은 최근 설화가 지나치게 비극적 이별형인 '수탉 유래형'을 주로 수용하는 문제도 지적한다. 박현숙, "'선녀와 나무꾼' 설화의 설화수용양상과 문제점", 「겨레어문학」 41권 (2008년), 329-360을 보라.

8 구오, 『선녀는 참지 않았다』 (서울: 위즈덤하우스, 2019).
9 고혜경, 『선녀는 왜 나무꾼을 떠났을까: 옛이야기를 통해서 본 여성성의 재발견』 (서울: 한겨레출판, 2006); 강남식, "전래동화 '선녀와 나무꾼' 더 새롭게 읽기 - 성인지 예산에 대한 이해(3)", http://www.wikitree.co.kr/main/news_view.php?id=195676 (2020. 1. 10 접속); 이송희, "굴레와 억압을 벗어나 평등한 새 삶을 - 나무꾼과 선녀, 「초등우리교육」 (2005년), 38-39; 신장근, "우리나라 전래동화로 본 가족치료 이야기 - 나무꾼과 선녀, 네 아내의 날개옷을 빼앗지 말라", 「새가정」 60권 651호 (2013년), 53-57; 여성가족부, <'선녀와 나무'꾼 편 - 선녀의 최저임금 받아내기>; 손민원의 성, 인권이야기(2), "선녀 옷 훔쳐 강제 결혼한 나무꾼은 성 범죄자다"; 서울시 교육청이 2017년 봄부터 도입한 초중고 성교육 교재에 포함됨.
10 김대숙, "'나무꾼과 선녀' 설화의 민담적 성격과 주제에 관한 연구", 「한국어 국문학」 137권 (2004년), 338-339.
11 배원룡, 『나무꾼과 선녀 설화 연구』 (서울: 집문당, 1993), 5장; 김대숙, 윗글 (2004), 331.
12 건국대학교 동화와번역연구소, "'나무꾼과 선녀' 그림책에 나타난 '혼인'의 의미 고찰", 「동화와 번역」 36권 (2018년), 83-115.
13 남미혜, "가사노동, 돈으로 환산하면 얼마나 될까?" 이배용 외, 『우리나라 여성들은 어떻게 살았을까 1』 (파주: 청년사, 1999), 126-138.
14 Susan Niditch, *Judges* (The Old Testament Library; Louisville: Westminster John Knox Press, 2008), 209.
15 Carolyn Pressler, *Joshua, Judges, and Ruth*, Westminster Bible Companion (Louisville: Westminster John Knox Press 2002), 257; E. T. A. Davidson, *Intricacy Design and Cunning*, 27-28; Don Michael Hudson, "Living in a Land of Epithets: Anonymity in Judges 19-21," *Journal for the Study of the Old Testament* 62 (1994), 50.
16 필리스 트리블/최만자 옮김, 『성서에 나타난 여성의 희생』 (서울: 전망사, 1989), 3장, "이름 없는 여인과 폭력의 난무", 원서: Phyllis Trible, *Texts of Terror: Literary-Feminist Readings of Biblical Narratives* (Fortress Press, 1984); 쉐릴 엑섬/김상래 외 옮김, 『산산이 부서진 여성들 -페미니즘 비평으로 본 구약성서의 여성들』 (서울: 한들출판사, 2001), 6장, "펜에 의한 강간." 원서: J. Cheryl Exum, *Fragmented Women: Feminist (Sub)versions of Biblical Narratives* (Valley Forge, PA: Trinity Press International, 1993); Gale Yee, "Ideological Criticism: Judges 17-21 and the Dismembered Body," G. Yee, ed., *Judges and Method:*

New Approaches in Biblical Studies (Minneapolis: Fortress Press, 1995), 146-70.
17 Gale A. Yee, 윗글, 167.
18 Yani Yoo, "Han-laden Women: Korean 'Comfort Women' and Women in Judges 19-21", *Semeia* (1997), 37-46; 이영미, "전쟁과 성폭력 피해여성들의 추방경험과 해방을 위한 기억들", 「Canon&Culture」 9권 2호. (2015년), 95-126; Alice Bach, "Rereading the Body Politic: Women and Violence in Judges 21", *Biblical Interpretation* 6, 1 (1998), 1-19.
19 Carol Meyers, *Discovering Eve: Ancient Israelite Women in Context* (New York: Oxford University Press, 1988).
20 Phyllis Bird, *Missing Persons and Mistaken Identities: Women and Gender in Ancient Israel* (Minneapolis: Fortress Press, 1997), 28, 처음 실린 책은 Rosemary R. Ruether, ed., *Religion and Sexism: Images of Woman in the Jewish and Christian Traditions* (New York: Simon and Schuster, 1974), 44-88.
21 참조. Meyers, 윗글 (1988), 155.
22 필자는 사사기 21장을 19-20장의 여성에 대한 집단강간이라는 범죄 및 어이없는 내전을 비판하는 화자의 패러디라고 페미니스트 관점에서 해석한 바 있다. 유연희, "사사기 21장 모로 읽기: 야베스와 실로의 딸들을 기억하며", 『성폭력, 성경, 한국교회』 (서울: CLC, 2019), 90-116.
23 제자원 편, 『사사기 제10b-21장』 (옥스퍼드 원어성경대전 019; 지역명: 제자원, 1999), 657.
24 윗글, 659.
25 한국사이버성폭력대응센터 서승희 대표는 이렇게 말한다. "남성은 몰카에 자신의 신체가 나오는데도 직접 유포할 정도로 수치스러워하지 않는 젠더 권력을 갖고 있다. 여성은 피해자인데도 사회적 낙인이 두려워 신고를 어려워하거나 고소를 취하하는 경우가 많다." 두정아, 윗글 (2019).
26 클럽 아레나도 운영자가 같아서 수사를 받는 중이다. 사람들은 이 두 클럽만 이런 식으로 운영하지는 않을 거라고 의심한다. 성매매는 한국에서 불법이지만 다양한 성산업이 단속을 피해 활황 중이다. 온라인으로는, 채팅앱을 통한 성매매 등이 있고, 오프라인으로는 란제리룸, 셔츠룸, 안마방, 인형방 등이 있다. 한국은 세계 6위 성매매 시장이고, 한 설문조사에서 한국 남성의 절반이 한번쯤 성매매를 했다고 답했다. 이세아, "'성매매 안 하는 남자들'은 어디 있나," http://www.womennews.co.kr/news/articleView.html?idxno=193325 (2020. 1. 10 접속).
27 참조. SBS "그것이 알고 싶다"(2019년 3월 23일, 1161회)에 의하면, CCTV에 비친 두 사람이 호텔로 가는 모습에서 여성은 웃으며 걸어가므로 여성이 자발적인 듯하나, 이 약물은 걷는 등의 균형에 문제가 없지만 의식을 잃고 기억을 못하게 한다. 또한 GHB 혹은 강력한 안정제 감마 하이드록시낙산은 체내에 들어간 뒤 몇 시간 후에는 감지할 수 없다.
28 반성매 운동단체인 이룸은 여러 사례를 들어 '마약의 젠더화'를 주장한다. 곧,

실장이 유흥업소 구매자에게 마약을 전달하고 종사자 여성은 룸 안에서 음료의 형태로 모르고서 복용을 하여 마약 강제 투약과 성폭력이 벌어진 경우가 있는데, 구매자는 경찰 조사에서 "약 먹여서 한번 하려고 했다"고 말했다고 한다. https://e-loom.org/2019-3-8-여성의날-맞이-이룸의-급-기획연재-1탄-클럽-버닝썬을-둘러싼-강남-지형도/; "성범죄 마약 '물뽕' 비상…클럽에서만 유통?", http://news.kbs.co.kr/news/view.do?ncd=4163386&ref=A (2020. 1. 10 접속).

29 박지윤, "이용자 70%가 '성폭력 경험'… 클럽에선 무슨 일이?" https://www.hankookilbo.com/News/Read/201903071742020324 (2020. 1. 10 접속).

30 권준영, "주원규 작가 강남 클럽 실태 고발… VVIP 고객이 '물뽕' 탄 술 먹이고 화장실서 성폭행", http://www.inews24.com/view/1165874 (2020. 1. 10 접속); "버닝썬-경찰 유착 의혹? 주원규 작가가 목격한 성폭행사건 수사의 전말", http://www.segye.com/newsView/20190508513613?; 참조. 혜진, "버닝썬 게이트, 여성들에게 뽑아낸 자본의 흐름", www.ildaro.com/sub_read.html?uid=8434§ion=sc1 (2020. 1. 10 접속); 주원규, 『메이드인 강남』(서울: 네오픽션, 2019).

31 참조. 정다원, "성형 조건으로 대출"…연 35% 이자 챙겨", http://news.kbs.co.kr/news/view.do?ncd=3513602 (2020. 1. 10 접속).

32 김주희, "일상적 재생산의 금융화와 성매매 여성들의 '자유'의 확대", 「여성학논집」 32권 2호 (2015년), 29-60; "한국 성매매 산업 내 '부채 관계'의 정치경제학", 「한국여성학」 31권 4호 (2015년), 217-252; 이룸, https://e-loom.org/후기-이상한-성매매-나라의-경제-이야기-자유로운-파산불가능한-여성들/(2020. 1. 10 접속).

33 반성매매인권행동 이룸, 2012년 기획포럼 자료집, "성매매와 사채산업의 공모관계, 해체는 불가능한가"; 2016년 기획포럼 자료집, "성산업, 대부업, 성형산업의 공모, 성형대출의 구조적 책임을 묻다."

34 녹색당 서울시당 공동운영위원장인 신지예는 시위에서 "우리는 수많은 클럽에서 폭행과 성폭행을 당한 여성들의 절규하는 목소리와 증언을 들었다"고 발언했지만, 여성들의 증언 내용이 뉴스에 나오지 않았다. Laura Bicker, "Gangnam: The scandal rocking the playground of K-pop", https://www.bbc.com/news/world-asia-48702763 (2020. 1. 10 접속).

35 Christopher Norris, *Deconstruction: Theory and Practice* (London and New York: Routledge, 1982; repr. 1991), 19, 46, 48-49; Danna Nolan Fewell, "Deconstructive Criticism: Achsah and the (E)razed City of Writin," G. Yee, ed., *Judges and Method: New Approaches in Biblical Studies* (Minnea-polis: Fortress Press, 1995), 121-24.

36 한국정신문화연구원, 『한국구비문학대계』 8-11 (성남: 한국학중앙연구원, 1980-1988), 275. 김대숙, 윗글, 341에서 재인용.

37 두정아, "정준영 '몰카'… 2016년 솜방망이 처분이 범죄 키웠다", http://www.womennews.co.kr/news/articleView.html?idxno=186800 (2020. 1. 10 접속).

38 스너프 필름이란 '실제로 행해지는 성행위 장면이나 살인, 잔혹 장면 따위를 찍

은 영상물'을 말한다.
39 Laura Bicker, 윗글 (2019).
40 낸시 보웬은, 해석자들이 젠더에 대한 자신의 편견과 고정관념을 해석에 포함하여 여성의 종속을 강화하고, 그래서 때로 주석이나 해석이 성서 본문 자체보다 더 가부장적인데, 이는 여성에 대한 폭력이라고 지적한다. Nancy R. Bowen, "Women, Violence and the Bible," Linda Day & Carolyn Pressler, eds., in *Engaging the Bible in a Gendered World: An Introduction to Feminist Biblical Interpretation* (Louisville/London: Westminster John Knox Press, 2006), 192.

미갈의 삶을 통해 보는 권력과 저항 | 이일례

1 주디스 버틀러/조현준 옮김,『젠더 트러블 : 페미니즘과 정체성의 전복』(파주: 문학동네, 2016), 21-25. 원서: Judith Butler, *Gender Trouble: Feminism and the Subversion of Identity* (New York: Routledge, 1990). '패러디'는 버틀러의 주요 개념 중의 하나이다. 패러디는 어떤 것을 희화하려는 목적으로 '원본'을 모방해야 하는 행위를 말한다. 버틀러에게 젠더는 원본을 가정하지 않는 모방본이라는 의미에서 패러디와 같은 것이다.
2 이구표 · 이진경 외,『프랑스 철학과 우리 3 -포스트모던시대의 사회역사철학』(서울: 도서출판 당대, 1997), 135. 미셸 푸코의 주장처럼, 권력에 대한 저항은 이미 주어진 개인적 지위를 의문시하는 투쟁이다. 개인에게 권력에 대한 저항은 자신을 고착시키고 억압적인 방식으로 자신을 스스로 정체성에 묶어두는 모든 것에 대한 투쟁과 반항이기도 하다.
3 Jonathan Y. Rowe, *Michals moral dilemma: a literary, anthropological, and ethical interpretation* (New York : T&T Clark International, 2011), 145.
4 장일선, "다윗의 아내 미갈과 아비가일에 대한 여성신학적 조명",「한신논문집」제15집 1권, 16.
5 J. Cheryl Exum, "Murder They Worte: Ideaogy and the Manipulations of Female Presence in Biblical Narrative," Alice Bach, ed., *The Pleasure of Her Text: Feminist Reading of Biblical and Historical Texts* (Philadelphia: Trinity Press International, 1990), 59.
6 J. Cheryl Exum, *Tragedy and Biblical Narrative, Arrows of the almighty* (Cambridge: University Press, 1992), 85.
7 장일선, 윗글, 3; Esther Fuchs, "Who is Hiding the Truth? Deceptive Women and Biblical Androcentrism," Adelo Yarbo Collins, ed., *Feminist Perpectives on Biblical Scholarship* (Chico, Cal.: Scholar Press, 1985) 137.
8 Esther Fuchs, 윗글, 137.
9 Alice L. Laffey, *An Inddroduction to the Old Testament A Feminist Perspective*

(Philadelphia: Fortress, 1988), 109.
10 한동구,『역사서 해석과 역사 이해』(서울 : 동연, 2012), 136.
11 찰스 콘로이/이기락 옮김,『사무엘기·열왕기』(서울: 가톨릭대학교출판부, 2006), 86. 원서: Charles Conroy, *1-2 Samuel · 1-2 Kings: With an Excursus on Davidic Dynasty and Holy City Zion* (Michael Glazier, 1983).
12 성서에서 여자가 남자를 사랑했다는 유일한 경우이다.
13 Jonathan Y. Rowe, *Michal's Moral Dilemma: a Literary, Anthropological and Ethical Interpretation* (New York : T&T Clark International, 2011), 199.
14 Müller Ilse, "Frauen im Zentrum der Geschichte Isarel," Luise Schottroff, Marie-Theres Wacker, ed., *Kompendium Feministische Bibelauslegung* (Chr. Kaiser Gütersloher Verlagshaus, 1998), 118.
15 Robert Lawton, "1 Samuel 18: David, Merob, and Michal," *CBQ* 51 (1989), 424-425.
16 프리쯔 스톨쯔,『사무엘 상·하』(서울 : 한국신학연구소, 1991), 213: 다윗이 사울의 추격을 받았지만 다윗이 도망하는 데 성공했음을 내용으로 하는 것을 도주사화라고 한다.
17 프리쯔 스톨쯔, 윗글, 214. 동해보복법(同害報復法) 혹은 반좌법(反坐法), 탈리온이라고도 하며, 흔히 '눈에는 눈, 이에는 이'라는 말로 표현한다. 응보(應報)원칙의 가장 소박한 형태이다.
18 Jonathan Y. Rowe, 윗글, 165: 로위는 미갈의 딜레마와 관련하여 상호 텍스트성으로(inter-textual) 시편 45편 10절을 지적한다.
19 Jonathan Y. Rowe, 윗글, 204.
20 Jonathan Y. Rowe, 윗글, 201-202. 로위(Rowe)는 미갈에 관한 이야기의 구성이 다윗에 의해 결정된다고 주장한다. 사무엘서 편집자는 미갈이 다윗에게 긍정적이면 그를 지원하고, 다윗을 무시하면 미갈을 부정적으로 표현한다고 이해한다. 이 이야기에서 미갈은 다윗을 위해 자신의 삶을 희생하고 있다. 그러나 그의 대가는 매우 비극적이다.
21 찰스 콘로이, 윗글, 126; G. Hentschel, *2 Samuel* (Würzburg Echter Verlag 1994), 13. 참조: 압살롬이 정권을 잡은 뒤 첫 번째 한 일은 다윗의 후궁들을 범하는 일이었다(삼하 16:21-22).
22 이경숙, "사울의 후궁 리스바의 말없는 항거",『신학논문총서-구약신학』, 13권 (서울: 학술정보자료사, 2004), 182.
23 Auld, A. Graeme, *I & II Samuel: a commentary* (Louisville, KY : Westminster John Knox Press, 2011), 414. 편집자는 다윗이 사울의 아들 이스보셋에게 사람을 보내어서, "나의 아내 미갈을 돌려 주시오. 미갈은 내가 블레셋 사람의 포피 백 개를 바치고 맞은 아내요"(3:14)라고 표현하는 경우를 제외하고 미갈을 '다윗의 아내'라는 표현이 아니라 '사울의 딸'이란 수식어를 사용하고 있다.
24 찰스 콘로이, 윗글, 137: 사무엘 하 3장 2절 이후 그리고 5장 13절에서 다윗의

아내들과 자식들에 대한 언급하고 있는데, 이것은 이후 나오게 되는 자녀와 왕위계승이 중요한 본문이다.

25 G. Hentschel, *2 Samuel* (Würzburg Echter Verlag 1994), 26.

26 R. Wonneberger, *Redaktion: Studien zur Textfortschreibung im Alten Testament, entwickelt am Beispiel der Samuel-Überlieserung*, FRLANT 156 (Göttingen: Vandenhoeck & Ruprecht, 1992), 168.

27 Jonathan Y. Rowe, 윗글, 201.

28 Jonathan Y. Rowe, 윗글.

29 Müller Ilse, "Frauen im Zentrum der Geschichte Isarel," 119.

30 Müller Ilse, 윗글.

31 찰스 콘로이, 윗글, 137.

다말과 권력형 성폭력(삼하 13장) | 이은애

1 가장 전형적인 권력개념은 1950년대 로버트 A. 달(Robert A. Dahl)에 의한 것으로 'A가 B로 하여금 B가 원하지 않는 어떤 일을 하게 할 때, A는 B에 대해 권력을 가진다'는 것이다. 스기타 아쓰시, 『권력』 (이호윤 역, 서울: 푸른역사, 2015), 10-11.

2 이희학, 『이스라엘 왕국의 역사』 (서울: 대한기독교서회, 2002), 95.

3 L. Rost, "Die Überlieferung von der Thronnachfolge Davids," in ders., *Das kleine Credo und andere Studien zum Alten Testament* (Heidelberg: Quelle & Meyer, 1965), 119-253.

4 필리스 트리블은 삼하 13:1-22 단락을 하나의 완결된 문학적 단위로 보며 강간(D)을 중심으로 사건 이전의 세 개의 에피소드(A,B,C)와 사건 이후 세 개의 에피소드(C′,B′,A′)로 이루어진 동심원적 구조로 해석한다. 필리스 트리블/최만자 역, 『성서에 나타난 여성의 희생』 (서울: 전망사, 1989), 53-85. 원서: Phyllis Trible, *Texts of Terror: Literary-Feminist Readings of Biblical Narratives* (Philadelphia: Fortress Press, 1985).

5 아브라함이 이복동생인 사라와 결혼한 것(창 20:12)에 비추어보면 오경 법전 중에서 남매 사이에 성행위와 결혼을 금지하는 법, 즉 레 18:11, 19; 20:1; 신 27:2 등은 포로 이후에 첨가된 법으로 보거나 의도적으로 무시하고 있다고 할 수 있다. 조 앤 해킷, "사무엘상하", 캐롤 A. 뉴섬 · 샤론 H. 린지 엮음/이화여성신학연구소 역, 『여성들을 위한 성서주석』 구약 편 (서울: 대한기독교서회, 2015), 258. 원서: Carol A. Newsom & Sharon H. Ringe, *Women's Bible Commentary*, Expanded Edition (Louisville: Westminster John Knox Press, 1998).

6 김호경, 『여자, 성서 밖으로 나오다』 (서울: 대한기독교서회, 2006), 54. '이렇게 해서, 리브가는 이삭의 아내가 되었으며, 이삭은 그를 사랑하였다'(창 24:67), '너

는 다시 가서, 다른 남자의 사랑을 받고 음녀가 된 그 여인을 사랑하여라'(호 3:1) 등 다른 본문에서도 '아하브'의 성적 의미를 발견할 수 있다.

7 다윗의 명령과 다말의 행동은 '왕의 제도'(삼상 8:10-18)가 경고하는 '딸들의 노예화'를 상기시킨다. '그가 또 너희의 딸들을 데려다가 향료 만드는 자와 요리하는 자와 떡 굽는 자로 삼을 것이며'(삼상 8:13).

8 맥카터는 본문에서 서술하는 요리 과정('밀가루를 반죽하여…만들고…구웠다', 삼하 13:8)이나 단어 바샬('삶다', 개역개정과 새번역에서는 '구웠다'로 번역)에 근거해서 과자보다는 경단이나 푸딩이었을 가능성을 이야기하며 앤더슨도 이 제안을 따른다. P. K. McCarter, *II Samuel: A New Translation with Introduction, Note and Commentary*, Anchor Bible 9 (New York: Doubleday, 1984), 322. A. A. 앤더슨/권대영 역,『사무엘하』(서울: 솔로몬, 2001), 300. 원서: A. A. Anderson, *II Samuel*, WBC 11, Waco: Word Books, 1989.

9 Hans W. Hertzberg, *I & II Samuel*, Old Testament Library (London: SCM Press, 1980), 323.

10 Deirdre Brouer, "Tamar's Voice of Wisdom and Outrage in 2 Sam 13," *Priscilla Papers* 28/4 (2004), 10.

11 이것은 명백히 시선강간이고 일종의 포르노그래피라고 할 수 있다. 캐서린 맥키넌(Catharine MacKinnon)은 포르노그래피를 "여성을 성적 객체, 사물, 상품으로 비인간화하는 것을 포함하여 여성의 노골적인 성적 복종을 사진이나 말을 통해 표현하는 시각물"로 규정한다. 캐서린 A. 맥키넌/신은철 역,『포르노에 도전한다』(서울: 개마고원, 1997).

12 '모든 사람을 내게서 나가게 하라'(삼하 13:9)는 암논의 명령에서 사용된 동사는 야차의 히필동사로서 '궁중의 해산 명령 양식'(창 45:1)을 반영하며 왕정과 권력을 나타내는 형태로 이해할 수 있다. A. A. 앤더슨, 윗글, 300.

13 Ellen J. van Wolde, "Does 'inna Denote Rape?: A Semantic Analysis of a Controversial Word," *Vetus Testamentum* 52/4 (2002), 541.

14 권지성, "디나 사건에 대한 비평학적 접근법들(창세기 34장)", 권지성 외,『성폭력, 성경, 한국교회』(서울: CLC, 2019), 30.

15 박유미, "왜 다윗은 다말의 부르짖음에 침묵했을까?", 권지성 외, 앞책, 50.

16 Deirdre Brouer, 윗글, 11.

17 이은애, "이스라엘 역사에 나타난 여성의 지혜",「한국기독교신학논총」56 (2008), 52.

18 트리블은 잠언에서 젊은 남성을 교훈하는 지혜 여성을 '너는 내 누이'(잠 7:4)라고 부르라고 권고하지만 본문에서 암논은 지혜 여성인 다말을 '내 누이야'라고 부르면서 자신의 욕구를 채우는 데 악용하려 한다고 지적한다. Phyllis Trible, 윗글, 83-85.

19 마소라 텍스트에서 '샤카브' 동사는 본래 타동사로서 '오타'(그녀를)라는 3인칭 여성 대명사접미어가 달린 목적어를 가지지만 다른 사본들에서는 목적어 대신

전치사 '임마'(그녀와 함께)를 사용하였는데 이것은 후대 서기관들이 이 단어를 외설적인 것으로 여겨서 '그녀와 함께 눕다'로 읽도록 하기 위했던 것으로 추측할 수 있다. A. A. 앤더슨, 윗글, 296.

20 Ellen J. van Wolde, 윗글, 541.

21 월터 부르그만/강성열 역, 『사무엘상 · 하』 (서울: 한국장로교출판사, 2000), 429. 원서: Walter Brueggemann, *First and Second Samuel* (Louisville: John Knox Press, 1990).

22 이 갑작스런 '성적인 증오'는 암논이 처음에 가졌던 병적인 열정과 마찬가지로 어리석은 미몽에서 깨어나서 양심의 괴로움을 자각함으로써 생겨난 심리학적 현상으로 설명할 수 있다. Hans W. Hertzberg, 윗글, 324.

23 월터 부르그만, 윗글, 429.

24 삼하 13장 다말 이야기 본문의 곳곳에는 친족관계를 나타내는 어휘가 산재해있다. 조 앤 해킷, 윗글, 256.

25 다말은 다시 이스라엘의 법(신 22:28-29)에 의지하여 암논에게 자신을 버리지 말도록 호소하는 듯 보인다. 자신을 강간한 사람과 결혼하는 것은 쉽지 않은 일이었겠지만 그 시대의 사회는 강간당한 다말에게 다른 어떤 선택권을 주지 않았을 것이다. 알리스 L. 라페이/장춘식 역, 『여성신학을 위한 구약개론』 (서울: 대한기독교서회, 2008), 192. 원서: Alice L. Laffey, *An Introduction to the Old Testament – A Feminist Perspective* (Philadelphia: Fortress press, 1988).

26 김엘리, "강간당하고 버려진 여인-다말", 한국여신학자협의회 엮음, 『성서의 여성들』 (서울: 대한기독교서회, 1994), 201. 삼하 13장에서 사용된 '자아크'(울부짖다)는 '차아크'(울부짖다)와 동일한 의미로 고통을 호소하며 도움을 요청하는 본문에서 혼용되어 나타난다.

27 블리트는 강간한 여성이 보편적으로 느끼는 이 '더럽혀짐'의 감정이 디나의 침묵 뒤에도 숨어있으리라고 추측한다. Caroline Blyth, "Terrible Silence, Eternal Silence: A Feminist Re-Reading of Dinah's Voicelessness in Genesis 34," *Biblical Interpretation* 17 (2009), 500.

28 Phyllis Trible, 윗글, 51.

29 앤더슨, 윗글, 302-303.

30 윗글, 303.

31 앤더슨은 다말의 처지를 압살롬의 반란 때에 공개적으로 성폭행당한 다윗의 열 후궁의 상황(삼하 20:3)과 비슷한 것으로 보고 있다. 윗글, 302.

32 http://www.pressian.com/news/article/?no=281692 (2020년 3월 11일 접속).

33 https://ko.wikipedia.org/wiki/%EA%B9%80%EB%B3%B4%EC%9D%80_%EA%B9%80%EC%A7%84%EA%B4%80_%EC%82%AC%EA%B1%B4, (2020년 3월 11일 접속).

34 https://blog.naver.com/qhrud5322/221358568431, (2020년 3월 11일 접속).

35 이와 같이 선왕의 여인들을 차지하는 행위는 압살롬에게 새로운 왕권에 대한

합법적 근거를 제공하였을 가능성이 있다. M. Tsevat, "Marriage and Monarchical Legitimacy in Ugarit and Israel," *JSS* 3 (1958), 241.

36 폴친은 삼하 13장과 삿 19-21장이 유사한 관심사를 가지고 동일한 어휘들을 사용하여 '아들들'과 '형제들' 사이의 갈등을 설명한다는 점에서 서로 연관성이 있다고 주장한다. Robert Polzin, *David and the Deuteronomist-Literary Study of the Deuteronomic History: Part Three 2 Samuel* (Bloomington: Indiana University Press, 1993), 136-138.

신명기 역사가의 여성 혐오주의 | 박혜경

1 마사 너스바움/조계원 옮김, 『혐오와 수치심: 인간다움을 파괴하는 감정들』(서울: 민음사, 2015), 200-201. 원서: Martha C. Nussbaum, *Hiding from Humanity: Disgust, Shame, and the Law* (Princeont, NJ: Princeton University Press, 2004).

2 윗글, 207.

3 독일 구약학자 마틴 노트(Martin Noth)는 전기 예언서에 해당하는 여호수아, 사사기, 사무엘 상하, 열왕기 상하의 저자를 신명기 역사가(The Deuteronomistic History)로 칭하였다. 신명기 역사가의 역사적 전승을 구약신학의 특징으로 삼았는데, 노트에게 예루살렘 멸망은 가장 중요한 역사적 평가 요인이 되었다. 마틴 노트 이후로도 신명기 역사가의 연구는 독일과 미국을 필두로 각지에서 현재까지 지속되고 있다. 마틴 노트의 책(*Überlieferungsgeschichtliche Studien*, 1943초판)은 한국에서는 『전승사적 연구들』(원진희 옮김, 서울: 한우리, 2004)로 번역되었다.

4 Athalya Brenner and Nicole Wilkinson Duran, "Text @ Contexts Series Preface," Athalya Brenner, Archie Chi Chung Lee, and Gale A. Yee, eds., *Genesis* (Minneapolis: Fortress Press, 2010), xii.

5 "남성대비 여성 임금비율", http://www.index.go.kr/potal/main/EachDtlPage Detail.do?idx_cd=2714 (2020년 1월 24일 접속).

6 "20대 남성 역차별? '스펙' 같은 20대 여성, 남성보다 17.4% 적게 번다", http://www.hani.co.kr/arti/society/society_general/884330.html#csidx6f7286ba2a2123c8 4e02213ede6eb64 (2020년 1월 24일 접속).

7 http://www.mogef.go.kr/nw/rpd/nw_rpd_s001d.do;jsessionid=05IcMiofs HA5C0jb8pRU2Fet.mogef20?mid=news405&bbtSn=705070 (2020년 1월 25일 접속).

8 https://news.joins.com/article/23405647 (2020년 1월 25일 접속).

9 이윤영, "학교 성폭력 매년 급증…피해 초등생 '최다'", https://www.yna.co.kr/view/AKR20170224053351004 (2020년 1월 25일 접속).

10 박상준, "[소년 여혐]초등 교실에서 싹트는 '여성혐오'", https://news.v.daum.n

et/v/20170722044216029?rcmd=rn.&f=m (2020년 1월 27일 접속).

11 F. M. Cross, "The Themes of the Book of Kings and the Structure of the Deuteronomistic History," *Canaanite Myth and Hebrew Epic* (Cambridge: Harvard University Press, 1973), 274-89.

12 Marvin A. Sweeney, *King Josiah of Judah: The Lost Messiah of Judah* (New York: Oxford University Press, 2001).

13 Thomas Römer, *The So-Called Deuteronomistic History: A Sociological, Historical and Literary Introduction* (New York: t & t clark, 2007), 46.

14 Andrew D. H. Mayes, "Deuteronomistic Ideology and the Theology of the Old Testament," *JSOT* 82 (1999), 66.

15 너스바움, 윗글, 305.

16 Hye Kyung Park, *Why Not Her? A Form and Literary-Critical Interpretation of the Named and Unnamed Women in the Elijah and Elisha Narratives* (New York: Peter Lang, 2015), 68-69.

17 윗글, 32.

18 Hannah Arendt, *The Origins of Totalitarianism* (Cleveland and New York: Meridian Books The World Publishing Company, 1958), 37-38.

19 Simon John DeVries, *Prophet against Prophet: The Role of the Micaiah Narrative (1 Kings 22) in the Development of Early Prophetic Tradition* (Grand Rapids, MI: William B. Eerdmans Publishing Company, 1978), 119.

20 T. R. Hobbs, *2 Kings,* Word Biblical Commentary 13 (Nashville: Thomas Nelson, 1985), 123-124.

21 Burke O. Long, *2 Kings,* The Forms of the Old Testament Literature 10 (Grand Rapids, MI: William B. Eerdmans Publishing Company, 1991), 131-145.

22 Norma Franklin, "Why Was Jezreel So Important to the Kingdom of Israel?," http://www.bibleinterp.com/opeds/2013/11/fra378006.shtml (2017년 7월 28일 접속).

23 Arendt, 윗글, 144.

24 윗글, 257.

25 Long, 윗글, 134.

26 Mordechai Cogan and Hayim Tadmor, *II Kings: A New Translation with Introduction and Commentary* (The Anchor Yale Bible 10; New Haven and London: The Anchor Yale Bible, 2008), 114.

27 Long, 윗글, 138. 벌크 롱(Burke O. Long)은 역대기상 29장 24절의 '모든 방백과 용사와 다윗 왕의 여러 아들들이 솔로몬 왕에게 복종하니'가 히브리어 원문상 '솔로몬 (휘하에) (그들의) 손을 내밀었다'임을 강조한다.

28 Walter Brueggemann, *1 & 2 Kings,* Smyth & Helwys Bible Commentary 8

(Macon, GA: Smyth & Helwys Publishing, Inc.), 401-402.
29 H. J. Katzenstein, "Who Were the Parents of Athaliah?," *Israel Exploration Journal* 5/3 (1955), 194-197.
30 Cogan and Tadmor, 윗글, 133-134.
31 Danna Nolan Fewell, "Reading the Bible Ideologically: Feminist Criticism," Steven L. McKenzie and Stephen R. Haynes, eds., *To Each Its Own Meaning: An Introduction to Biblical Criticisms and Their Application* (Louisville, KY: Westminster John Knox Press, 1999), 270.
32 J. Alan Winter, "Immanence and Regime in the Kingdom of Judah: A Cross-Disciplinary Study of a Swansonian Hypothesis," *Sociological Analysis* 44/2 (1983), 147-162.
33 Kyung Sook Lee, "Books of Kings: Images of Women without Women's Reality," Luise Schottroff and Marie-Theres Wacker, eds., *Feminist Biblical Interpretation: A Compendium of Critical Commentary on the Books of the Bible and Literature* (Grand Rapids, MI: Eerdmans, 2014), 172.
34 Cogan and Tadmor, 윗글, 131.
35 A. Graeme Auld, *Kings without Privilege: David and Moses in the Story of the Bible's Kings* (Edinburgh: t & t Clark, 1994), 114.
36 Joseph Robinson, *The Second Book of Kings,* Cambridge Bible Commentary on the New English Bible (Cambridge, UK: Cambridge University Press, 1976), 210.
37 John Gray, *I & II Kings: A Commentary,* Old Testament Library 2nd ed. (London: SCM Press, 1970), 566.
38 Arendt, 윗글, 31.
39 너스바움, 윗글, 159.
40 Brueggemann, 윗글, 415.
41 Winfried Thiel, "Athaliah," David Noel Freedman, ed., *The Anchor Bible Dictionary* 1 A-C (New York: Doubleday, 1992), 511-512.
42 D. N. Pienaar, "Athaliah," Willem A. VanGemeren, ed., *New International Dictionary of Old Testament Theology & Exegesis* 4 (Grand Rapids, MI: Zondervan, 1997), 420.
43 Simon Vibert, "Athaliah," Paul D. Gardner, ed., *The Complete Who's Who in the Bible* (Grand Rapids, MI: Zondervan, 1995), 66.
44 David Mandel, "Athaliah," David Mandel, ed., *Who's Who in the Jewish Bible* (Philadelphia: Jewish Publication Society, 2007), 47.
45 Elna K. Solvang, "Athaliah," Katharine Doob Sakenfeld, ed., *The New Interpreter's Dictionary of the Bible* 1 A-C (Nashville: Abingdon, 2006), 340-341.

46 Claudia Camp, "1 and 2 Kings," Carol A. Newsom and Sharon H. Ringe, eds., *Women's Bible Commentary* (Louisville, KY: Westminster John Knox Press, 1998), 111.
47 Simon J. DeVries, *1 and 2 Chronicles*, The Forms of the Old Testament Literature XI (Grand Rapids: Eerdmans, 1989), 340.
48 Herbert Lockyer, "Athaliah," *All the Kings and Queens of the Bible* (Grand Rapids: Lamplighter Books, 1961), 240.
49 Meir Bar-Ilan, *Some Jewish Women in Antiquity*, Brown Judaic Studies 317 (Atlanta: Scholars Press, 1998), 1-4.
50 너스바움, 윗글, 383.

에스겔 16장의 폭력 남편 야웨 | 임효명

1 많은 연구자들이 호세아 1-3장과 예레미야 2-3장, 에스겔 16장과 23장 본문이 남성의 성적 권력을 옹호하면서 남성의 시각에서 여성의 성적 경험을 왜곡되게 묘사하였다고 비판한다. 관련된 연구는 다음 자료를 참고하라. Katheryn Pfisterer Darr, "Ezekiel's Justification of God: Teaching Troubling Tests," *Journal for the Study of the Old Testament* 55 (1992), 97-117; Julie Galambush, *Jerusalem in the Book of Ezekiel: The City as Yahweh's Wife* (SBLSD, 130; Atlanta: Scholars Press, 1992); Fokkelien van Kijk-Hemmes, "The Metaphorization of Woman in Prophetic Speech: An Analysis of Ezekiel XXIII," *Vetus Testamentum* XLIII/2 (1993), 162-170; Mieke Bal, "Foreword," in *On Gendering Texts: Female and Male Voices in the Hebrew Bible*, eds. Athalya Brenner and Fokkelien van Dijk-Hemmes (Leiden: Brill, 1993), ix-xiii; Harold C. Washington, "Rape as a Military Metaphor in the Hebrew Bible," in *A Feminist Companion to the Latter Prophets*, ed. A. Brenner (Sheffield: Sheffield Academic, 1995), 308-25; Deryn Guest, "Hiding behind the Naked Woman: A Recriminative Response," *Biblical Interpretation* 7/4 (1999), 413-48; Linda Day, "Teaching the Prophetic Marriage Metaphor," *Teaching Theology and Religion* 2/3 (1999), 173-179; Linda Day, "Rhetoric and Domestic Violence in Ezekiel 16," *Biblical Interpretation* 8/3 (2000), 205-230; Gale Yee, *Poor Banished Children of Eve: Woman as Evil in the Hebrew Bible* (Minneapolis: Fortress, 2003); Mary Shields, "Multiple Exposures: Body Rhetoric and Gender Characterization in Ezekiel 16," *Journal of Feminist Studies in Religion* 14/1 (2004), 5-18; Andrew Sloane, "Aberrant Textuality? The Case of Ezekiel the (Porno) Prophet," *Tyldale Bulletin* 59/1 (2008), 53-76; Amy Kalmanofsky, "The Dangerous Sisters of Jeremiah and Ezekiel," *Journal of Biblical Literature* 130/2 (2011), 299-312. Andrew Mein, "Ezekiel's Awkward God: Atheism, Idolatry and the Via

Negativa," *Scottish Journal of Theology* 66/3 (2013), 261-277; Bryan Bibb, "There's no sex in your violence: Patriarchal translation in Ezekiel 16 and 23," *Review and Expositor* 111/4 (2014), 337-345; 유연희, "성서의 성(性): 에스겔과 아가의 포르노그래피,"「신학논총」 67/1 (2010), 53-74.

2 퓨얼(Danna Nolan Fewell)과 건(David M. Gunn)은 히브리 성서 본문에 묘사된 신을 이야기 속의 하나의 캐릭터로 보고 분석해야 함을 역설하면서 신과 동일시 하거나 신성시하는 것에 대해 경고한다. *Gender, Power, and Promise: The Subject of the Bible's First Story* (Nashville, TN: Abingdon, 1993), 18-19.

3 구약성서의 이방 여인에 대한 편견은 특히 잠언에서 두드러지게 나타난다(잠 6:24; 7:5; 23:27).

4 고대 근동 사회에서 양수와 피를 씻기지 않고 정결하게도 하지 않은 신생아를 밖에 내놓는 것은 부모가 그 아기에 대한 소유권을 포기하는 것을 의미한다. 아기를 씻기고, 정결하게 하고, 강보로 싸는 것은 그 아기에 대한 소유권을 의미한다. 씻기지 않은 상태에 있는 아이를 입양하는 것은 소유자가 없는 아기를 입양하는 것이며 그 사람은 그 아기에 대한 전권을 갖는다. Meir Malul, "Adoption of Foundlings in the Bible and Mesopotamian Documents: A Study of Some Legal Metaphors in Ezekiel 16:1-7," *Journal for the Study of the Old Testament* 46 (1990), 109.

5 개역개정은 "네 몸이 천하게 여겨져"로 번역한다. 그러나 여자아이이기 때문에 버려졌을 가능성을 고려할 때 원문 '네페쉬'의 의미를 살려 "네 생명이 미움을 받아"로 직역하는 것이 더 적합하다.

6 Aline Rousselle, *Porneia: On Desire and the Body in Antiquity* (Oxford: Blackwell, 1988), chap. 3, 특히 50ff. Mary E. Shields, "Multiple Exposures: Body Rhetoric and Gender Characterization in Ezekiel 16," 6, n.11에서 재인용.

7 말룰(Meir Malul)은 "너는 피투성이라도 살아있으라"는 선포를 고대 근동의 다른 자료들과의 비교를 통해 업둥이를 위험한 상황에서 구하여 주고 입양할 때 사용하는 공식적인 입양 양식(a formal adoption formula)일 가능성이 높다고 제안한다. "Adoption of Foundlings in the Bible and Mesopotamian Documents," 112.

8 린다 데이는 이 시기에 야웨가 '부재'하였으나 7절을 볼 때 야웨가 멀리서 성장과정을 보고 있는 듯하다고 해석한다. "Rhetoric and Domestic Violence in Ezekiel 16," 208.

9 Shields, "Multiple Exposures," 6.

10 린다 데이는 야웨가 도움이 필요한 무성적인(asexual) 아기에게는 관심이 없고 아기 예루살렘이 성숙하여 성적인 관계를 맺을 수 있는 단계에 이르렀을 때에야 관심을 보인다고 지적한다. "Rhetoric and Domestic Violence in Ezekiel 16", 208.

11 신명기 7장 7절은 "여호와께서 너희를 기뻐하시고 너희를 택하심은 너희가 다른 민족보다 수효가 많기 때문이 아니니라 너희는 오히려 모든 민족 중에 가장 적

으니라"라고 선포한다.

12 '나의 옷자락을 펴 덮고'(바에프로스 크나피 알라이크/ואפרש כנפי עליך)라는 8절의 표현은 룻기 3장 9절에서 타작마당에 숨어든 룻이 보아스에게 하는 말에서도 발견된다. "당신의 옷자락을 펴 당신의 여종을 덮으소서(우파라스타 크나페카/ופרשת כנפך)." 이 표현은 성적인 접촉의 의미를 가지고 있는 것으로 해석된다. Kathleen A. Robertson Farmer, "The Book of Ruth," *New Interpreter's Bible*, Vol. II (Nash-ville: Abingdon Press, 1998), 928.

13 사사기 19장의 레위인의 아내는 '행음하고 남편을 떠나' 아버지의 집으로 돌아간다(2절). '행음하다'는 히브리 원문은 바티즈네 알라이브(ותזנה עליו)로 그 정확한 의미는 알 수 없다. 여성은 처녀성을 증명하지 못하는 경우를 포함하여 여러 가지 이유로 '행음'하였다고 비난받을 수 있기 때문이다. 반면 레위인의 아내가 '아버지의 집'으로 돌아간 점, 남편이 찾아와 달래는 점(3절), 여인의 아버지가 떠나 보내기를 지체하는 점 등은 이 여인이 집을 나온 이유가 남편의 폭력이 아닐지 의심하게 한다. 퓨얼과 건은 가부장제 사회에서 여성이 남편을 떠나 독립을 하는 것 자체가 '음행'으로 불릴만 하다고 제안한다. 남성에게 속해야 할 여성의 성(sexuality)의 독립을 선언한 것이기 때문이다. Fewell and Gunn, *Gender, Power, & Promise*, 131 참조.

14 개역개정은 '머리털'로 번역하고 영역본들은 'hair'로 번역한다. 에스겔 16장 7절에서 단독으로 사용되고 있는 세아르(שער)는 여러 단어와 결합하여 턱수염, 눈썹, 머리칼, 음모 등 신체의 다양한 부위의 털을 가리킨다. 음모는 세아르 하라글라임(שער הרגלים)으로 표현된다. 본문에서 야웨가 예루살렘이 성적으로 완숙함에 이른 것을 이야기하고 있다는 점과 (머리털이 없는 아기가 있을 수도 있긴 하지만) 털이라는 명사와 연결된 동사가 '돋아나다'인 것을 볼 때, 신체의 털(음모)로 보는 것이 더 적절해 보인다.

15 Shields, "Multiple Exposures," 7.

16 린다 데이는 워커(Lenore E. Walker)의 *The Battered Woman* (New York: Harper and Row, 1979)를 인용하여 에스겔 16장의 야웨와 아내 폭력자 간의 유사점을 비교한다. 데이는 매맞는 아내의 구체적 사례와 비교하면서 삼단계로 관계가 발전하는 것을 지적한다. 1단계는 재정이나 육아 등 사소한 문제로 긴장이 쌓여가고 남자는 억압적이고, 강한 질투와 소유욕을 보이며 때리는 횟수가 점점 늘어나는 단계이다. 2단계는 폭력과 강압이 심해지고 여성은 심한 상해를 입고, 상황에 대해 무기력함을 느끼는 단계이다. 3단계는 때리는 남성이 자신의 행동을 반성하고 여성에게 친절하게 대하고 선물공세를 하기도 하면서 다시는 이런 일이 없으리라 여성을 안심시키는 단계이다. "Rhetoric and Domestic Violence in Ezekiel," 214-219 참조.

17 소돔의 죄를 '동성애'로 보는 교회의 전통적인 읽기와 다른 것에 주목하라.

18 수치심은 가부장 사회에서 여성을 통제하는 효과적인 수단 중 하나이다. 개역개정에서 야곱의 딸 디나가 강간을 당한 이야기(창 34장)의 제목은 "디나가 부끄러운 일을 당하다"이다. 성폭행범이 아닌 성폭행 생존자에게 '수치'라는 사회적

굴레를 씌움으로 가해자를 징계하기보다는 피해자를 침묵하게 하는 관례는 오랜 역사를 갖고 있다. 여성이 당한 성폭력을 '부끄러운 일'이라 명명한 이러한 소제목은 성서에서 사라져야 한다.

19 예언서에서 야웨의 징계 대상이 되는 나라나 도시는 상징적으로 표현될 때 '여성화'되는 경향이 있다. 에스겔 16장에서 예루살렘의 '애인' 즉 남성으로 묘사된 바벨론은 심판의 대상이 될 때 '처녀 딸'(사 47:1) '딸 갈대아'(사47:5)로 여성화된다. 그에 대한 징계는 예루살렘과 마찬가지로 '속살이 드러나고… 부끄러운 것이' 보이는 등 성적 수치심을 유발하는 것으로 묘사된다 (사 47:2-3). 앗시리아의 수도 니느웨도 '미모의 음녀'로 여성화되고(나훔 3:4) 그의 심판은 "네 치마를 걷어 올려 네 얼굴에 이르게 하고 네 벌거벗은 것을 나라들에게 보이며 네 부끄러운 곳을 뭇 민족에게 보일 것"이라 선포됨으로 동일하게 성적 수치심을 유발하는 내용이다(나훔 3:5).

20 Peggy L. Day, "The Bitch Had it Coming to Her: Rhetoric and Interpre- tation in Ezekiel 16," *Biblical Interpretation* 8/3 (2000), 235.

21 상징적 언어의 감정적 역할(emotive effect)에 관해서는 페기 데이의 위 논문 각주 6을 참조하라.

22 쉴즈(Mary E. Shields)는 젠더 인물묘사(gender characterization)의 문제점을 지적하면서 "이 이야기의 구조 그리고 야웨와 남편을 동일시하는 것은 남성의 특권과 여성에 대한 지배, 심지어 강간과 학대에 대해 독자가 의문을 제기하지 못하게 한다"고 분석한다. Shields, "Multiple Exposures," 16.

23 상징의 작동에 관해서는 George Lakoff and Mark Turner, *More than Cool Reason: A Field Guide to Poetic Metaphor* (Chicago and London: The University of Chicago Press, 1989) 참조.

24 윗글, 88.

25 시내산 계약의 핵심을 담고 있는 십계명의 제일 계명이 이를 잘 표현한다.

26 신명기 22장 22-29절은 간음 관계를 예시하는데 '어떤 남자가 유부녀와 동침'한 경우(22절)와 어떤 남자가 약혼한 처녀와 성읍 중에서 만나 동침한 경우(23-24절)는 남녀 둘 다 돌로 쳐서 죽이도록 되어 있다. 이 두 경우는 남편이나 약혼자와 맺은 배타적 관계가 깨어진 경우이고, 남자와 여자 모두를 돌로 쳐 죽이는 처벌에는 간음에 여성이 '참여'하였다는 이해가 암시되어 있다. '성읍'에서 강간을 당할 경우는 소리 지르면 도움을 받을 수 있는 환경이었다는 이유로 여성이 범죄시된다. 반면 어떤 남자가 약혼한 처녀를 들에서 강간하였을 경우는 남자만 죽인다(25-27절). 들에서는 소리 질러도 도움을 받을 수가 없다는 가정 때문이다. 간음 관계에 대한 신명기 규정은 성폭행 생존자의 경험을 무시한 것이다. 성폭행 생존자들은 공포로 인한 일시적 무기력증을 증언하고 있으며, 생존을 위한 '타협'도 있을 수 있음을 증언한다. 후자의 경우 '동의'로 간주될 수 있는 사회적 정서와 법조문 때문에 많은 성폭행 생존자들이 신고를 꺼리고 있다는 조사가 있다(이 주제에 관해 TED 강연 "Why women stay silent after sexual assault"를 추천한다). 이 사회는 여성들이 성폭행을 피하기 위해 죽기까지 저항

하기를 강요하고 있다. 신명기 법은 남자가 약혼하지 않은 처녀와 동침했을 경우에는 은 오십 세겔을 처녀의 아버지에게 주고 그 여자와 결혼을 하여야 한다고 규정한다(28-29절). 간음에 관한 신명기법의 특징은 모두 남성이 동사의 주어이고 여성은 목적어라는 것이다. '간음'에 있어서 여성은 수동적인 위치에 있다. 즉 '음행'의 주체가 여성이 아니라 남성이라는 것이다. 이는 '음녀' 이스라엘을 '적극적인 행위자'로 묘사하는 예언자들의 화법과 확연한 대조를 이룬다.

27 다르(Katheryn Pfisterer Darr)는 에스겔이 16장과 23장의 상징적 이야기를 사용하여 하나님을 정당화하고 있다고 본다. "Ezekiel's Justification of God: Teaching Troubling Texts," 97-117.

28 린다 데이는 에스겔 16장의 이야기를 야웨의 독백으로 읽는다. "Rhetoric and Domestic Violence in Ezekiel 16," 206.

29 히브리 서사에서 화자와 하나님은 항상 믿을만하다. 반면 다른 등장인물들은 그 말의 진위를 가늠해 보아야 한다. Yairah Amit, *Reading Biblical Narratives* (Minnea- polis: Fortress Press, 2001), 93-102 참조.

30 가부장제(patriarchy)는 어원적으로 희랍어 파테르(patér)와 아르코르(archôr)가 결합된 형태로 사용자에 따라 다양한 의미를 지닌다. 본 연구는 여성이 남성에게 종속되어 있는 사회제도와 이데올로기를 가리키는 것으로 이 용어를 사용한다. 캐롤 마이어스(Carol L. Meyers)는 '가부장제'라는 개념이 19세기 인류학자들에 의해 만들어진 것이며, 히브리 성서에서 나이든 여성들은 가정 내에서 주관리자(Chief Operating Officers)로 기능하고 있으며 억압받거나 무력하게 나타나지 않는다고 지적한다. 따라서 여성에 대한 남성의 일반적인 지배와 억압의 의미로 가부장제를 히브리 성서에 사용하는 것은 적합하지 않다고 본다. 그러나 고대 이스라엘에서 남성이 여성을 지배하며 여성을 대상화하는 방식은 여러 문헌에서 증언된다. 야곱의 딸 디나의 이야기나(창 34장), 다윗의 딸 다말의 이야기(삼하 13장)에서 보는 것처럼, 강간을 다룬 법과 서사는 남녀의 권력 차와 여성의 열등한 위치를 보여준다. Carol L. Meyers, "Was Ancient Israel a Patriarchal Society?," *Journal of Biblical Literature* 133 (2014), 8-27.

31 헤어진 연인에게 보복하기 위하여 당사자의 동의나 인지없이 성적 사진이나 영상을 유포하는 행위를 말한다. 흔히 '리벤지 포르노'(revenge porno)라 불린다. 그러나 '복수'(revenge)는 가해자 입장에서 쓰는 표현이고 엄격한 의미에서 '포르노'도 아니므로 성평등적인 '디지털 성범죄'라는 표현을 쓴다.

32 Lakoff and Turner, *More than Cool Reason*, 26.

33 Mein, "Ezekiel's Awkward God: Atheism, Idolatry and the Via Negativa," 272-273.

성폭력의 피해자, 유딧 | 채은하

1 유딧기는 역사 소설에 속하지만 에스더와 마카비 1,2서와 같이 유대인의 구출 역사를 기록하고 있다는 점에서 유사한 점이 많다. Jan Willem van Henten, "Judith as Alternative Leader: A rereading of Judith 7-13," *Feminist Companion to Esther, Judith and Susanna*, Athalya Brenner, ed. (Sheffield: Sheffield Academic Press, 1995). 226.
2 크레이븐(T. Craven)을 비롯하여 여러 학자들은 유딧기를 두 부분으로 나눈다. 그러나 내용 전개를 볼 때 세 부분으로 구분하는 게 더 낫다. Toni Craven, "Artistry and Faith in the Book of Judith," *Semeia* 8 (1977), 75-101; D. A. deSilva, *Introducing the Apocrypha* (Grand Rapids: Baker Academic, 2002), 88-89.
3 미투 운동(#Me Too movement)은 성폭행이나 성희롱을 고발하기 위한 것으로, 미국에서 시작되었다. 2017년 10월 할리우드 유명 영화제작자인 하비 와인스틴(Harvey Weinstein)의 성추문을 폭로하고 비난하기 위해 소셜 미디어에 해시태그(#MeToo)를 다는 것으로 대중화되었다. 한국의 미투 운동은 본격적으로 2018년 1월 29일 현직 검사 서지현에 의해 시작되었다. 그 후 한국의 유명인들에 의한 성폭력 실상이 폭로되면서 급기야 2018년 2월 26일 문재인 대통령은 "미투 운동을 무겁게 받아들인다", "피해 사실을 폭로한 피해자들의 용기에 경의를 표하고, 미투 운동을 적극 지지한다"는 의사를 밝히기도 하였다. "피해자들의 폭로가 있는 경우 형사고소 의사를 확인하고, 친고죄가 폐지된 2013년 6월 이후의 사건은 고소 없이도 적극 수사할 것"이라고 덧붙였다. 여러 유명인들이 이 범죄에 연루되었음이 세상에 알려졌다. https://ko.wikipedia.org/wiki/%EB%AF%B8%ED%88%AC_%EC%9A%B4%EB%8F%99 (2020년 2월 11일 접속).
4 George W. E. Nickelsburg, *Jewish Literature between the Bible and the Mishnah* (London: SCM, 1981), 108.
5 John F. Craghan, *Esther, Judith, Tobit, Jonah, Ruth* (Delaware: Micahel Glazier Inc.. 1982), 66-67.
6 Carey A. Moore, *Judith*, AB (New York: Doubleday & Company, INC., 1985), 64-66; Craven, 윗글, 117-118.
7 Tal Ilan, *Jewish Women in Greco-Roman Palestine* (Peabody: Hendrickson, 1996), 150.
8 에슬러는 유딧을 남성과 여성의 경계선상에 있는 인물(liminal figure)로 이해한다. Philip F. Esler, "Ludic History in the Book of Judith: The Reinvention of Israelite Identity?," *Biblical Interpretation* 10 (2002), 129-130.
9 Moore, 윗글, 65.
10 Margaret A. Farley, "Feminist ethics," *A New Dictionary of Christian Ethics*, ed. John Macquarrie & James Childress (London: SCM, 1967), 229-231;

https://100.daum.net/encyclopedia/view/b23p2199a (2020년 2월 14일 접속).
11 van Henten, 윗글, 251-252.
12 Pamela J. Milne, "What shall we do with Judith?: A feminist reassessment of a biblical heroine," *Semeia* 62 (1993), 48.
13 Milne, 윗글, 55.
14 Helen Efthimiadis-Keith, "Judith, Feminist Ethics and Feminist Biblical/Old Testament Interpretation," *Journal of Theology for Southern Africa* 138 (2010), 96-98.
15 Amy-Jill Levine, "Sacrifice and Salvation: Otherness and Domestication in the book of Judith," *Feminist Companion to Esther, Judith and Susanna*, ed. Athalya Brenner (Sheffield: Sheffield Academic Press, 1995). 222; D. A. deSilva, *The Apocrypha* (Nashville: Abingdon Press, 2012). 4.
16 브런즈는 유딧의 조상들의 이름을 분석하면서 유딧기의 저작 장소와 기원을 팔레스틴이 아닌 이집트의 레온토폴리스(Leontopolis)로 보고 있지만, 학자들의 주목을 받고 있지 못한다. J. Bruns, "The Genealogy of Judith," *CBQ* 18 (1956), 19-22.
17 Levine, 윗글, 213.
18 신구약 중간시대에 나온 구약 외경이 강조하는 유대인의 경건 생활은 율법 준수, 특히 정결법, 금식과 기도와 자선에 집중되어 있다(토비트 3:2-6, 11-15; 마카베오상 3:44-48, 4:8, 16, 30; 마카베오하 1:17; 집회서 22:17-23:6 등).
19 Moore, 윗글, 185-186.
20 William Arndt, "πραξις", *A Greek-English Lexicon of the NT and other early Christian literature* (Chicago: University of Chicago Press, 1979), 697-698.
21 Levine, 윗글, 211.
22 Esler, 윗글, 132-134.
23 카발호(C. L. Carvalho) 역시 유딧과 홀로페르네스 사이의 성적인 함의(sexual undertone)가 있음을 지적한다. 전쟁 중에 여성의 강간은 흔한 일이었다(삿 5:30). Corrine L. Carvalho, "Judith," *The Old Testament and Apocrypha*, Gale A. Yee, et al. eds. (Minneapolis: Fortress Press, 2014), 969, 963-972.
24 유딧이 '나를 범하여 더럽히거나 욕을 당하지 않았다고 한' 13장 16절의 단어(미아스마스[μίασμασ])와 아이슈네[αἰσχύνη])와 9장 2절에서 디나가 당한 성폭행을 묘사하는 단어가 서로 일치하는 것을 볼 때 유딧은 강간만은 면했을 것으로 생각된다.
25 Moore, 윗글, 64.
26 Ilan, 윗글, 151.
27 반 헨텐은 유딧을 대안적 지도자(alternative leader)로서 남성 지도자들을 소집하고 적장을 암살하기 위해 일시적인 지도력을 발휘하기는 했지만 이후 철저히

공적인 자리에서 물러났기에 '지도자'라고 말하기는 어렵다고 한다. van Henten, 윗글, 240-243.
28 마리 M. 포춘, "성폭력", 190-192, 『여성신학사전』, 레티 M. 러셀 · J. 샤논 클락슨 편, 황애경 옮김, 서울: 이화여자대학교 출판부, 2004. 원서: Letty M. Russell & J. Shannon Clarkson, eds., *Dictionary of Feminist Theologies* (Westminster: John Knox Press, 1996).
29 "나는 피해자다"의 일부, https://brunch.co.kr/@wisdomcandle/18 (2020년 2월 15일 접속).
30 역사적 기록에 따르면 그리스-로마 시대에 여성의 결혼 적령기는 12살에서 시작해서 20세 전후였다고 한다. T. Ilan, 윗글, 65-69.
31 저자는 유딧이 105세 죽을 때까지 '자기 남편의 집'(16:23)에서 살았다. 저자가 그녀의 집을 '남편의 집'이라고 부르는 것을 보면 유딧은 여전히 남편 므낫세의 여자이다.
32 여성이 혼자 사는 일은 유대의 관습에서 흔한 일이 아니다. 이것과 함께 암몬인 아키오르의 개종 때문에 랍비들은 유딧기를 히브리 성경에 넣지 않았을 것이라고 판단하는 학자들이 있다. deSilva, 윗글, 2002, 107.
33 시므온은 유딧의 족보를 나열하는 8:1에서 생략되어 있지만 9:2에서는 유딧이 시므온을 자신의 조상이라고 밝힌다. deSilva, 윗글, 2002, 105.
34 요셉푸스가 전해주는 일화가 있다. 하스모니안 왕조의 국왕이자 동시에 대제사장이었던 히르카누스 1세(135-104 B.C.)는 어머니가 한때 포로로 잡혀갔다는 이유로 대제사장직을 내려놓고 국왕직책만 유지하라는 바리새인의 요구 때문에 그 사실을 폭로한 바리새인을 죽였을 뿐만 아니라 바리새인 전체와 원수로 지냈다. 대제사장의 모친이 포로였다면 그녀의 아들 역시 순결하지 않았을 것이므로 대제사장의 자격이 없다는 판단 때문이었다(*The Antiquities of the Jews* 13, 290-292), *The Works of Josephus*, William Whiston, tr. (Peabody: Hendrickson Publishers, 1987), 354-355.

지은이 알림

박유미(You Mee Park)
총신대학교 신학대학원(M. Div.)과 일반대학원에서 신학과 구약성서를 공부하였다(Th. M., Ph. D.). 현재는 안양대 겸임교수와 비블로스성경인문학연구소 소장과 이음사회문화연구원 소장으로 있다. 연구 관심사는 그동안 보수적인 교단에서 남성의 관점으로 해석되어 온 구약 본문과 구약의 여성들을 여성관점에서 해석하여 여성 차별적인 교회 문화를 바꾸는 것이다. 주요 저서는 『이스라엘의 어머니 드보라』(목양, 2012), 『내러티브로 읽는 사사기』(새물결플러스, 2018)가 있고, 공저로 『성폭력, 성경, 한국교회』(CLC, 2019), 『혐오를 부르는 이름, 차별』(한국학술정보, 2020)이 있다.

박혜경(Hye Kyung Park)
이화여자대학교 기독교학과(B. A.)와 동 대학원(M. A.)을 마친 후 미국 클레어몬트 대학원(Ph. D.)에서 구약신학을 공부하였다. 성서 속에 나타난 문화, 생태, 평화와 정의 담론 연구로 여성 신학과 아시안 신학의 학문적 성과와 실천에 기여하고자 한다. 현재 대만 장영대학(Chang Jung Christian University) 신학과에서 구약학 교수로 재직 중이다. 저서로는 *Why Not Her? A Form and Literary-Critical Interpretation of the Named and Unnamed Women in the Elijah and Elisha Narratives* (Peter Lang, 2015)와 *God's Words in God's World: A Contextual Application of Asian Biblical Theology* (Cherry Yeih Publication, 2018)가 있다.

유연희(Yani Yoo)
감리교신학대학교(B. Th., M. Th.)와 뉴욕시 유니온신학대학원에서 신학과 구약성서를 공부하였다(STM, M. Phil., Ph. D.). 뉴욕주 올리브브리지와 삼손빌연합감리교회를 담임했고, 스크랜턴여성리더십센터에서 일했다. 미 연합감리교회 세계선교부 파송으로 아시아, 태평양의 Regional Missionary를 역임했다.

현재 감신대학교 객원교수이고, 한국구약학회 국제학술이사로 활동 중이며, 새로운 방법론을 적용하여 성서를 해석하는 데 관심을 갖는다. 저서로『아브라함과 리브가와 야곱의 하나님』(대한기독교서회, 2009),『이브에서 에스더까지: 성서 속 그녀들』(삼인, 2014)이 있다.

이영미(Yeong Mee Lee)

연세대학교 신학과(B. A.)와 한신대학교 신학대학원(M. Div.)을 거쳐 뉴욕시 유니온신학대학원에서 신학과 구약성서를 공부하였다(STM, M. Phil., Ph. D.). 성서에 담긴 정의 실현과 생명 돌봄의 가치를 탐구하는 데 관심이 많다. 현재 한신대학교 구약학 교수로 재직 중이며, 한국구약학회 부회장, 한국민중신학회 부회장 등으로 활동 중이다. 저서로는『이사야의 구원신학: 여성시온 은유를 중심으로』(맑은울림, 2004),『하나님 앞에 솔직히, 민중과 함께: 애가에 대한 성서신학적, 민중신학적 해석』(한국신학연구소, 2011),『신명기』(대한기독교서회, 2014)가 있다.

이은애(Eun Ae Lee)

이화여자대학교 기독교학과(B. A., M. A.)와 독일 뮌헨대학교(LMU, Dr. Theol.)에서 신학과 구약성서를 공부하였다. 여성의 관점으로 성서읽기에 관심을 가지고 글쓰기, 특강, 유튜브 등 다양한 활동으로 기독 청년들과 소통하고자 노력하고 있다. 현재 이화여자대학교에서 강의 중이며 최근의 학문적 관심은 죽음에 대한 구약 성서적 이해와 그 문화적 영향을 찾아가는 데 있다. 최근 논문으로는 "히브리 성서에서의 죽음과 장례"(2016), "히브리 성서에 나타난 매장의 권리"(2019), "대립구도로 읽는 유딧기 ― 통념뒤집기"(2020) 등이 있다.

이일례(Il Rye Lee)

서울신학대학교 신학과(B. A.)와 연세대학교 연합신학대학원(Th. M.)을 거쳐 독일 보훔루르대학교(RUB, Dr. Theol.)에서 신학과 구약성서를 공부하였다. 현재 기독교대한성결교회 희망은교회 담임목사로 섬기고 있으며 하나성서연구소와 기독교여성리더쉽연구원 임원으로 활동 중이다. 성서의 시편에 나타나는 고난당하는 자의 탄원을 연구하고 고난받는자를 돕기 위해 노력하고 있다. 역서로는 『복수의 하나님?』(대한기독교서회, 2014)이 있고, 최근 논문으로는 "히브리산파들의 저항과 '시편 언어'의 친연성(親緣性)"(2017), "시편 109편 6-19절은 시인의 기도인가? 원수들의 저주인가?"(2018) 등이 있다.

임효명(Hyo Myong Lim)
연세대학교 신학과(B. A.)와 대학원(Th. M.)에서 공부한 후 워싱턴 디씨의 웨슬리신학대학원(M. Div.), 달라스의 퍼킨스신학대학원(MTS), 남감리교대학교(Ph. D.)에서 신학과 구약성서를 공부하였다. 현재 미 2사단 내 카투사 교회를 담임하고 있다. 최근의 관심은 성서의 상징들에 담긴 차별과 편견이다. 최근 논문으로는 "이중인과율(dual-causality)과 본문의 공백, 그 신학적 의미"(2014), "'아말렉, 타고난 도둑!' — 청자(독자)의 인종적 편견을 이용한 스토리텔링?"(2015)이 있다.

채은하(Unha Chai)
장로회신학대학교 기독교교육과(B. A.)와 신학대학원(M. Div.)을 거쳐 호주 멜보른신학대학원에서 구약성경과 신구약 중간시대를 공부하고(Th. M.), 장로회신학대학교에서 구약학(전공: 전도서)을 연구하였다(Th. D.). 신구약중간사와 구약외경과 위경 문헌과 지혜문헌 그리고 특히 장애인 신학 정립에 관심이 많다. 현재 한일장신대학교 구약학 교수로 재직 중이다. 저서로는 『전도서』(한국장로교출판사, 2013), 『구약여성들의 재발견』(학예사, 2019) 등이 있다.

한국구약학회 구약신학선집 1호
"이런 악한 일을 내게 하지 말라"
— 구약성서와 성폭력 그리고 권력

2020년 7월 20일 초판 1쇄 인쇄
2020년 7월 27일 초판 1쇄 발행

엮은이 | 한국구약학회
지은이 | 박유미 박혜경 유연희 이영미 이은애 이일례 임효명 채은하
펴낸이 | 김영호
펴낸곳 | 도서출판 동연
등 록 | 제1-1383호(1992. 6. 12)
주 소 | 서울시 마포구 월드컵로 163-3
전 화 | (02)335-2630
전 송 | (02)335-2640
이메일 | h-4321@daum.net / yh4321@gmail.com
블로그 | https://blog.naver.com/dong-yeon-press

Copyright ⓒ 한국구약학회, 2020

이 책은 저작권법에 따라 보호받는 저작물이므로 무단 전재와 복제를 금합니다.
잘못된 책은 바꾸어드립니다. 책값은 뒤표지에 있습니다.

ISBN 978-89-6447-601-7 04230
ISBN 978-89-6447-600-0(세트)